皮书系列为
"十二五"国家重点图书出版规划项目

广东蓝皮书

BLUE BOOK OF
GUANGDONG

广东省电子商务发展报告
（2014~2015）

REPORT ON THE DEVELOPMENT OF ELECTRONIC COMMERCE
IN GUANGDONG PROVINCE (2014-2015)

主 编／程 晓 邓顺国

社会科学文献出版社
SOCIAL SCIENCES ACADEMIC PRESS (CHINA)

图书在版编目（CIP）数据

广东省电子商务发展报告.2014～2015/程晓，邓顺国主编.
—北京：社会科学文献出版社，2015.7
（广东蓝皮书）
ISBN 978 - 7 - 5097 - 7645 - 2

Ⅰ.①广…　Ⅱ.①程…②邓…　Ⅲ.①电子商务 - 研究
报告 - 广东省 - 2014～2015　Ⅳ.①F724.6

中国版本图书馆 CIP 数据核字（2015）第 130781 号

广东蓝皮书

广东省电子商务发展报告（2014～2015）

主　　编/程　晓　邓顺国

出 版 人/谢寿光
项目统筹/陈　帅
责任编辑/陈　帅　张雯鑫

出　　版/社会科学文献出版社·皮书出版分社 （010）59367127
　　　　　地址：北京市北三环中路甲 29 号院华龙大厦　邮编：100029
　　　　　网址：www. ssap. com. cn
发　　行/市场营销中心（010）59367081　59367090
　　　　　读者服务中心（010）59367028
印　　装/北京季峰印刷有限公司
规　　格/开　本：787mm×1092mm　1/16
　　　　　印　张：17　字　数：258 千字
版　　次/2015 年 7 月第 1 版　2015 年 7 月第 1 次印刷
书　　号/ISBN 978 - 7 - 5097 - 7645 - 2
定　　价/79.00 元

皮书序列号/B - 2013 - 327

《广东省电子商务发展报告（2014～2015）》
编委会

主要编撰者简介

程　晓　高级经济师。现为广东省电子商务协会常务副会长兼秘书长、华南理工大学现代服务业研究院技术创新研究中心研究员，兼任华南电子商务联盟秘书长、广东省现代服务业联合会常务副会长，广州大学工商管理学院专家顾问委员会委员。编著《广东省电子商务发展报告（2013）》《广东省现代服务业发展报告（2012）》《广东省信用体系建设发展报告》《广东省人力资源服务企业信用建设巡礼》《现代企业品牌运营与创新》等。承担省部级和企业科研项目3项，发表各类学术论文20余篇，曾主持九寨沟旅游等咨询服务项目。研究方向为现代服务业、区域经济与产业集群。

邓顺国　博士，教授，硕士生导师。现为华南师范大学经济与管理学院电子商务系主任、华南师范大学经管学院电子商务研究中心主任，兼任广州市电子商务与网络经济学会会长、中国电子商务协会移动商务专家咨询委员会专家、广东省电子商务协会专家委员会专家等职，曾任教育部高等学校电子商务专业教学指导委员会委员。主编或参编《电子商务概论》《网上银行与网上金融服务》《电子商务运营管理》《网上创业》《网络广告实务》《网络经济学》《广东省"十二五"电子商务发展规划》《2001年中国信息产业发展报告》等。承担纵向及横向课题多项，发表学术论文多篇。

广东省电子商务协会简介

广东省电子商务协会是在广东省民政厅注册登记的法人社团组织，2003年成立。

协会的业务指导单位为广东省经济和信息化委员会、广东省商务厅。协会设办公室、会员管理部、对外合作部、项目开发部、科学研究部等六个部门，以及专家、跨境电商、代运营、电商园区、农产品电商等12个专业委员会，有员工26人。

成立以来，协会以"团结业界、规范行业、倡导诚信、交流发展、服务社会"为指针，坚持"创新超越、诚信服务、协同发展"的宗旨，在业务指导单位领导和指导下，在各会员单位和社会各界的大力支持下，团结进取，扎实工作，创新发展，力争将自身建成"会员之家、企业之友、行业之窗、政企之桥"。

一　具备的社会资质

广东省中小企业服务机构；"承接政府职能资质单位"；广东省省级专业技术人员继续教育基地（施教机构）；"广东省电子商务综合服务平台"，该平台入选工信部2013年电子商务集成创新试点项目。

二　承接政府职能

协会承接的政府职能包括：省经信委"广东电商大讲堂"举办工作等，省商务厅"广货网上行"协办工作等，省中小企业局"中小企业上网触

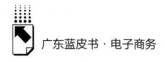

电"，省质监局电子商务标准制定等，省工商局"广东省重合同守信用"委托推荐和宣传工作等，以及省人社厅省级专业技术人员继续教育等。

三　开展丰富多彩的活动

协会举办了"广东（国际）电子商务大会""中小企业电子商务发展论坛""华南信用管理论坛""华南电商联盟峰会暨华南电商博览会""广东电商大讲堂""广东电商节""广东省跨境电商高峰论坛""'广货网上行'O2O购物狂欢节""2015广东省专业镇论坛""2015广东省农村电商大会""2015广东省专业市场转型升级大会"等活动。

四　科研成果

《广东省电子商务发展报告（2013）》，社会科学文献出版社，2013。

《广东省跨境电商发展报告（2014~2015）》，社会科学文献出版社，即将出版。

《广东电商统计指标与方法研究报告（2014~2015）》，广东省商务厅课题，2015。

《广东省电商产业园区评价指标体系研究报告（2014~2015）》，广东省商务厅课题，2015。

广州市南沙区、中山市、云浮市、茂名市、广州市太石电商集聚区等电商发展规划。

五　会员创意服务与会员增多

协会开展会员季度学习交流，以及会员活动日、游学、沙龙等活动；提供会员公益培训服务，以及其他创意服务等；与重点会员开展项目合作。协会已有环球市场集团、省邮政、广百集团、广交会、走秀网、唯品会、梦芭莎、真维斯、广新控股集团、国美在线、京东商城、广东标院、海纳城、中山华帝、广东塑料交易所、歌莉娅、茵曼、递四方等 1000 多家会员单位。

六 开展广泛的交流合作

协会与华南理工大学、中山大学、华南师范大学、广州大学、广东工业大学等高校签订了战略合作协议；与政府电商主管部门、会员与非会员企业、中国电子商务协会、其他省份电子商务协会，以及港澳台相关电商机构等进行了交流合作；与省内广州、深圳、东莞、顺德、中山、珠海、惠州、潮州、佛山、汕头、河源、揭阳等 21 个市电子商务协会联合成立了"华南电子商务联盟"，进行紧密交流合作，每年共同开展"华南电商联盟峰会暨华南电商博览会"等活动，全联盟会员 1.5 万余家。

协会将解放思想，创新发展，以全球视野促进广东省电子商务业协调发展，在广东省经济和信息化委员会和广东省商务厅的指导下，在会员单位的强力支持下，为企业、政府搭建一个高效率、低成本的信息交流和服务平台，服务广东产业的转型优化升级，助推地方新一轮大发展，大力推进广东电子商务业实现新跨越，为广东实现产业竞争力和自主创新能力"双提升"做出重要贡献。

摘　要

电子商务在国际贸易领域的广泛应用，对国际贸易产生了深刻的影响。电子商务扩大了国际市场地理范围，增强了市场密集性，降低了产品运输、信息传递成本和市场风险，增加了贸易机会，促进了国际贸易的发展。电子商务促使大量中小型企业进入国际市场，使卖方势力被削弱、买方势力得到增强，它的发展会改变市场结构。我国外贸企业要利用电子商务扩大市场，降低产品相对价格。

凭借改革开放的政策环境和毗邻港澳的地域优势，广东经济发展一直处于全国前列，这为电子商务的发展奠定了良好的经济基础。依据相关数据，广东省 2014 年电子商务交易额达 2.63 万亿元，同比增长 31.5%，发展前景十分可观。2014 年，"广货网上行"得到快速发展，由于广东省政府的大力扶持和引导电子商务发展，广东电子商务发展进入了新阶段。为及时了解广东省电子商务发展情况和趋势，借鉴国内外电子商务发展的先进方法和经验，为广东及其他地区电子商务的发展提供有益参考，科学指导广东电子商务发展实现新飞跃，在广东省商务厅等的指导下，以及在华南师范大学经济与管理学院等单位的大力支持下，广东省电子商务协会组织编写了《广东省电子商务发展报告（2014~2015）》。

本报告包括总报告、专题篇、地区篇、案例篇和附录，全面展现了广东电子商务的发展情况，同时结合区域经济发展现状，对广东的电子商务发展进行了预测。总体来说，本报告展示了广东电子商务发展的轨迹和发展成果，同时能够使读者了解广东及国内外电子商务产业发展的新政策、新规划、新趋势。

Abstract

E-commerce is widely used in the field of international trade. E-commerce had impacted on the international trade greatly. E-commerce can expand the geographical ranges of the international market, strengthen the intensive of the market, reduce the cost of products transporting, information transmission and the market risk. It can raise the trade chance. E-commerce had promoted the development of international trade. E-commerce impels a large number of small and medium enterprises to enter the international market. The force of seller's in international market was weakened. The buyer's force was strengthened. The development of E-commerce can change market structure. The foreign trade enterprise of our country should utilize E-commerce to expand the market, reduce the relative price of the products.

As one of the earliest area that adopted the opening up and reform policy and thanks to its geographical advantage in being adjacent to Hong Kong and Macao, economic development in Guangdong province ranks high in the nation. This laid a good economic foundation for the E-commerce development. Related data show that in 2014, the total turnover of the E-commerce industry in Guangdong province reached 2630 billion yuan, 31. 5% higher than the same period last year, which is a considerable development achievement. In 2014, the "Guangdong Products Online Marketing" activities, will greatly promote the development of E-commerce industry in Guangdong province.

The report includes General Report, Special Report, Report on Case Studies, Report on Regional Development, and Appendixes. This report shows the general development of E-commerce industry in Guangdong province. Based on the present situation of regional economic development, this report forcast the development in the following years. As the first blue book about regional E-commerce industry development in China, the readers can learn the development trajectory and not common report of Guangdong E-commerce industry, and the latest planning, policy and information about E-commerce industry both foreign and domestic.

序　言

　　电子商务是网络化的新型经济活动，是我国战略性新兴产业与现代流通方式的重要组成部分。电子商务带动了传统产业的发展变革以及商业运营模式和管理模式的创新。近年来，我国电子商务快速发展，交易额连创新高，电子商务正在与实体经济深度融合，对经济社会生活的影响不断增大，成为我国经济发展的新引擎。

　　广东省委、省政府高度重视并大力推动电子商务的发展，着力强化电子商务基础资源和基础设施建设，突出提升研发创新能力，不断加强推广应用，特别是 2012 年 8 月以来组织实施了"广货网上行"大型活动，大力培育电子商务平台，推动传统企业上网触电。2012 年以来，广东省政府先后出台《广东省电子商务"十二五"发展规划》和《广东省人民政府办公厅关于加快发展电子商务的意见》。后者指出，广东将在财政、税收、融资、用地、人才、市场准入等方面对电子商务发展加大政策扶持力度，加快培育一批电子商务平台和网商。2014 年广东省人民政府办公厅出台《广东省支持外贸稳定增长实施方案》，明确提出加快跨境电子商务发展，扶持一批重点跨境电子商务平台及企业做大做强。

　　"十二五"时期是广东省"加快转型升级、建设幸福广东"的重要时期。在全球化和信息化进一步深化的大背景下，广东省电子商务迅速发展，与实体经济融合程度不断提高，外贸电子商务发展迅速，移动电子商务逐渐成熟，电子商务支撑产业体系不断完善。广东省统计局发布的数据显示，2013 年，广东省电子商务交易总额突破 2 万亿元，增长 33%；2014 年广东省电子商务交易总额达 2.63 万亿元，增长 30%，全省网上零售额增长 70.7%，相当于社会消费品零售总额的 2.3%。从全国范围来看，广东已成

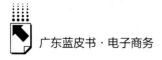

为中国电子商务第一大省,网络零售用户交易额连续多年位居全国第一。

目前,广东电商企业的发展将逐渐由粗放走向集约,由价格竞争逐渐走向以服务为主导,注重顾客体验,提升管理效率。2013 年,一批新业态企业得以迅速成长,优秀电商企业代表层出不穷,并形成电商企业、电商产业园区、电商村等多种发展形态全面开花的局面。"广货网上行"活动是推动广东省电子商务发展再上新台阶的有力举措,有利于电子商务的推广和应用,推动传统产业转型升级,以及广东省名牌建设和推广。

《广东省电子商务发展报告(2014~2015)》对广东省电子商务的发展状况和问题进行了分析,对其发展趋势进行了预测和展望,并提出了相应的对策建议。同时,本报告介绍了 2014 年广东省电子商务十大创新企业,分析了其成功经验,以便为广东省电子商务行业的发展提供借鉴,为相关政府部门决策提供参考。

程　晓

广东省电子商务协会常务副会长兼秘书长

2015 年 5 月

目 录

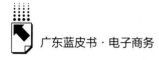

BⅣ 案例篇

B V 附录

皮书数据库阅读 使用指南

CONTENTS

B I General Report

B II Special Reports

B III Reports on Regional Development

B IV Reports on Case Studies

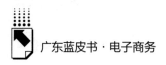
B V Appendixes

总 报 告

General Report

B.1

改革创新发展，推动广东
电商产业实现新飞跃

摘　要：　加快发展电子商务，是企业降低成本、提高效率、拓展市场
和创新经营模式的有效手段，是提升产业和资源的组织化程
度、转变经济发展方式、提高经济运行质量和增强国际竞争
力的重要途径。加快发展电子商务对优化产业结构、支撑战
略性新兴产业发展和形成新的经济增长点具有非常重要的作
用，对满足和提升消费需求、改善民生和带动就业具有十分
重要的意义，对经济和社会可持续发展具有深远的影响。目
前，我国电子商务产业的战略重要性日益凸显，电子商务已
成为推动产业转型升级、拉动区域经济增长的一种新力量。

关键词：　广东　电子商务　转型升级

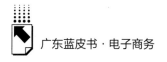

一 广东省电子商务产业发展现状

电子商务是我国战略性新兴产业和现代流通方式的重要组成部分。广东省委、省政府把加快和促进信息化和电子商务应用作为广东省更好地参与国际竞争、转变经济增长方式的重要支撑，把现代信息服务业发展和电子商务应用作为经济发展制高点来规划。广东省委副书记、省长朱小丹指出，在当前的经济发展"新常态"下，最终消费呈现多元化、差异化、小型化、个性化的新趋势，电子商务作为经济发展的新业态、现代商贸流通的新模式，非常适应这一趋势的需要，是经济"新常态"下有效激活社会消费、拉动内需增长的重要增长点，是加快产业结构调整升级的重要催化剂，是有力促进就业创业的重要途径。

广东省电子商务总体发展居全国领先水平，正处于总量扩张、领域扩大、密集创新的阶段，内生动力和创新能力日益增强，呈现规模化、专业化、集聚化的特点。电子商务在促进产业转型升级、新业态与新模式发展，以及拉动消费需求和稳增长等方面成效显著。

第一，电子商务交易规模不断扩大。随着电子商务应用领域的扩大，广东省电子商务交易规模迅速扩大。2014年，广东省电子商务交易额达2.63万亿元，同比增长31.5%（见图1）。全省网上零售额增长70.7%，增速远高于全国的56.2%，相当于社会消费品零售总额的2.3%，拉动社会消费品零售总额增长约1.1个百分点。广东省的网络购物订单量突破8亿单，遥遥领先于国内其他省份。

第二，电子商务应用成效显著。广东省各行业和消费领域的电子商务应用不断拓展，与实体经济融合的程度也不断提高，尤其是在钢铁、石化、塑料、粮食、汽车和电子等行业，涌现了一批年交易额超过100亿元的电子商务平台。此外，广东的外贸电子商务发展迅速，移动电子商务逐渐成熟，应用电子商务的中小企业也快速增加，网络购物也表现了迅猛增长态势。

第三，电子商务企业实力显著增强。近年来，腾讯、唯品会、兰亭集

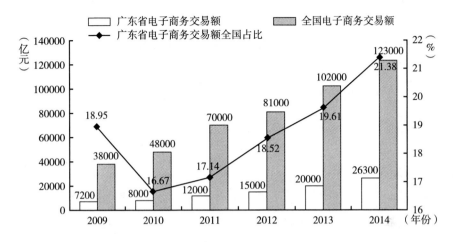

图1 2009~2014年广东电子商务交易额及其全国占比

资料来源：根据商务部、艾瑞咨询数据整理。

势、环球市场等一批龙头标杆电商企业陆续在国内外成功上市融资。在B2C领域，唯品会成为我国第三大市值的互联网公司，引领特卖网络零售企业的发展。在B2B领域，环球资源、环球市场位居全国前列；腾邦国际、芒果网居中国在线旅游市场营业收入份额前十位。在大宗商品电子交易领域，广东塑料交易所、欧浦钢网等一批年交易额超100亿元的大宗商品电子商务平台涌现。目前，广东有11家企业被商务部评为国家电子商务示范企业，数量居全国第二位，电商企业的实力和影响力显著增强。

第四，电子商务支撑及衍生服务逐步完善。广东省电子支付、仓储物流、信息服务、安全认证、业务流程和信息技术外包服务等电子商务服务产业链逐步完善。2013年，广东省共发放数字证书2071.44万张，约占全国的40%。物流配送网络体系进一步完善，有1800多家快递企业，接近全国的1/3，顺丰速运居全国快递行业第二位。网上支付、移动支付、电话支付等新兴支付服务快速发展，一批机构获得了央行颁发的第三方支付牌照。

第五，电子商务发展环境不断优化。广东省网络基础设施不断改善，电子商务用户规模快速增长。2014年，广东省网民规模达7286万人，互联网普及率达68.5%，网民规模增速为4.2%，位居全国前列。广州、深圳、汕头、东莞、揭阳5个城市获批开展国家电子商务示范城市创建工作。广州被授予"国家电子商务示范城市""国家跨境贸易电子商务服务试点城市""国家移动电子商务试点示范城市";深圳获批成为全国第七个具有进出口双向试点资格的跨境贸易电子商务试点城市;深圳、汕头、珠海、惠州被授予"国家信息消费试点市"。这些为广东省电子商务规制与政策创新创造了良好条件。

第六,移动电商飞速发展。2014年上半年,广东省移动购物市场交易额达396.8亿元,相当于2013年全年水平,移动购物市场占整体网络零售的比重由2013年的10.5%增长至17.5%,移动电商呈爆发式增长。

第七,公共平台影响力不断提升。"广货网上行"活动深受欢迎,官方微信公众号关注数高达32万人,2014年上半年参加活动的企业有200多家,发放促销红包455万份,价值1.24亿元,带动广货销售近百亿元,京东、唯品会、苏宁、国美、环球市场等电商龙头企业都参加了活动。

二　广东省电子商务产业发展存在的问题

尽管广东省在发展电子商务产业方面取得了较好的成效,但电子商务的发展仍然存在一些比较突出的问题。

一是电子商务对促进传统生产经营模式创新发展的作用尚未充分发挥,对经济转型和价值创造的贡献潜力尚未充分显现。

二是电子商务区域发展不均衡,珠三角地区电子商务发展较为成熟,粤西、粤北、粤东等地区电子商务发展基础比较薄弱,与珠三角地区差距较大。

三是电子商务的商业模式缺乏创新,服务能力尚待增强,服务水平尚待提高,服务范围尚待拓展。目前,广东省电子商务处于对传统商业模式和国外经营模式的模仿阶段,很少有结合省内实际情况的创新模式。

四是电子商务发展的制度环境还不完善,相关法律法规建设滞后,公共服务和市场监管有待增强,信用体系发展亟待加强,网上侵犯知识产权和制售假冒伪劣商品、恶意欺诈等问题不断发生，网络交易纠纷处理难度较大，在一定程度上影响了人们对电子商务发展的信心。

五是推进电子商务发展的体制机制有待健全，投融资环境有待改善，统计与监测评价工作亟待加强，全社会对电子商务的认识有待进一步提高，对网络空间的经济活动规律有待进一步探索。

六是电子商务高端人才不足。电子商务是信息化与传统商务的有机结合，需要大量既掌握现代信息技术又精通现代商贸理论与实务的复合型人才。目前，广东省具有创新思维的电子商务理论、规划与管理人才缺乏，省内电子商务人才的教育和培训也缺乏统一的管理和规范。

因此，广东省要紧紧抓住电子商务发展的新趋势，有前瞻性地布局未来，进一步加快推进电子商务健康快速发展。

三 广东省电子商务发展的对策和建议

（一）大力培育发展电子商务平台

1. 有战略性地发展综合性电子商务平台

鼓励通过兼并、重组、战略合作等方式加速布局综合性电子商务平台，重点吸引国内外知名综合性电子商务平台落户广东。依托广东省外贸和品牌优势，重点打造2~3家知名的跨境综合电子商务平台。建设广东省电子商务综合服务平台，整合电子商务服务资源，实现全流程、一体化服务。大力支持面向家庭社区的综合性电子商务平台建设，整合资源，发展线上线下融合发展的新型社区商业服务体系和商业模式，促进电子商务发展惠及广大人民群众。积极探索综合性大宗商品电子商务交易平台的发展，重点支持广东商品交易所的建设。鼓励商贸流通企业依托线下体验、物流配送网络、供应链管理等优势发展培育面向消费者的综合性电子商务平台。

2. 大力发展专业性电子商务平台

重点支持消费电子、汽车、服装鞋业、家具皮具、茶叶、灯饰、珠宝、电子元器件、工艺玩具、陶瓷、特色农产品等优势专业市场发展壮大一批专业性电子商务平台。支持省内优势专业性电子商务平台做大做强，重点支持塑料、石油化工、金属产品、煤炭能源、农林产品、纺织品、皮革和建材等大宗商品交易市场的电子化，培育集商流、物流、资金流、信息流于一体的专业性大宗商品交易平台。引导现有的行业性信息服务平台向集交易、支付和信息服务于一体的专业性电子商务平台转型。鼓励文化、旅游、物流、教育、医疗、金融等服务领域打造一批专业性电子商务平台。

（二）促进电子商务与实体经济深度融合

1. 大力发展跨境贸易电子商务

重点支持有条件的地区积极创建"国家跨境贸易电子商务服务试点城市"，建设跨境贸易电子商务集聚区，先行先试跨境贸易电子商务通关、结汇、退税等方面的监管措施，优化监管流程，提高管理和服务水平。支持生产企业、外贸企业利用跨境电子商务开展对外贸易，孵化培育一批具有竞争力的跨境电商卖家、第三方交易平台和国际性网络品牌。引导外贸展会与电子商务企业协同合作，打造面向全球的跨境贸易电子商务平台。支持电子商务企业建立面向港澳台地区、东盟等周边地区的跨境电子商务平台，促进边贸电子商务发展。鼓励物流、支付、外贸综合服务企业为电子商务提供专项或综合性服务，打造跨境贸易电子商务产业链。鼓励有条件的电子商务企业布局境外服务机构，完善海外仓储物流、客户服务体系建设。

2. 支持制造企业利用电子商务转型升级

在电子信息、电器机械、石油化工、纺织服装、食品饮料、森工造纸、建筑材料、医药、汽车及摩托车九大支柱产业领域，深化大型制造企业电子商务应用，促进实体购销渠道和网络购销渠道互动发展，提升其供应链管理能力和商务协同水平。引导优质制造企业利用电子商务平台开展网络营销，开拓境内外市场，形成一批知名网络品牌。引导传统制造企业利用电子商务手段重构采购、加工、制造、销售等要素环节，优化生产组织方式，推动工业产品向服务产品延伸，实现跨界经营。鼓励企业深化应用数控加工、人工智能、3D 打印等柔性制造技术，探索基于电子商务的云制造模式应用，积极发展面向消费者需求的 C2B2C、M2C 等新型电子商务模式。

3. 推动商贸企业线上线下融合发展

重点支持广东省内大型百货公司、超市与便利店等连锁企业、专业市场等传统商贸流通主体开展电子商务的应用创新，深化线上与线下的融合发展。支持网络零售企业及传统流通企业开展以促进网络消费为目的的各类网购推介活动。引导企业扩展流通服务体系，借助电子商务面向社区、农村提供网络零售和物流配送等服务。

4. 加强农村和农产品电子商务应用

深化广东省农村地区和农产品流通领域电子商务应用，加强农村地区电子商务普及培训，建立和完善农村地区电子商务基础设施环境。扎实推进"广东农村青年电子商务培育工程""广东农村信息直通车工程"。鼓励有条件的地区规划农村青年电商创业园，开展电子商务培训、货源对接、贷款扶持、品牌运营、物流优化、质检控制等。重点扶持一批知名度高、示范带动能力较强的农村青年电子商务领军企业，引导和培育一大批农村青年开办农家网店。支持农产品商贸企业、合作社、农产品批发市场采用线上线下融合模式开展农超对接、农批对接、农校对接、农企对接等多种形式的农产品电子商务。鼓励搭建农村电子商务信息服务平台和特色农产品电子商务平台，发展城乡一体的现代流通方式和新型经营业态。扶持农业企业开展农业全产业链信息化管理，实现农产品质量安全及电子交易的全程可追溯管理。

5. 深化民生类电子商务应用

鼓励餐饮、住宿等生活服务类企业自建或者联合建立电子商务系统，实现在线服务。支持社区商业、物业、家政服务等各类居家生活服务企业利用电子商务平台开展社区便民服务。鼓励金融机构、第三方支付企业及公共事业性单位联合建设网上公共事业缴费平台，开展在线便民缴费服务。积极推动教育电子商务服务，扩大教育电子商务服务范围，丰富教育电子商务服务资源。推动旅游合同电子化，引导旅游企业应用电子商务，创新服务发展模式，培育现代旅游服务品牌。鼓励文化创意产业电子商务服务方式创新，不断丰富网络文化创意产品，完善网络知识产权保护制度，促进文化创意产业的品牌化发展。推进电子客票、电子货单在交通运输服务业的使用，进一步推动民航、铁路、公路和水运等行业广泛应用电子商务。

6. 扶持中小微企业创新电子商务应用

加快中小微企业电子商务服务体系建设，重点开展电子商务应用技能培训和应用服务，提升中小微企业全网营销能力。扶持面向中小微企业的公共服务平台和服务机构，加强对中小微企业应用电子商务的技术支持和人才培训。支持中小微制造企业利用电子商务创新生产经营模式，开展在线购销、供应链管理和客户关系管理等活动，降低生产经营成本，拓展国内外市场，提高经营效率和效益。支持电子商务金融服务创新，拓宽中小微企业融资渠道。

（三）加快发展移动电子商务

1. 推进移动电子商务基础设施建设

统筹推进第四代移动通信、无线局域网等移动宽带网络协调发展。加快推进 LTE 新一代无线通信技术和产品广泛应用，试点推进 4G 网络向乡镇、行政村延伸，缩小城乡发展差距。扩大 Wi－Fi 在重要区域和公共场所的覆盖面，提高热点地区大流量移动数据业务的承载能力。加快移动电子商务与云计算、物联网、大数据等新一代信息技术融合发展。

2. 探索新型移动电子商务模式

推动基于移动位置的电子商务服务模式发展，引导电子商务企业与移动互联网企业、电信运营商等深度合作，充分利用虚拟社区资源，探索发展精准型移动电子商务模式。鼓励电子商务企业积极开展移动电子商务模式创新，支持大型互联网企业、电子商务企业不断丰富移动电子商务服务内容，推动移动电子商务逐步从购物服务向民生服务等领域全面发展。

3. 推动移动电子商务线上线下融合发展

鼓励移动电子商务交易方式和支付方式创新，推动移动电子商务线上线下融合发展，推进移动电子商务在民生服务、便民服务及传统商贸等领域的广泛应用。引导电子商务企业、电信运营商、第三方支付机构、金融机构等积极引进移动支付、身份认证等相关技术，开展移动定位和支付技术创新应用，为消费者提供安全便捷的多样化移动支付服务。

（四）提升电子商务创新能力

1. 鼓励商业模式创新

引导电子商务企业持续创新电子商务经营模式、盈利模式、服务模式和产业链合作模式等，探索移动电子商务、线上线下交互经营、线上交易线下体验提货、基于位置的服务（LBS）等电子商务新模式。鼓励大型网络社区企业和电子商务平台企业开展网络社区电子商务。推动电子商务产业链和各应用领域相关主体深入合作，加快商业模式创新和社会化协作机制创新。鼓励电子支付、仓储物流、信用服务、安全认证、技术外包等电子商务支撑及衍生服务企业创新技术和服务模式，促进电子商务创新发展。

2. 推动新技术开发与应用

着力推动电子商务技术创新和集成创新，加大对电子商务创新成果转化应用的支持力度。支持大数据、云计算、移动互联网等新技术在电子商务领域的开发应用，进一步增强电子商务的技术支撑能力。加强产学研合作，推动高等院校、科研机构和企业建立一批电子商务技术应用实验室，承担国家重大科技专项，促进各项新技术在电子商务领域的推广应用。结合市场需求，重点突破电子支付、信用管理、供应链管理、信息安全等关键技术，促进技术应用与商业模式创新有机结合，抢占电子商务技术服务制高点。

（五）完善电子商务支撑服务体系

1. 统筹建设物流配送体系

加快构建与电子商务发展相适应的物流配送体系，推进城市物流配送仓储用地、配送车辆管理等方面的政策出台。支持物流企业提高信息化水平，促进物流服务和电子商务集成创新，加快电子商务仓储的机械化和信息化进程。支持城市社区建设网络快递投送、自提场所，支持快递企业建设农村快递网络，提升快递末端网点的服务水平和服务质量。探索建立符合广东省跨境电子商务特点的物流监管体系，加大对物流企业"走出去"开展国际化经营的扶持力度，支持建立海外仓储体系，完善广东省海外物流网络布局。

2. 建立多元化支付体系

鼓励金融机构建设在线支付平台，提供基于互联网、移动电话、自助终端等的多种电子支付服务，推动形成多元化的电子支付体系。加大对第三方支付的支持力度，鼓励符合条件的企业申请第三方支付牌照，引导第三方支付企业加强产品和服务创新。支持开发银行卡、电子支票、手机钱包等各类电子支付和结算工具，推动形成多种新型支付渠道。支持在线支付企业开展国际结算服务，支持广东省支付企业进行对外投资和跨国并购，加大对支付企业开展国际化经营的扶持力度。

3. 加强认证体系建设

扶持电子商务认证服务企业发展，开展实名认证、数据保护、司法鉴定、审计取证等电子商务安全认证服务，完善电子认证体系。强化电子商务数据安全，支持全省数字证书认证中心建设，为电子商务活动提供统一的安全认证。鼓励电子认证技术研发，大力推动具有自主知识产权的数字证书、电子印章、电子签名在电子商务领域的应用。健全电子商务信息安全监管与评估制度，提高电子商务信息系统的安全防护能力。深入推进粤港电子签名证书互认试点工作，加强粤港澳台合作，推进跨境数字证书互认互通。

4. 完善电子商务衍生服务体系

支持电子技术服务平台、中介服务平台发展，培育具有行业影响力的咨询、资讯、法律、信息技术、人力资源等电子商务服务企业。引进国内外知名电子商务服务机构，为中小企业开展电子商务提供一站式公共服务。不断拓展电子商务服务领域，促进网站建设、硬件维护、软件开发、数据分析、营销推广、商务服务、法律咨询、客户管理、代运营等服务业态创新发展。

（六）优化电子商务发展布局

紧紧围绕"振兴粤东西北、提升珠三角"双引擎驱动战略，根据各地市区位和产业特点，统筹电子商务发展布局，完善广东省电子商务基础设施和政策环境，促进各地电子商务应用，推动全省电子商务均衡发展。

一是以广州、深圳为核心节点，大力发展综合型电子商务平台，创新发展移动电子商务、线上线下融合等电子商务新模式；积极开展电子商务技术创新和产业化，推动大数据、云计算、物联网等新一代信息技术融合发展；依托前海新区、南沙新区、横琴新区等国家级新区，探索电子商务金融政策，创新电子商务金融服务体系；加快发展第三方物流，建立电子商务物流信息体系，建成立足全省、辐射全球的电子商务物流中心。依托跨境电子商务试点城市创建，先行先试制定跨境贸易电子商务通关、结汇、退税等方面的管理办法及标准规范，促进全省跨境电子商务快速发展。

四　广东省电子商务产业发展预测和展望

（一）电子商务市场规模将稳步增长

一是传统商贸企业电子商务将快速发展。传统大型商贸企业将利用品牌信誉、采购分销和运营管理等优势，通过自建、收购、兼并等方式建设网上商城，通过网上商城开展"线上市场"与"线下市场"良性互动的网络零售业务。二是制造企业电子商务应用水平将进一步提高。制造企业通过第三方零售平台开设旗舰店、专卖店，将大大拓展网络直销、网上订货等业务。三是电子商务应用领域将进一步拓展。电子商务向物流、会展、旅游、教育、医疗、农业、文化、数字出版、服务贸易、社区服务、家政服务等领域的拓展，以及网上展会、电子旅游、网络教育、网上医院、网上菜市场、社区电子商务等领域的电子商务应用，都将扩大电子商务市场规模。四是中小微企业电子商务应用水平将进一步提升。中小微企业运用第三方电子商务平

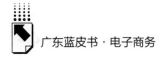

台开展在线采购、销售等生产经营活动，将进一步提高中小微企业的电子商务应用水平。

（二）电子商务支撑产业将稳步提升

第一，电子商务标准化水平将全面提升。电子商务标准化研究将会加强，制订广东省商务标准体系规划，抓紧出台网络（电子）发票管理、电子支付互联互通与安全保障、投诉举报处理、电子商务信用管理等标准规范。加快开展电子商务标准化试点和应用，通过标准化促进电子商务规范化。第二，认证和信用建设可进一步加强。完善电子认证体系，强化电子商务数据安全保障，推进跨境数字证书互认，积极推动粤港澳数字证书互认互通。第三，电子支付能力将会增强。第三方支付平台的建设将鼓励支付机构和消费者使用电脑、手机、平板电脑和智能电视等多种终端进行支付，推动形成多元化的电子支付体系。第四，物流协同水平可进一步提升。与电子商务发展相适应的现代物流、物流配送体系，可进一步增强电子商务物流服务的协同能力，形成电子交易和实物配送融合发展的格局。

（三）电子商务自主创新能力将全面提升，抢占战略先机

第一，技术创新和应用将继续推进。云计算技术在电子商务中将得到进一步广泛应用，适用于电子商务的射频识别、二维码、红外感应和全球定位系统技术也会进一步得以研发、推广。第二，经营模式将进一步创新。网络拍卖、数据托管、数据分析、网上培训等业务将会不断涌现并日趋完善。第三，移动电子商务将得到大力发展。基于新一代移动通信、物联网、云计算技术，更加个性化、实时化、社交化、精准化的移动电子商务服务将会不断涌现。

（四）2014年"广货网上行"将持续推动全省电子商务发展

"广货网上行"自2012年8月正式启动，在提高广货网络交易额、推动一批传统企业应用电子商务、帮助广东省电子商务企业快速成长等方面取

得了预期效果。2014 年，广东省人民政府主办的"广货网上行"活动进入第三个年头。这三年，电子商务蓬勃发展，日益成为中国经济中不可忽视的力量。在电商大省广东，"广货网上行"活动不断创新，2013 年更是大力推动电子商务的移动端发展，为广东电商企业和粤货品牌搭建了抢占移动互联市场的平台，以更为精准的财政补贴等方式让企业受益、让市民受惠，掀起了广货网购新热潮。据不完全统计，2014 年共有 273 家电商平台或商城参与"广货网上行"，7.6 万余家广货品牌企业直接受益。

专　题　篇

Special Reports

B.2
全球电子商务发展概况及特征

摘　要：　全球电子商务发展迅猛，2013 年全球网络零售交易额约占
全球社会零售总额的 4.2%。全球网上零售交易额排前三位
的国家分别为：美国（4319 亿美元）、英国（1467 亿美
元）、中国（1453 亿美元）。全球电子商务产业发展呈现了
欧洲市场发展完善、亚洲仍是增长最快的市场、新兴市场扩
张引领未来增长的特征。

关键词：　全球电子商务　网络零售

一　全球电子商务产业发展概况

以互联网、云计算、大数据等为代表的信息技术飞速发展，电子商务与
实体经济深入融合，对生产、消费乃至人们的生活带来了深刻影响。电子商

务已经成为当前商务领域最前沿、最活跃、最广泛的热点，其地位、作用已经大大超出了商业本身，成为信息化、网络化、市场化、国际化新条件下资源配置的一个重要途径，成为引领经济社会发展进步的一种重要力量，成为世界各国提高国家竞争力的重要战略举措。截至 2013 年底，全球互联网络使用人数已超过 25 亿人，网络零售交易额达 13630 亿美元，同比增长 18.8%，约占全球社会消费品零售总额的 4.2%。根据欧洲电子商务协会公布的数据，2013 年，美国以 4319 亿美元的网上零售交易额排名全球电商交易规模的首位，约为第二名英国 1467 亿美元交易规模的 3 倍，而中国以 1453 亿美元的交易规模排全球第三位。美、英、中三国的网上零售总交易额占全球网上零售总交易额的 53%。排在第四位到第十位的分别是日本（1113 亿美元）、德国（867 亿美元）、法国（699 亿美元）、澳大利亚（368 亿美元）、加拿大（247 亿美元）、俄罗斯（212 亿美元）及韩国（208 亿美元）。全球电子商务市场规模的高速增长，有力地延缓了全球经济的衰退。

二　全球电子商务产业发展特征

（一）欧洲市场发展完善

全球调查公司 eMarketer 的数据显示，2013 年，全球电子商务市场规模超过 12484 亿美元，同比增长 18%。以德国为例，德国网上零售交易额仅次于英国，增长率远远超过全球平均水平。

值得一提的是，德国人口约为 8200 万人，其中网民超过 6900 万人，网上购物人数超过 3700 万人。较高的互联网覆盖率为德国电子商务市场的增长提供了良好的条件。与此同时，德国发达的金融基础设施和物流体系也对电子商务市场的发展起到了重要的促进作用。BVH 强调，德国电子商务与其他国家电子商务有所不同，约 2/3 的在线交易是在类似于 eBay 和 Amazon 的全球性电子商务平台上完成的。

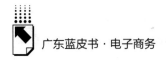

（二）亚洲仍是增长最快的市场

2013 年，中国电子商务市场规模同比增长 78.5%，印度尼西亚为 71.3%。2013 年印度尼西亚电子商务销售额的增速高于其他国家，市场规模达 18 亿美元。与此相比，电子商务市场已超过印度尼西亚 100 倍的中国市场的增速则是第二高的，市场规模达 1810 亿美元。

整体而言，亚太地区 2013 年的电子商务销售额约为 3888 亿美元，比 2012 年增长近 1/4。增速高于亚太地区的只有中东和非洲地区，目前这一地区是全球最小的电子商务市场。中东和非洲地区 2013 年电子商务销售额增长近 1/3，市场规模达 270 亿美元。

北美市场则仍是全球最大的电子商务市场，2013 年的市场规模达 4195 亿美元。但作为全球最成熟的市场，其增长速度是最慢的，2013 年增速为 12.5%，较全球平均值低约 4.5 个百分点。与此同时，西欧地区的增长速度也较为缓慢，2013 年为 14%，市场规模达 2915 亿美元。

（三）新兴市场扩张引领未来增长

落后的物流体系是阻碍俄罗斯电子商务发展的主要因素。俄罗斯国土广袤，城市间配送受限于邮政服务滞后。因此，尽快完善邮政服务、提供多元化服务显得尤为重要。目前，俄罗斯大部分大城市的在线零售商已经撤开邮政服务组建了自己的配送系统和自行提货点。从某种程度上说，俄罗斯只能算电子商务边缘国家，其电子商务市场面对的最大问题是驱动力不足。在各地区的在线平台中，由于商品种类严重匮乏，即便互联网覆盖率逐渐提高，俄罗斯地区在线零售规模也仍然增长缓慢。

目前电子商务交易额占俄罗斯零售贸易总额的 2.2%，占比增幅每年为 0.2~0.3 个百分点。自 2010 年起，电子商务成为俄罗斯本国和外国风险投资的新方向，投资总额已逾 10 亿美元。由于俄罗斯网店过于集中在大城市，中小城市电子商务发展空间很大，从中心城市向周边辐射将是今后俄罗斯 B2C 市场发展的趋势。摩根士丹利预测，随着网络的普及和网民数量的增加

（预计 2015 年俄罗斯网民数量将由原来的 6800 万人增至 8700 万人）、电子支付模式的推广及地方电子商务市场潜力的不断释放，2015 年俄罗斯电子商务市场规模有望达 360 亿美元，较 2012 年增长 3 倍，在零售贸易中占比将达 4.5%，预计 2020 年俄罗斯电子商务交易额达 500 亿美元。

eMarketer 指出，2014 年全球电子商务市场规模超过 1.5 万亿美元，2017 年将达 2.4 万亿美元。引领电子商务市场增长的除亚太地区几个国家外，还有俄罗斯、阿根廷、墨西哥、巴西、意大利和加拿大。移动电子商务的发展、新配送和支付方式的应用，以及国际性零售巨头在新兴市场的扩张，将成为未来电子商务发展的巨大引擎。

B.3
中国电子商务产业发展概况

摘　要：　我国近年来的电子商务交易额增长率一直保持快速增长势头，并以GDP增速7%~9%的2~3倍速度增长。我国电子商务经济发展的特点是：相关服务业发展迅猛，已经初步形成功能完善的业态体系；零售电子商务平台化趋势日益明显，平台之间竞争激烈，市场日益集中，开始出现一种新型的垄断（或寡头垄断）局面；电商平台的地位和作用日益凸显，电商平台、政府监管部门与进行网上销售的企业之间正在形成一种新的市场治理结构；区域发展不均衡情况显著，电子商务服务企业主要集中在长三角、珠三角和北京等经济发达地区，而且出现企业日益集中的趋势。

关键词：　电子商务　网络购物　团购

一　2014年中国电子商务产业规模

艾瑞统计数据显示，2014年中国电子商务市场交易规模为12.3万亿元，增长21.8%，预计未来几年将保持平稳快速增长势头，2018年电子商务市场交易规模将达24.2万亿元（见图1）。根据国家统计局数据，2014年我国网络零售保持高速增长，全年网上零售额同比增长48.7%，约为2.8万亿元，对社会消费品零售总额的渗透率年度首次突破10%，成为推动电子商务市场发展的重要力量。另外，在线旅游增长27.1%，本地生活服务O2O增长42.8%，共同促进了电子商务市场整体的快速增长。

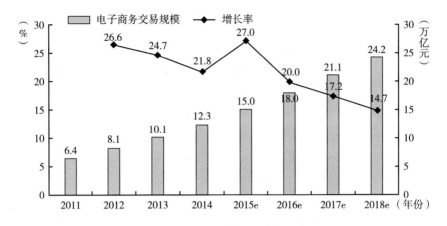

图1　2011～2018年中国电子商务市场交易规模

资料来源：艾瑞咨询。

二　2014年中国电子商务产业结构

从2014年电子商务整体市场结构看，中小企业B2B占比为50.0%，B2B合计占比超过七成，B2B仍然是电子商务的主体；网购市场份额达22.9%，比2013年提升4.2个百分点；在线旅游与本地生活服务O2O市场占比与2013年相比均有不同程度的提升（见图2）。

从我国B2B市场看，未来B2B运营商将在在线交易、供应链金融，以及质检、物流等配套服务方面继续深化发展，预计未来3～4年，中国中小企业B2B市场将保持较平稳增长态势。从网络购物市场看，随着移动购物市场的飞速发展、典型电商企业向三四线城市甚至农村市场的扩张及国际化战略的布局，未来几年，中国网络购物市场仍将保持快速发展势头，网络购物在电子商务中的占比将会继续提升。此外，在线旅游市场虽然占比较低，但受酒店、旅游度假等细分市场的推动，一直保持25%以上的增速，逐渐成为电子商务市场重要的组成部分；O2O逐步落地，服务类O2O如餐饮、休闲娱乐、婚庆已逐渐形成规模，本地生活服务O2O未来发展潜力巨大。

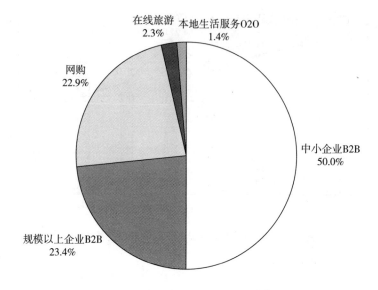

图2　2014年中国电子商务市场细分行业构成

资料来源：艾瑞咨询。

三　2014年中国电子商务产业结构

（一）B2B市场规模：2014年增长超三成

根据艾瑞咨询统计数据，2014年中国中小企业B2B市场营收规模为234.5亿元，增长率为32.0%。艾瑞咨询预测未来几年中国中小企业B2B市场营收增速仍将保持在20%以上，预计2018年营收规模将接近540亿元（见图3）。经过几年的发展，中国中小企业B2B行业的在线交易业务初有成效，各平台通过免收交易佣金、提供多种在线支付方式、赠送推广资源等促进在线交易发展。然而交易双方在线交易的习惯仍需培育，预计未来几年此项业务的营收将平稳增长。

（二）网络购物市场规模庞大，增速加快

根据国家统计局数据，2014年我国网络零售保持高速增长，全年网上

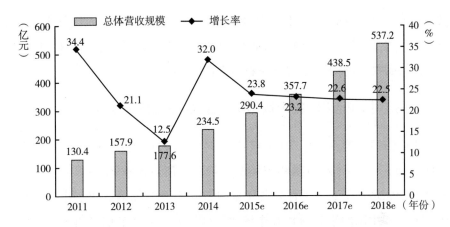

图3　2011～2018年中国中小企业B2B电子商务市场总营收规模

资料来源：艾瑞咨询。

零售额同比增长48.7%，约为2.8万亿元，仍然维持在较高的增长水平（见图4）。网络购物交易额大致相当于社会消费品零售总额的10.7%，年度线上渗透率首次突破10%。

图4　2011～2018年中国网络购物市场交易规模

资料来源：艾瑞咨询。

近几年来，我国的网络购物市场交易规模呈现快速增长态势，我国的网络购物市场已经逐步进入了成熟期。在未来的几年内，随着移动购物市场的飞速发展，典型电商企业向三四线城市甚至农村市场的扩张及国际化战略的布局，我国二三线城市和中西部地区的网络购物市场发展潜力将得到释放，中国网络购物市场将保持27%左右的复合增长率。

（三）中国网络购物市场结构：B2C占比持续增大

艾瑞咨询数据显示，2014年中国网络购物市场中B2C交易规模达12882亿元，在整体网络购物市场交易规模中所占比重达45.8%，较2013年的40.4%增长了5.4个百分点（见图5）。从增速来看，B2C市场增长迅猛，2014年中国网络购物B2C市场增长68.7%，远高于C2C市场35.2%的增速，B2C市场将继续成为网络购物行业的主要推动力。预计到2015年，B2C在整体网络购物市场交易规模中的占比将超过C2C。

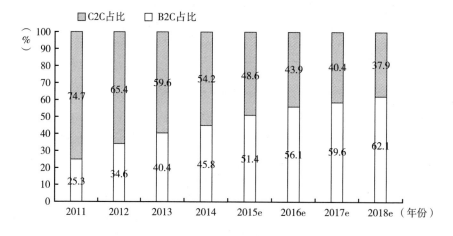

图5　2011～2018年中国网络购物市场交易规模结构

资料来源：艾瑞咨询。

从市场发展情况看，C2C仍然是我国网络购物市场的主要推动力。C2C市场体量大，产品品类齐全，在满足网购用户差异化及个性化需求方面有一定优势，未来仍将维持稳定增长态势。但随着我国电子商务的发展，用户网络购物意识的逐渐成熟及网络购物行为的日趋理性。产品品质及服务水平成为影响网络购物用户购买决策的重要因素，对产品品质的诉求将继续推动 B2C 市场的高速发展。C2C 仍然保持着强劲的活力，而 B2C 在信誉和质量保障方面较 C2C 有明显的优势，两种模式都有各自明显的竞争优势。

（四）团购市场发展状况

截至 2014 年 12 月，我国团购用户规模达 1.73 亿人，较 2013 年底增加 3200 万人，增长率为 22.7%。与 2013 年相比，2014 年我国网民使用团购的比例从 22.8% 提升至 26.6%。与此同时，手机团购增长迅速，引领团购市场发展。目前，手机团购用户规模约为 1.19 亿人，增长率为 45.7%，手机团购的使用比例由 16.3% 提升至 21.3%（见图 6）。

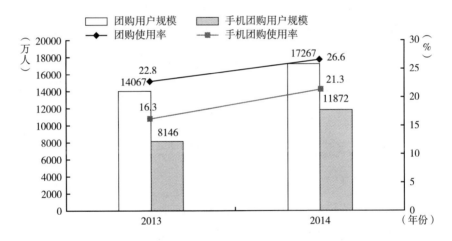

图 6　2013～2014 年中国团购、手机团购用户规模及其使用率

资料来源：中国互联网络信息中心，《中国互联网发展状况统计报告（2015 年 1 月）》。

历经几年的快速进化，2014 年团购网站形成了较为稳定的市场格局：美团网以 56.6% 的品牌渗透率居行业首位；聚划算、大众点评、糯米网差距不多，分别为 33.4%、30.1%、25.9%，分居第二位至第四位；58 团购以 17.3% 的渗透率居第五位（见图 7）。

2014 年，在电影票、酒店、KTV 等细分领域纵深发展的美团网占据行

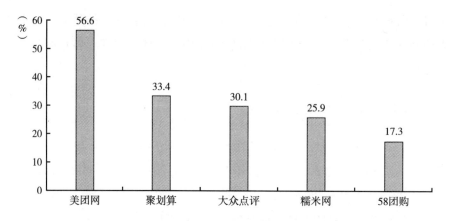

图7 2014年团购市场品牌渗透率

资料来源：中国互联网络信息中心，《中国互联网发展状况统计报告（2015年1月）》。

业领跑者地位；由于具有较为明显的地域优势和用户优势，糯米网于2014年被百度收购；在在线预订、订餐服务方面横向发力，同时向婚嫁领域拓展的大众点评在2014年被腾讯注资。2015年团购网站会继续向O2O深化转型，借助移动终端，结合LBS拓展本地生活化服务市场。

（五）未来发展：移动购物推动网络购物市场快速发展，在线旅游及O2O发展迅速

统计数据显示，在中国电子商务市场细分领域中，移动购物市场发展迅速，未来几年将保持48%的复合增长率，成为网络购物市场快速发展的主要推动力。此外，在线旅游和O2O未来几年也将保持20%以上的复合增长率，发展快速。

未来几年，移动购物和O2O将成为电子商务市场中发展最快的细分领域。其中，在移动购物方面，移动互联网的普及、网民从PC端向移动端购物的倾斜、移动购物场景的完善、各电商企业移动端布局力度的加大，以及独立移动端平台的发展，均是推动中国移动购物市场快速发展的重要因素，预计未来几年其仍会保持较快的增长速度。在O2O方面，我国本地生活服务O2O市场发展快速，餐饮、休闲娱乐等O2O已经初具规模，但本地生活

服务 O2O 在整体本地生活服务市场中的渗透率还较低。未来实物类电子商务用户群体网络消费内容的不断丰富、移动互联网的飞速发展都将推动本地生活服务 O2O 的快速发展。

四　2014年中国主要地区电子商务发展现状

（一）浙江省电子商务发展现状

浙江省是电子商务大省，传统产业及社会各领域电子商务应用快速推进，在技术、支付、物流等支撑服务方面取得了重大突破，各项主要指标均居全国前列。2014 年浙江省网络零售持续保持快速增长势头，全省共实现网络零售额 5641.57 亿元，同比增长约 47.64%，其中杭州（2088.45 亿元）、金华（942.56 亿元）、嘉兴（678.89 亿元）位居前三；省内居民实现网上消费 3192.78 亿元，同比增长约 41.15%，其中杭州（899.55 亿元）、宁波（488.32 亿元）、温州（438.42 亿元）名列前三。

B2C 发展迅速。省内企业积极发展电子商务，截至 2014 年 6 月底，浙江省在淘宝网的天猫平台共开设 B2C 网店（B 店）2.29 万个，相比 2013 年同期 1.32 万个增加了 0.97 万个，同比增长约 73.48%。从浙江省电子商务统计监测平台抽取的 26 家月销售规模在 500 万元以上网络零售企业的汇总数据看，2014 年上半年其共实现网络销售额 26.76 亿元，同比增长约 25.52%，剔除刚开设网店的销售额提升期和其他因素的影响，浙江省网店销售额同比增长在 65% 以上。

（二）江苏省电子商务发展现状

江苏省是中国经济发达的省份之一，也是较早实行外向型经济发展战略的地区。依托长三角的地缘优势和发达的水运网络，江苏省一直是外贸大省，电子商务的发展为其国内国际贸易开辟了新的发展道路。

线下与线上交易齐头并进，是江苏发展电子商务的一大特色。这种线上

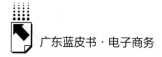

线下的模式支持购物中心、连锁企业建立有实体支撑的网络交易平台,使销售渠道更加开阔。为提高产业集聚能力,江苏省鼓励建立中心商区电子商务公共平台,为电子商务发展提供综合的软硬件基础设施和专业化服务。

在推进电子商务发展的过程中,试点城市和示范基地的引领作用不容小觑。江苏省商务厅一方面鼓励示范城市在相关政策、法规、税收方面先行"试水",建立完善的产业政策体系、公共服务体系,以及产学研用协同机制;另一方面鼓励示范企业在创新模式、整合资源、健全产业链等方面先行先试。而在跨境电商方面,目前,江苏省跨境电子商务零售出口政策落实的各项工作正有序推进。南京、苏州、无锡三市,在载体建设、软件支持等方面做了大量前期准备工作,实施方案已基本成形,有关工作的基础条件已基本具备,投入运作指日可待。

在新形势下,江苏省商务厅抓住机遇、顺应发展趋势,积极建设国家电子商务"示范城市""示范基地""示范企业",在 2013 年认定的 12 个省级示范基地和 24 个省级示范企业的基础上,进一步建立示范基地和示范企业联动制度,同时加强对国家级和省级示范企业的绩效考核,配合国家开展电子商务试点项目,充分发挥示范工程的引领带动作用。

数据显示,截至 2013 年,江苏农业电子商务平台数量已超过 9000 个,开展电子商务的市场主体达 3856 个,通过上网发布信息实现电子商务交易的金额为 3252480.8 万元,通过第三方平台开设网店实现电子商务交易的金额为 1322495.1 万元,通过自建营销网站实现电子商务交易的金额为 1115500.8 万元。在 2013 年天猫"双十一购物狂欢节"中,江苏省电商的销售总额达 29 亿元。

(三)上海市电子商务发展现状

上海是全国第一个建立电子商务全社会统计制度的地区。2014 年上海市完成电子商务交易额 13549 亿元,比上年增长 28.3%。其中,B2B 交易额 10645 亿元,增长 23.3%,占电子商务交易额的 78.6%;网络购物交易额 2904 亿元,增长 50.6%,占 21.4%。口岸税费电子支付系统入网企业累计 55000 家，全年电子单证传输量为 22900 万份，实现电子支付金额 12830 亿元，同比增长 12%。全年推广电子账单 44 万份，发送法人数字证书"一证通" 139.32 万张。中国上海门户网站首页浏览量为 3242.4 万次，总页面浏览量为 72429.7 万次。

上海市电子商务主要呈现以下特点：①无论是规模还是增速，均居全国前列。2014 年，上海市电子商务规模占全国 10% 左右，"十二五"期间增速明显，平均增长 35%。②B2B 领域仍然领跑全国。在 2014 年上海市 B2B 领域，钢铁类电商贡献最大，占比达 42%。其中找钢网 2014 年交易额为 688 亿元，同比增长超 300%；东方钢铁电商 2014 年交易额 1757 亿元，增长超 10%。③电子商务创新应用领域不断拓展。"网订店取"模式得到成功推广；1 号店获互联网药品交易服务资格证书；第三方支付企业实现支付额 13.5 万亿元，同比增长 77.7%；建立了互联网教育产业创新创业基地。④生鲜电子商务全国领先。2014 年，上海市生鲜农产品类电子商务增长迅猛，交易额达 6 亿元，同比增长 77.4%。其中生鲜龙头企业菜管家（www.962360.com）2014 年交易额为 2.38 亿元，增长高达 217.2%。⑤跨境电子商务高速增长。上海市高度重视跨境电商的发展，各种模式的业务规模实现较大提升。上海市优化公共服务平台职能，完善海关、检疫检验、外汇管理监督方式，试点进口模式顺利推进。其中"跨境通"平台已有 68 家知名企业，涵盖商品品类为 10 万余种，上海邮政速递物流跨境快件邮包数超 240 万件。

（四）北京市电子商务发展现状

北京市的电子商务产业发展十分迅速，2013 年北京市电子商务销售金额为 7658.8 亿元。北京网上零售实现跨越式发展，销售额从 2010 年的 120 亿元增至 2013 年的近 1460 亿元。中国电子商务研究中心监测数据显示，2014 年北京市消费者投诉总量为 79694 件，其中涉及网络零售的投诉 47794 件，占投诉总量的 59.97%。北京市电子商务名优网站众多，其中包括京东、聚美优品、当当网、乐蜂网、凡客诚品、国美在线、酒仙网、去哪儿网、58 同城等。

B.4

广东省电子商务创新之举

——"广货网上行"

摘　要：　为贯彻落实广东省委、省政府"努力扩大消费需求，深入推
进广货网上行"的工作部署，进一步扩大广货网上销售，大
力发展消费新业态，促进稳增长、调结构、惠民生，广东省
商务厅决定于 2014 年 8 月 29 日正式启动 2014 年"广货网
上行"活动。"广货网上行"为广东消费市场稳增长起到了
促进作用。

关键词：　广货网上行　电子商务　微信平台　红包

一　"广货网上行"拉动广东电子商务快速发展

"广货网上行"活动由广东省人民政府主办、广东省商务厅承办，旨在
扩大广货网络交易规模，帮助广东电商行业成长。2014 年，广东省人民政
府主办的"广货网上行"活动进入第三个年头，在这三年中，电子商务蓬
勃发展，日益成为中国经济不可忽视的力量。在电商大省广东，"广货网上
行"活动不断创新，2014 年更是大力推动电子商务的移动端发展，为广东
电商企业和粤货品牌搭建抢占移动互联市场的平台，以更为精准的财政补贴
等方式让企业受益、让市民受惠，掀起广货网购新热潮。据统计，2014 年
共有 273 家电商平台或商城参与"广货网上行"，7.6 万余家广货品牌企业
直接受益。

广东近年来大力推动电子商务发展，着力强化电子商务基础资源和基础

设施建设，着重提升研发创新能力，不断加强推广应用。广东省组织实施"广货网上行"活动，大力培育电子商务平台，推动传统企业"上网触电"，取得了显著成效。自举行"广货网上行"以来，全省电子商务交易额、网络购物额等稳居全国首位，并涌现了一大批知名电商企业。蓬勃发展的电子商务，已经成为广东省国民经济和社会信息化的重要组成部分。

广东省统计局发布的数据显示，2014 年广东电子商务发展增长迅猛，全省电子商务交易额增长 30%，全省网上零售额增长 70.7%，增速远高于全国的 56.2%，相当于社会消费品零售总额的 2.3%，拉动社会消费品零售总额增长约 1.1 个百分点。

二 "广货网上行"活动成效

（一）平台带动效应明显，273家电商平台商城撬动7.6万家粤企触网

广东省商务厅统计结果显示，截至 2014 年底，直接参与"广货网上行"活动开展促销活动的平台（商城）达 273 家，7.6 万余家广货企业通过这些平台（商城）参加了活动。

2014 年 8 月，"广货网上行"组委会在启动当年活动时设计了一个"微信发红包"的网上促销活动。组委会在微信平台上设立"广货网上行"官方服务号，动员达到"门槛"要求的广货企业向普通市民发放促销"红包"，"红包"只能用于购买各大电商平台和商城中销售的广货，以此撬动消费者网购广货。

活动启动后的半年里，京东、唯品会、苏宁、国美、广州友谊、茵曼等企业在"广货网上行"微信公众号开展发"红包"活动 28 次，累计发放促销"红包"955.7 万份，价值 3.49 亿元。活动随即呈现了强大的市场号召力，2014 年 9～12 月广货实现网络销售额 1203 亿元，同比增长 55%。广货在全国网购市场的占有率排第一位的优势进一步巩固，比排第二位的浙江高

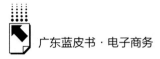

出约30%。

同时，"广货网上行"发"红包"活动在网友、线上线下、各大媒体、电商企业中形成的冲击力对全省网络购物也产生了强大的提升作用，推动全省网购交易额在2014年9~12月达到了创纪录的2406亿元，月均销售额比活动启动前的2014年1~8月增长了56%。

广东省统计局的数据显示，"广货网上行"为广东省消费市场稳增长起到了积极的促进作用。2014年，全省实现社会消费品零售总额同比增长11.9%，是2008年以来与全国增幅差距最小的一年。其中，限额以上批发零售企业（年销售额在2000万元以上的批发企业和年销售额在500万元以上的零售企业）网上零售额同比增长70.7%，比全国平均水平高约15个百分点。

（二）微平台撬动大经济，"广货网上行"成企业触电"启蒙老师"

由于通过市场手段，采用市场化运营，2014年"广货网上行"活动被赞"接地气""好新潮"，受到了消费者的广泛关注。广东省商务厅相关负责人透露，2014年活动启动以来，"广货网上行"微信公众号关注数由最初的约2000人飙升至36万人，跻身业界公认的"大号"行列。根据微信方面的数据，85%的粉丝来自广东省以外地区。

观察公众号后台粉丝增长趋势图，"广货网上行"活动虽然时间跨度长，但粉丝数一步一个台阶持续增长，绝大多数用户来了就没再离开，活跃度高、稳定性好。同时，新改版的"广货网上行"官方网站（www.ghwsx.gov.cn）受到高度关注，页面日浏览量最高达60万人次。不少参与发"红包"活动的电商企业负责人表示，"广货网上行"在移动互联网上取得的热烈响应，一是带动并教会了企业玩转移动电商，二是给企业带来了千金难求的流量和销量。

广东省商务厅相关负责人透露，京东、苏宁单次发"红包"活动均有过百万人参与；今生宝贝和苏宁先后取得了活动期间单日新增粉丝10万人的骄人成绩；对电商市场向来把握精准的京东原定 3 天发放 2300 万元"广货网上行"的"红包"，结果 1 天半就被网民抢光。传统色彩浓厚的广州友谊每天限量发放的 2 万份"红包"，仅 5 分钟就被抢光，且"红包"使用率高达 99%，"红包"直接对应产品的销售额放大 10 倍；名不见经传的本土电商企业柚子舍的"红包"使用率高达 70%……

《南方日报》2014 年底发起对"广货网上行"发"红包"促销企业的问卷调查，结果显示：对于参与发"红包"活动，有 73% 的企业表示符合甚至超出预期；87% 的企业表示 2014 年"广货网上行"对其今后发展线上销售有好的影响，其中 74% 的企业表示"广货网上行"活动对其今后发展线上销售有很大的启发作用，并能由此明确其今后线上发展方向。"广货网上行"成了不少广货企业触电的"启蒙老师"。

（三）每天都有一场活动，掀起广东省各地电商发展热潮

2014 年"广货网上行"配套活动丰富，由此带动的电商发展热潮在全省各地兴起。平均下来，每天都有一场电商推广活动。在省级层面，作为"广货网上行"的系列活动，2014 广东（国际）电子商务大会和广东省加快电子商务发展座谈会，为全国、全球电商精英提供了交流平台，为广东省电子商务发展共谋良策。通过举办 O2O 购物狂欢节，广东与阿里巴巴合作搭建"淘宝网·特色中国·广东馆"，联合天猫超市购物平台开展品牌食品企业对接会等，丰富活动内容，推动优质广货网上行。同时，广东开展全国网络媒体南粤行和广东媒体全省行活动，进一步加大了广东加快发展电子商务的宣传力度，全面提升了活动影响力和号召力。

全省各地热情不减，带动大批中小企业上网触电。2014 年各地市开展了"广货网上行"系列配套推广活动。如中山市开展"广货网上行"2014 年中山产品"双十一"电子商务大赛；揭阳市开展"电商送喜'喜洋洋'——揭阳电商年货大会"；韶关市举办中小微企业"广货网上行"品牌联盟暨微时代电商新模式成果展示会，等等。2014 年，广东省开展的各类型电子商务推广活动近 400 场，累计受众约 24 万人，有效推动了广东省中

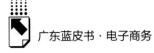

小企业上网触电。

特别是在粤东、粤西、粤北地区，各地市开始尝试运用电商改造农村经济，纷纷开展各类型配套活动，推动当地特色农产品上网触电。其中"淘宝网·特色中国·广东馆（梅州）"于2014年9月底正式启动运营，云浮分馆的相关建设工作也正在推进中。受"广货网上行"活动的推动，京东、苏宁加快布局广东，加速渠道下沉，首家农村服务中心（服务站）落地。各类活动的开展对推动广东省农村电商的新发展产生了积极作用。

"一带一路"挖掘电商发展新潜力

摘　要：互联网在"一带一路"战略实施中发挥着重要作用，如何抓住国家"一带一路"战略布局的机遇，促进我国电子商务的进一步发展，成为目前电子商务发展的热点议题。

关键词：　"一带一路"　政企合作　跨境电商

2015年3月28日，国家发改委、外交部、商务部联合发布了《推动共建丝绸之路经济带和21世纪海上丝绸之路的愿景与行动》，至此，"一带一路"正式进入规划实施阶段。互联网将在"一带一路"战略实施中发挥重要作用，2014年11月27日，广州市正式开通了"21世纪海上丝绸之路"跨境电商平台暨广州市海丝跨境联盟，旨在形成政府与企业的合力，打造中国与海上丝绸之路沿线国家之间的外贸、物流、经济、旅游、文化交流的纽带，推动广州外贸整体创新发展。

一　政企合作力推网上丝绸之路

在我国力促"一带一路"战略实施的背景下，各省份热情高涨，纷纷围绕自身特点提出不同的设想。例如，陕西提出建设新起点，甘肃提出打造黄金段，宁夏、青海提出打造战略支点，新疆提出构建核心区。与此同时，国内互联网公司也对此表现了浓厚的兴趣，并得到各地政府的大力支持。

在政企合作模式下，网上丝绸之路正受到各方关注。广州市于2014年11月27日正式开通了"21世纪海上丝绸之路"跨境电商平台，同时，广州还与中国东盟商务理事会签署了《21世纪海上丝绸之路产业合作行动计划书》。2014年7月，河北、海南等国内19个省份的旅游局代表共同发表《共筑网上丝绸之路宁夏宣言》，表示将通过构建智慧管理、智慧服务、智慧营销的网络合作体系，共同打造资源丰富、信息完善的智慧旅游系统，逐步形成区域大合作的新局面。

二 农村市场和跨境贸易成电商新蓝海

在布局"一带一路"建设中，农村市场和跨境贸易正成为电子商务新的增长极。阿里巴巴和国务院发展研究中心预计，2016年全国农村网购市场总量将突破4600亿元。而根据商务部数据，2013年我国农产品的交易总额在4万亿元左右，其中80%通过传统市场实现，通过电子商务流通的总量并不大，这也预示着万亿级潜在市场金矿待挖。在此背景下，农村已成电商扩张网购市场版图的必争之地。同时，随着跨境电商日益成为推动外贸增长的重要驱动力，政策红利不断，吸引电商巨头纷纷"走出去"。数据显示，2013年中国进口网购市场交易规模达806.2亿元，增长率为75.2%。2014年中国进口网购交易规模超过1200亿元，达1289.9亿元。

2014年12月18日，广东省人民政府同阿里巴巴在广州签署战略合作协议。双方将在县域电子商务、云计算和大数据、跨境电子商务、智能物流骨干网等领域展开合作，打造阿里巴巴华南区域中心，共同推动广东产业转型升级。阿里巴巴将积极参与广东省县域电子商务和农村信息化建设，推动"淘宝网·特色中国·广东馆"的上线，在有条件的市县建设淘宝"特色馆"，在有条件的县镇村开展农村电子商务试点。

广东省商务厅和海关总署广东分署的数据显示，2014年，广东对"一带一路"沿线国家特别是海上丝绸之路沿线国家的贸易总额达1805亿美元，折合人民币超过1.1万亿元，创历史新高，同比增长15.5%。

随着上海、广东等地的自贸区的成立，跨境电商迎来了前所未有的红利时代。一方面，电商巨头不断涌入，2014年以来，除了亚马逊、天猫国际外，唯品会、1号店均已涉足。另一方面，随着越来越多的传统外贸企业开展电商业务，专业类细分跨境电商平台不断出现，如广州蓝深贸易。

跨境电子商务不仅具备电子商务部分压缩中间环节、化解产能过剩、为中小企业提供发展之道、增加就业等传统优势，而且具有重塑国际产业链、促进外贸发展方式转变、增强国际竞争力等作用。

三 物流大战定胜负

目前，广东省已有农村快递服务网点2200多个，覆盖70%以上的乡镇。2014年广东完成跨境快递业务1.53亿件，占全国跨境快递业务总量的46%。

新兴的农村电商和跨境电商正成为各政府部门、企业关注的焦点。不过，在电子商务向中国内陆市场和海外市场拓展的过程中，物流成为最大制约因素。从这个意义上来看，电商大战即物流大战，由此引发的物流市场重构将决定未来网上丝绸之路建设的成效。

针对农村市场，电商巨头已经纷纷自建物流体系，破解"最后一公里"难题。阿里巴巴已启动"千县万村计划"：利用3~5年的时间，投资100亿元，建立1000个县级运营中心和10万个村级服务站。2014年11月20日，京东全国首家大家电"京东帮服务店"在河北赵县开业。按照京东的规划，面对四线至六线城市类似的线下店三年内要开1000家，且会以加盟店的形式开设，家电价格则是签约直供价，这些线下店承担代客下单、"最后一公里"配送等。此外，近两年顺丰、中通、圆通等快递公司进一步将网点布局从县城延伸到部分乡镇。

而在跨境电商物流方面，电商和快递物流公司也已经发力。阿里巴巴、亚马逊等电商平台，通过与第三方物流企业合作的方式，为平台卖家提供包含购物车建站、货源分销、渠道管理软件、在线推广、在线收付、全球物流和仓储的一站式服务。顺丰物流联手荷兰邮政，一起推出"欧洲小包"，成为国内继EMS之后首家杀入跨境电商出口物流行业的快递企业，并通过打

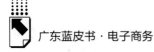

造高品质区域性的小包服务，进一步进军国外市场。

目前，企业解决跨境电商物流问题，一是建海外仓，跨境电商出口企业通过在公司主要业务目标国建设海外仓来解决物流配送时间长的问题；二是建边境仓，在与主要业务目标国临近的国内城市建仓，如对俄罗斯的贸易就在哈尔滨建仓。这两种方式都可以解决或缓解跨境电商物流配送的问题。

B.6

"互联网+"：传统产业与互联网的跨界融合

摘　要： 李克强总理在政府工作报告中提出，"制定'互联网+'行动计划，推动移动互联网、云计算、大数据、物联网等与现代制造业结合，促进电子商务、工业互联网和互联网金融健康发展，引导互联网企业拓展国际市场"。国家已设立400亿元新兴产业创业投资引导基金，整合筹措更多资金，为产业创新加油助力。

关键词： 互联网　电子商务　教育培训

"互联网+"代表一种新的经济形态，即充分发挥互联网在生产要素配置中的优化和集成作用，将互联网的创新成果与经济社会各领域深度融合，提升实体经济的创新力和生产力，形成更广泛的以互联网为基础设施和实现工具的经济发展新形态。"互联网+"行动计划将重点促进以云计算、物联网、大数据为代表的新一代信息技术与现代制造业、生产性服务业等的融合创新，发展壮大新兴业态，打造新的产业增长点，为大众创业、万众创新提供环境，为产业智能化提供支撑，增强新的经济发展动力，促进国民经济提质增效升级。

一　"互联网+医疗"：移动医疗垂直化发展

"互联网+医疗"，最简单的做法是实现信息透明和解决资源分配不均等问题。而"互联网＋医疗"的未来，将会向更加专业的移动医疗垂直化产品发展，可穿戴监测设备将会是其中最可能实现突破的领域。大数据和移动互联网、健康数据管理未来有较大的机遇，甚至可能改变健康产品的营销模式。同时，随着互联网个人健康实时管理的兴起，在未来，传统的医疗模式也或将产生变革，以医院为中心的就诊模式或将演变为以医患实时问诊、互动为代表的新医疗社群模式。

二 "互联网＋制造业"：让生产制造更智能

"互联网＋制造业"，将颠覆传统制造方式，重建行业规则。应用物联网、智能化等新技术会提高制造业水平，将制造业向智能化转型，通过决定生产制造过程等的网络技术，实现实时管理。其"自下而上"的生产模式革命，不但可节约创新技术、成本与时间，而且拥有培育新市场的潜力与机会。在"互联网＋制造业"的驱动下，产品个性化、定制批量化、流程虚拟化、工厂智能化、物流智慧化等都将成为新的热点和趋势。

三 "互联网＋农业"：催化中国农业品牌化道路

首先，数字技术可以提升农业生产效率。其次，农业信息的互联网化将有助于供给市场与需求市场的对接，互联网时代的新农民不仅可以利用互联网获取先进的技术信息，而且可以通过大数据掌握最新的农产品价格走势，从而决定农业生产重点，以把握趋势。最后，农业互联网化，可以吸引越来越多的年轻人积极投身农业品牌打造，具有互联网思维的"新农人"群体日趋壮大，将创造更为多样模式的"新农业"。

四 "互联网＋教育"：在线教育大爆发

2014 年，K12 在线教育、在线外语培训、在线职业教育等细分领域成为中国在线教育市场规模增长的主要动力。很多传统教育机构、在移动互联网平台上掌握了高黏性人群的互联网公司也在布局在线教育，将用户需求深度挖掘，通过大数据技术实现个性化推荐。基于移动终端的特性，用户可以用碎片化时间进行沉浸式学习。这让在线教育市场呈现大爆发态势。

五 "互联网＋金融"：全民理财与微小企业发展

数据显示，2014年上半年，国内P2P网络借贷平台成交金额近千亿元，互联网支付用户达2.92亿人。"互联网＋金融"将掀起全民理财热潮，低门槛与便捷性让资金快速流动，大数据让征信更加容易，P2P和小额贷款发展也越加火热。"互联网＋金融"将让小微企业贷款门槛降低，激发小微企业活力。

六 "互联网＋交通和旅游业"：一切资源共享起来

"互联网＋交通"不仅可以缓解道路交通拥堵，而且可以为人们出行提供便利，为交通领域的从业者创造财富。例如，实时公交应用，可以方便用户对公交汽车的到站情况进行实时查询，减少延误和久等；而在旅游服务行业，旅游服务在线化、去中介化会越来越明显，自助游会成为主流，基于旅游的互联网体验社会化分享还有很大发展空间。

七 "互联网＋文化"：让创意更具延展性和想象力

文化创意产业的核心是创意，文化创意产业是以创意为核心，向大众提供文化、艺术、精神、心理、娱乐等产品的新兴产业。互联网与文化产业高度融合，推动了产业自身的整体转型和升级换代。互联网对创客文化、创意经济的推动非常明显，它再次激发了全民创新、创业的热情，为文化产业、创意经济提供了无限可能。

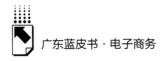

八 "互联网 + 家电/家居"：让家电会 说话，让家居更聪明

不同家电产品之间互联互通，可实现基于特定场景的联动。例如，手机不仅仅是智能家居唯一的入口，还是让更多智能终端作为智能家居入口的控制中心，实现互联网智能家电产品的硬件与服务融合。"互联网 + 家电/家居"衍生的"智能化家居"，将是新的生态系统的竞争热点。

九 "互联网 + 零售"：零售体验、跨境电商

实体店与网店并不冲突，实体店不但不会受到冲击，反而会借助"互联网 +"重获新生。传统零售和线上电商正在融合，跨境电商也成为零售业的新机会，随着跨境电商的贸易流程梳理得越来越通畅，跨境电商在未来的对外贸易中也将占据更加重要的地位。

"互联网 +"是一个人人皆可获得商机的概念，但是，"互联网 +"不是要颠覆，而是要跨界和融合，更多的是思考互联网时代产业如何与互联网结合，创造新的商业价值。

地 区 篇

Reports on Regional Development

B.7

广州：鼓励企业创新，推进产业转型升级

摘　要：作为华南地区最大的政治、经济和文化中心城市，广州拥有独特的区位优势：完善的电子商务产业支撑体系，发达的物流体系和信息基础设施，被评为"国家电子商务示范城市""国家移动电子商务试点示范城市""中国电子商务应用示范城市""中国电子商务最具创新活力城市""国家跨境贸易电子商务服务试点城市"。

关键词：广州　电子商务　示范城市　企业创新

一　广州市电子商务发展基本情况

近年来，在广东省商务厅、广东省经济和信息化委员会等有关部门的大

力指导和支持下，广州市积极推动电子商务加快发展，在传统工商业电子商务应用推广、产业发展和环境改善等方面均取得了显著成效，被评为"国家电子商务示范城市""国家移动电了商务试点示范城市""中国电子商务应用示范城市""中国电子商务最具创新活力城市""国家跨境贸易电子商务服务试点城市"。

（1）电子商务总体发展水平居全国前列。2013 年全市电子商务交易额超万亿元，网络购物采购额和销售额分别达 300 亿元和 400 亿元，总体发展水平居全国前列。中国电子商务研究中心监测数据及阿里研究院发布的《2013 中国城市电子商务发展指数报告》表明，2013 年广州在全国十大城市电子商务发展指数和中国电子商务发展百佳城市排名中均居第二位。

（2）产业集聚发展效应初步显现。广州市培育了黄埔国家电子商务示范基地，以及黄埔、荔湾两个省市共建战略性新兴产业基地。黄埔基地集聚了亚马逊、苏宁等知名企业，荔湾基地云集了唯品会、梦芭莎、品众网等本土电商创新企业。

（3）本土电子商务龙头企业纷纷崛起。广州市培育了 5 家国家级电子商务示范企业（数量居全省第一位，在全国城市中居前列）、32 家省级电子商务示范企业（占全省的 44%，居全省第一位），认定 21 家市级电子商务示范企业。龙头企业利用资本市场快速发展，至 2013 年年底全市共有 9 家电子商务上市企业。2013 年，百亿级龙头企业唯品会在全国 B2C 自营平台市场份额排名及互联网上市企业市值排名均跃居前四位，成为广州零售业第一品牌。此外，专注于构建服装供应链一站式服务体系的品众网，经过三年多的产品链实践与发展，已经成为服装专业市场电子商务总门户。

（4）电子商务应用范围不断拓宽。制造企业的电子商务普及率在 70% 以上；广东塑料、鱼珠木材等一批价格指数成为引领全国行业价格的风向标；流通企业大力发展线上线下联动的新型营销模式，85% 以上的品牌专卖店开展了网络零售。

（5）移动互联网发展水平领先全国。广州推动建成全国最大的中文应用商场——中国移动应用商场，率先在国内推出手机地铁票、大学城手机一卡通等手机支付创新应用，培育了 UC 优视、久邦数码（3G 门户）、华多（YY 语音）等一批国内领先的移动互联网企业和知名品牌。

虽然广州电子商务发展居于全国领先地位，但电子商务发展仍在龙头企业培育、集聚区建设、发展环境营造、支撑体系配套建设、传统产业与电子商务融合发展、电子商务的"广州城市品牌"效应提升六个方面有待提高。特别是龙头企业规模不够大，缺乏像阿里巴巴、腾讯、京东那样的巨型企业。

二 推动电子商务发展的主要工作

（1）修订专项政策，全面优化电子商务发展环境。根据 2013 年 3 月《广州市人民政府办公厅关于印发加快电子商务发展实施方案（试行）的通知》的有关要求，对实施方案进行了修订，以提高政策针对性、可操作性和可持续性。修订后的实施方案已于 2014 年 9 月下旬由市政府办公厅正式印发实施。

（2）出台指导意见，大力推动电子商务与移动互联网集聚区建设。广州市人民政府制定了《关于全市电子商务和移动互联网集聚区总体规划布局的意见》，提出依据错位发展、分层次建设的原则，加快推进全市"1 + 1 +9"电子商务和移动互联网集聚区规划建设。

（3）鼓励企业创新，大力培育电子商务龙头企业。鼓励电子商务企业创新商业模式、创新服务、创新技术，大力扶持电子商务行业领军企业、龙头企业和特色企业不断发展壮大。根据《广州市电子商务示范企业评价办法（试行）》，广州组织开展了第二批市电子商务示范企业认定工作。经组织申报、专家评审、社会公示等程序，认定动景、汇美服装等 10 家企业为第二批市级电子商务示范企业。

（4）大力普及电子商务，推进产业转型升级。在制造业方面，推动汽车、家电、化工等企业供应链一体化电子商务应用，构建采、产、供协同电子商务信息平台。在商贸业方面，扶持衣联网等专业性电子商务平台，助力专业批发市场转型升级，大力推动电子商务应用，引导商户开展在线洽谈、网上贸易；支持广百牵手阿里巴巴，启动广百O2O发展模式；推动塑料、钢铁、化工等大宗商品交易平台拓展服务功能，做大做强，使广塑指数、广州钢铁价格指数影响力不断提升。

（5）加强服务体系建设，进一步完善电子商务支撑服务体系。一是加强第三方支付平台建设。组织一批行业影响力大、发展前景好的电子商务企业申请第三方支付牌照，其中林安物流集团于2014年7月15日获得第三方支付牌照。目前，全市获得中国人民银行第三方支付牌照企业共10家。二是推动电子发票试点工作。经广泛调研、深入研究，广州市于2014年9月正式启动电子发票试点工作，唯品会、京东、中国移动终端商城成为首批试点企业，截至2014年12月26日，开具电子发票超30万份，合计金额超1亿元。

（6）研究编制管理办法，推动电子商务规范健康发展。研究编制电子商务相关管理办法，经广泛调研，广州草拟了《广州市电子商务管理办法》，已征求了市相关部门、各区（县级市）政府、广州电子商务行业协会、部分电子商务专家和企业的意见。

（7）加强行业指导，促进行业组织各项工作全面展开。指导广州电子商务行业协会规范、有序开展各项工作。目前，协会会员达400家，支持协会开展网上认证、诚信评估、信息查询和披露等工作，广州市人民政府引导协会组织展会、讲座、座谈、培训等活动，促进行业信息交流与合作，鼓励参与制定广州市电子商务行业标准、规范和统计监测，推动行业健康有序发展。

三　广州市电子商务未来发展规划

一是研究出台广州市电子商务有关管理办法，以推动行业快速健康发展。二是积极推动电子商务与移动互联网集聚区建设。认真贯彻落实全市电子商务与移动互联网集聚区总体规划布局的意见，编制完成广州市电子商务与移动互联网产业发展总体规划。加强市、区协作，推动"1＋1＋9"电子商务和移动互联网集聚区建设。三是加大力度培育示范龙头企业。鼓励示范企业创新服务、创新技术、创新商业模式，合力培养一批具有市场竞争力的龙头企业；继续认定一批市级电子商务示范企业；支持电子商务龙头企业改制上市，借力资本市场实现快速发展；加大招商引资力度，吸引国内外知名电商企业总部或区域总部落户广州。四是推进电子商务应用推广。组织多种形式的对接活动，引导传统工商企业应用电子商务，拓展企业营销渠道，推动传统产业应用电子商务转型发展。五是推动完善电子商务支撑服务体系。发展在线信用服务，推动构建电子商务信用体系；支持有实力的企业申请第三方支付牌照，健全电子商务支付体系；支持城市配送和快递业发展，建立与电子商务相适应的物流配送体系。六是支持行业协会健康发展。充分发挥电子商务相关行业协会的行业自律作用，指导协会开展统计、培训、监测、技术推广、交流合作等工作，鼓励协会开展创新工作，构建服务行业、服务企业、服务政府的桥梁。

B.8

深圳：搭建各类交流合作平台，推进国家级电子商务示范工程建设

摘　要：2013 年，深圳电子商务交易额达 9510 亿元，同比增长 51.0%，增速远高于全国的 33.5%，占全国交易总额的 9%；深圳网络零售额达 889.5 亿元，同比增长 69%。电子商务对传统产业生产、交易、融资、流通等环节的改造进一步加速，更多的企业尝试拥抱电子商务，线上线下融合已经是大势所趋。深圳已成为国内电子商务发展较活跃、集聚效应较优的地区之一。

关键词：深圳　电子商务　公共服务　产业园区

一　深圳电子商务发展基本情况

依托深圳电子信息产业发达、自主创新能力突出、信息化基础较好、政策体系较完善等优势，深圳电子商务产业持续高速发展。2009 年以来，深圳电子商务交易额一直保持在 50% 以上的增速，在各大城市中名列前茅。2013 年，深圳电子商务交易额达 9510 亿元，同比增长 51.0%，增速远高于全国的 33.5%，占全国交易总额的 9%；深圳网络零售额达 889.5 亿元，同比增长 69%。2014 年前三季度电子商务交易额达 10350.22 亿元，预计今后几年深圳电子商务交易额仍将保持每年 30% 以上的增速。2014 年前三季度的网络零售额达 727.11 亿元。2013 年，深圳跨境贸易电子商务交易额达 133.9 亿美元，同比增长 151.7%，占深圳市全年外贸进出口总额的 2.5%。

2014 年前三季度，深圳跨境电子商务交易总额达 110.62 亿美元，异军突起的跨境电子商务，已成为深圳市转变外贸发展方式的重要抓手。

深圳电子商务生态链逐步完善。电子商务企业掀起新一轮上市浪潮，2013 年以来，深圳已有兰亭集势、易迅天空、环球易购、科通芯城等多家电子商务企业上市。电子商务对传统产业生产、交易、融资、流通等环节的改造进一步加速，更多的企业尝试拥抱电子商务，线上线下融合已经是大势所趋。

二 深圳推动电子商务发展的主要政策措施

（一）建立和完善电子商务政策和标准规范服务体系

一是充分发挥政策对产业的导向作用，促进深圳电子商务快速健康发展。为构建电子商务良好发展的政策环境，深圳以《深圳互联网产业振兴发展规划（2009~2015 年）》为核心，率先制定了 6 部电子商务规范性文件和相关扶持政策，形成了保障电子商务健康发展较为完善的政策法规体系。二是初步建成电子商务标准规范体系。深圳市电子商务企业标准联盟以打造"深圳标准"为引领，围绕电子商务主体、产品、交易、信用及纠纷处理五个基本要素，形成了电子商务标准体系基本框架。目前，深圳已出台包括《电子商务市场主体分类及编码规范》在内的电子商务标准规范36 部。

（二）建立推动电子商务发展的协同工作机制

深圳成立了由主管市领导挂帅、市发改委等多部门组成的市级电子商务创新发展行动计划工作组，办公室设在深圳市经贸信息委，工作组的主要任务是着力抓好电子商务示范城市和重点工程建设，统筹规划政策环境、支撑体系和公共设施建设，充分调动政府、行业、企业等各方积极性，形成共同推进电子商务健康发展的合力，确保创建工作积极有序进行。

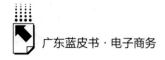

（三）持续加大资金扶持力度

发挥财政资金的引导作用，鼓励支持电子商务企业创新发展。深圳市人民政府专门设立互联网产业发展专项资金，自 2009 年起，连续 7 年每年投入 5 亿元，重点扶持互联网（电子商务）产业。2010 年至 2014 年上半年，深圳开展了"互联网创新服务扶持计划""创建电子商务示范城市扶持计划"等多个专项计划，从支持电子商务领域企业的技术创新、模式创新、应用示范、基地建设、品牌推广、人才培养等多维度入手，资助项目 1000 多个，资助金额超过 20 亿元。

（四）打造三大电子商务公共服务平台

一是建设"深商 e 天下"网上市场，打造电子商务公共交易服务平台；二是成立"众信网"，打造电子商务诚信公共服务平台；三是开展深圳"电子商务大讲堂"系列活动，打造电子商务宣传推广公共服务平台。

（五）搭建各类交流合作平台，深化电子商务应用

一是支持大型骨干企业以供应链协同为重点，深化电子商务应用，积极引导中小企业利用第三方电子商务服务平台开拓国内外市场，鼓励电子商务企业"走出去"，推动移动电子商务应用。二是分别与三大电信运营商、阿里巴巴、百度、神州数码等建立战略合作关系，吸引行业龙头企业在深圳设立区域运营总部，加快跨区域电子商务合作发展。三是举办 IT 领袖峰会、深港电子商务发展论坛、中小企业电子商务应用发展大会等活动，促进电子商务企业、项目、资金、技术、人才等要素向深圳集聚。

（六）加快电子商务产业园区建设

按照《深圳市战略性新兴产业区域集聚发展试点实施方案》，深圳市在土地空间极为有限的情况下，坚持"错位发展、优势主导"，建成了各具特色、错位发展的区域电子商务产业园。据统计，深圳市现有互联网、

电子商务园区 14 个，总建筑面积约 200 万平方米，超过 1000 家互联网企业入驻。

（七）创立"法规、标准、中心"三位一体的电子商务可信交易环境

在标准建设方面，深圳市目前已完成电子商务可信交易标准综合体系建设，累计推出 44 项备案标准，并积极推动标准在企业、公共服务和产业方面的落地应用。

在公共服务方面，目前深圳已有 10 万多家企业参与可信交易主体身份验证；已为电商企业提供 400 多种产品信息发布标准模板和 100 多类产品的电子合同规范；设立全国首家电子商务人民调解委员会，提供在线非诉讼纠纷解决服务，实现纠纷受理、和解、调解的全过程互联网化。同时，深圳已建立电子商务企业信用信息数据库，为电商企业可信指数研究提供基础。

（八）积极推进国家级电子商务示范工程建设

一是加快推进网络（电子）发票的推广步伐。二是积极推进深圳中农网新型电子商务应用平台建设。三是积极支持国家电子商务示范城市电子商务试点项目建设。

（九）开展电子商务统计工作

建立由政府多个部门参与的电子商务统计工作联席会议制度，联席会议审定并通过了《深圳市推进电子商务统计工作方案》。2013 年制定《深圳市电子商务统计制度》，完成了全市电子商务信息管理平台建设，2014 年已全面启动电子商务季报和年报统计工作。

三 电子商务发展存在的困难和问题

在高速发展的过程中，深圳市电子商务还面临一些瓶颈，包括龙头电子

商务企业规模优势不突出、物流人工等成本较高、土地资源缺乏、高端人才紧缺，以及中小微电子商务企业融资难等。同时，跨境贸易电子商务服务试点工作刚刚开展，政策落实、平台建设、部门协调等相关工作都还有待进一步加强。

四　电子商务发展案例

（一）涌现了一批电子商务垂直细分领域龙头企业

虽然深圳市没有像天猫、京东、苏宁这样的超级电商综合交易平台，但是依托深圳产业、服务和创新优势，深圳涌现了众多在电子商务各细分领域的龙头企业，体现了较高的专业化水平。如在商旅服务领域，腾邦国际是国内较大的航空客运销售代理企业之一，也是商旅服务领域首家登陆国内资本市场的上市公司；芒果网成为目前国内排名第三的在线旅游服务提供商，也是中国最全最大的邮轮预订平台。在电子信息领域，华强电子网打造了中国最大最完善的电子元器件 B2B 服务平台，注册用户遍及全球 200 多个国家和地区，覆盖 600 万种电子元器件型号。在外贸综合服务领域，一达通首创了以电子商务形式为中小企业提供外贸综合服务的模式，建立了国内第一家进出口流程外包服务平台，通过互联网一站式功能，为中小企业和个人提供通关、物流、外汇、退税、金融等所有进出口环节服务，一达通改变了传统外贸经营模式，集约了分散的外贸服务资源，目前服务客户数量已将近 1.8 万家。在跨境供应链服务领域，递四方是目前中国最专业、市场份额最大的跨境电子商务物流供应链服务商，在全球 5 个国家和地区建立了海外仓和 40 个服务网点，可以满足跨国电子商务所有的物流需求，是 3 万家 B2C 商户的首选物流仓储服务商。在农产品流通领域，中农网作为国内一流的农产品流通领域信息化服务承建商，已经为全国 100 多家农产品批发市场搭建了信息化建设项目，并制定了全国性农产品价格参考指数。在文化艺术领域，雅昌艺术网在国内艺术界独占鳌头，已拥有 50 万名专业会员，几乎垄断了国内艺术品资源。在移动互联网领域，宜搜科技是国内移动搜索领军企业，2012 年以 30.2% 的流量分布排名中国手机搜索用户流量第一。

（二）供应链服务行业迅速发展壮大

深圳聚集了供应链服务企业 300 多家，属全国之最。2013 年外贸供应链企业实现进出口额 292.49 亿美元，其中规模超过 1 亿美元的就有 40 多家，涌现了包括怡亚通、信利康、年富实业、朗华、一达通、飞马国际等在内的龙头企业。其中怡亚通、飞马国际已实现在中小板上市。在 2013 年海关总署公布的中国一般贸易出口企业百强榜中，深圳有 4 家外贸供应链企业进入榜单的前 20 名。供应链管理服务与电子商务、金融服务融合互动，打造"二合一""三合一"的服务外包平台，已成为深圳供应链服务发展的方向和一大特色。如怡亚通在全球拥有 150 多家分公司，服务网络遍布全国 380 个主要城市及欧美、东南亚、大洋洲等主要国家，为全球 100 余家世界 500 强企业及 1000 多家国内外其他知名企业提供专业供应链服务。公司已建成覆盖国内 380 个城市的深度分销与分销执行平台，涉及 IT、家电、快速消费品、粮油、汽车后市场等领域，平台上至少集纳了全球数千亿元资金，受到平台辐射的企业不下 2 万家，怡亚通已成为我国专业化服务外包领域的领军者。

（三）技术服务为电子商务发展提供支撑

强大的技术创新优势为深圳电子商务服务专业化发展提供了保障。目前，互联网金融成为热点，互联网金融产品发展如火如荼，在阿里巴巴旗下的余额宝、腾讯旗下的理财通、苏宁电商旗下的零钱宝、中国民生银行旗下的如意宝等的背后，几乎无一例外地都有金证科技的影子，它们都采用了金证科技的技术系统。金证科技抓住了互联网金融带来的机会，建立了新的商业模式，成了互联网金融领域专业的技术服务商。二维码是实现电子商务 O2O 的重要媒介，华阳信通是国内最大的二维码全产业链应用服务提供商和 O2O 综合服务提供商，是淘宝、天猫、京东和 1 号店等知名平台的二维码电子凭证服务战略合作伙伴。视觉效果直接影响着消费者对产品的评价和产品的销售业绩，左键视觉是目前国内工业化程度最高、专业化程度最强、规模最大的互联网全媒介视觉服务提供商，已成为腾讯电商、淘宝商城、TCL 官网等众多知名购物平台网络销售视觉标准制定的服务机构。

（四）传统商贸业利用信息技术实现融合发展

越来越多的传统商贸企业已经认识到互联网的重要作用，纷纷涉足互联网和电子商务。深圳珠宝知名连锁企业周大福正在尝试通过线上社交媒体传播，提升实体店的产品体验及售后服务水平，打造 O2O 模式，并使之成为公司未来的核心竞争力。公司 2013 年电子商务的零售额同比增长 90.7%，其线上店面日均访问量达 12.2 万人次，同比增长 50.6%。天虹商场宣布联手腾讯微生活，成为国内首个接入微信 O2O 的百货公司。电商企业与实体企业销售方式的相互融合进一步推动了深圳电子商务的发展，实体经济的电子商务化将成为传统产业发展和转型升级的主要特点。

五　未来规划及政策建议

电子商务的快速发展，在增强深圳市经济发展活力、提高资源配置效率、促进中小企业发展和带动就业等方面发挥了举足轻重的作用。今后深圳市将继续巩固电子商务发展成果，及时总结经验，立足现有产业发展环境，大胆改革创新，锐意进取，根据《深圳市关于进一步促进电子商务发展的若干措施》等有关政策，进一步推进深圳市电子商务健康快速发展。一是继续发挥协同联席会议工作机制的作用，各有关部门继续保持良性沟通协作，消除部门间壁垒，高效推进各项电子商务示范城市创建工作；二是持续加大资金扶持力度，完善项目验收流程并加强资金监管工作；三是深化三大电子商务公共服务平台建设，为深圳市电子商务创新发展营造良好的公共服务环境；四是持续优化电子商务产业园区，特别是积极推进福田国际电子商

务产业园和蛇口网谷等电子商务示范园区建设；五是鼓励创新，大力培育电子商务新业态；六是扩大电子商务应用，特别是移动电子商务应用；七是全力打造"法规、标准、中心"三位一体的电子商务可信交易环境建设的"深圳模式"；八是积极实施电子商务示范工程建设；九是进一步推进电子商务统计工作；十是积极推动跨境贸易电子商务服务试点工作。

B.9

汕头：政府引导，企业主体，发扬
特区创新精神

摘　要：汕头市政府以示范城市为契机，通过立法建制和政策鼓励等
一系列措施，大力推动电子商务相关产业快速发展，取得了
较好的成绩。2014年上半年，汕头市荣获了首批"国家信
息消费试点城市"称号。

关键词：汕头　示范城市　法制建设　产业集群

荣获国家八部委授予的"国家电子商务示范城市"称号以来，汕头市
坚持以"政府引导、企业主体、环境优化"为原则，以政策撬动为着力点，
以电子商务为传统产业转型升级和现代经营业态改造提升的重要切入点，以
产业抱团为形式，推进电子商务产业健康快速发展，推动电子商务与其他产
业加速融合，助推扩大消费和经济结构调整，努力探索具有汕头特色的电子
商务发展新路子。

汕头市于2012年率先出台全国首个电商特区法规，推动电商产业规模
不断扩大，全市出现电子商务发展热潮。据阿里研究院2014年6月发布的
《2013中国城市电子商务发展指数报告》，汕头市入选全国电商百佳城市，
网商密度居全国第23位。据阿里巴巴2014年12月发布的《2014中国淘宝
村研究报告》，全国现有淘宝村211个，其中汕头占了10个，紧随广州市之
后，位居全省第二。汕头共有4个项目被纳入国家电子商务应用试点项目。
全市电子商务交易规模快速增长，连续4年增长50%以上，增速居全国前
列。按保守口径统计，2014年度全市电商交易规模达600亿元。商务部在

《商务部信息化简报》中指出："汕头市政府以示范城市为契机，通过立法建制和政策鼓励等一系列措施，大力推动电子商务相关产业快速发展，取得较好成绩。"2014年上半年，汕头市荣获了首批"国家信息消费试点城市"称号。

一 电子商务发展现状

为更好地掌握产业发展情况，按照国家对电子商务示范城市的工作要求，汕头市在国内地市中率先开展了电商产业统计工作，发布了《汕头电子商务统计报告》。据统计，汕头市现有5个电子商务产业园区和2个创业基地建成启用，4个在建园区正加紧建设，另有各类电商平台20多个。电商应用热持续升温，全市应用电子商务的企业数达十几万家，占比达80%。在全市电商交易结构中，B2B占50.2%、B2C占45.9%、C2C占3.1%、B2G占0.8%；商品类业务交易额占99.4%，服务类业务交易额占0.4%。企业应用第三方电商平台的有68.9%，使用信息平台类网站的有16.2%，使用大型门户网站的有13.2%。企业应用最多的4个平台为阿里巴巴、淘宝网、京东和环球资源，使用率分别为60.5%、53.5%、16.3%和14.0%。这些统计数据为《汕头经济特区电子商务促进办法》及其实施细则的制定和落实提供了有力的支撑，使汕头市在掌握情况的基础上迅速谋划，并形成了多点开花、多线并进的产业发展良好局面。汕头市主要在以下几个方面推进电子商务发展。

（一）搭建载体推进产业集聚发展

一是加快电子商务园区建设步伐。在现有的汕头高新区电子商务产业园（一期）、柏亚电子商务产业园、汕头市五维电子商务产业园、宇博电子商务产业园、美莱顺（国际）内衣城电子商务港5个建成园区和博讯、金百汇两个电商创业基地的基础上，汕头市正大力推进宝奥玩具电商物流园区、大树玩具电子商务产业园、五矿（汕头）粤东物流总部新城等配套园区、邮政跨境电商产业园 4 个园区的建设。通过重点支持汕头高新区电子商务产业园、柏亚电子商务产业园等的发展，努力打造国家电子商务示范园区和省级电子商务示范园区，推进电商产业集聚发展。

二是加快行业电子商务平台建设。汕头依托产业集群、专业镇、淘宝村和产业园区，着力在玩具、服装服饰、电子产品、小家电、化妆品、塑料等优势产业领域发展壮大一批行业性、区域性电子商务平台。另外，汕头在中国民族商品交易会、汕头购物节等展会上，力推国内首个城市产业抱团 O2O 推广模式，建设"汕货 O2O 线上展厅平台"，推广"汕头出品""潮汕馆"等区域品牌。

（二）推动传统产业应用电子商务

一是结合汕头优势特色产业，发展产业链型电子商务。通过举办电商百企行、行业分享会等系列对接交流活动，引导制造业企业发展电子商务，提高行业供应链协同和商务协同水平，带动产业链上下游企业共同发展。

二是加强与大型电商企业、相关协会组织的合作。汕头与阿里巴巴、顺丰、新浪网、慧聪网、环球市场、飞飞商城、360、苏宁等知名企业加强联系，开展对接，谋划合作。其中，阿里巴巴、顺丰、苏宁、飞飞商城、淘宝、1 号店、速卖通、一达通等企业和品牌均在汕头举办了专场对接活动。此外，汕头市先后举办了中国（汕头）传统企业电子商务应用大会、汕头电商文化节、粤东电子商务微营销高端论坛、"汕货网上行"、传统优势产业与电子商务产业对接会等活动，促进汕头电商抱团发展，打造电商品牌。

三是举办各类型电商促销活动，大力推动"汕货网上行"。积极参与广东省组织的"广货网上行""2014 广东（国际）电子商务大会"等活动，促进汕货厂家商家触网，参与网络营销。在大力推动"汕货网上行"的基础上，汕头举办了"3·27""6·27"以及"双十一""双十二"等电商网络促销活动，并结合线下的电商园区、体验馆、林百欣会展中心等开展 O2O 联合促销活动。

（三）大力推进重点项目建设

一是积极尝试并创新电商新业态项目。O2O 是近两年电商行业的热点，汕头市大力推进 O2O 项目建设，一方面成功推动了大树玩具 O2O 展厅、高新电脑中心 O2O 商城、潮宏基全国网点 O2O 项目、美莱顺（国际）内衣城 O2O 商城等现有项目的升级改造；另一方面于 2014 年促成了苏宁易购 O2O 大卖场、五维电商产业园 O2O 体验馆、蓝色河畔 O2O 体验馆、淘店 OAO 项目、琪雅中国美业万店 O2O 等新项目上马运行。

二是全力推进基础设施项目建设。目前汕头市的几个电商重点项目进展顺利：柏亚电商大厦、中国移动粤东区域生产中心（一期）、粤东软件技术共享服务平台等项目已顺利完成；宝奥电商大楼、汕头大数据产业园区、中国电信粤东云计算中心等项目正加紧建设；邮政跨境电商产业园获得粤东唯一的邮政国际小包牌照，目前已开始试运营。

（四）强化人才培养

一是与学校教育相结合。加强电商产业与高等院校、科研院所的交流合作，建立电子商务人才培养基地，实施人才定向培养项目，为电子商务产业发展培育、储备更多实用型人才。汕头以电子商务园区为汕头大学等多所高校的大学生就业实习基地，同时组织了一批企业到学校开展招生宣讲、面试等工作，加快本地电商高等人才培养和选拔。通过与汕头职业技术学院合作，汕头电商行业形成了"三年制电商订单培养班"和"一年制实习生培养班"两种人才培养模式，其中首期的一年制班学员已毕业并投身电商产业发展。

二是多渠道加强社会培训。依托国家级电子商务培训试点项目，成功建设并运营了粤东首个电商网络专业培训平台——潮汕电商培训网，针对企业对不同层次人才的不同需求，先后邀请了亿邦动力总裁郑敏、阿里巴巴副总裁梁春晓等 15 位国内著名电商企业高管莅汕，举办了"广东电商

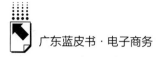

大讲堂(汕头站)活动""跨境电商峰会""中国第四届云营销论坛""汕头电子商务行业基础型人才公益培训""电子商务总裁培训班""电商百企行""电子商务人才招聘对接会"等培训和对接活动超过200场,据统计参与人员近9万人次。

三是加强与协会、学会的交流合作。鼓励支持协会、学会等机构开展沙龙、论坛等多形式互动活动,促进电子商务人才沟通交流,与广东省电子商务协会、广东省网商协会、中国物流与采购联合会、广东省物流协会、阿里巴巴、亚马逊、梦芭莎等加强沟通合作,邀请相关人员莅汕普及电商理论和应用技能,在全市范围内营造了良好的电商学习分享氛围。

二 电子商务服务业发展情况

汕头市积极推进电子商务服务体系建设,扶持一批专业服务机构开展业务。目前,全市电商服务机构超千家,其中既有专门为中小企业应用电子商务进行网络策划推广、代运营及网络分销的企业,又有专门从事电子商务品牌视觉设计及运营策划指导的企业,还有专门从事电子商务人才培训和渠道资源整合的企业。这些电子商务服务机构为粤东地区的中小企业进入电子商务领域提供了有效的专业服务。

(一)引导扶持信息服务业发展

汕头市大力发展信息服务业,着重发展信息传输服务、信息技术服务和信息内容服务,随着汕头粤东电子商务口岸平台、中国电信粤东云计算中心、中国移动粤东区域生产中心(一期)、"鮀城通"民生电子商务平台、社保卡加载金融功能系统、粤东软件技术共享服务平台、北斗时空一体化应用示范工程以及一批现代物流基地加快建设推进,汕头的电子商务服务体系日趋完善。同时,汕头市也大力鼓励服务机构向外输出服务,目前已覆盖粤东地区,更有部分服务商的服务已经跨省甚至跨境。

（二）积极建立并完善与电子商务发展相适应的风险投资

汕头市在引进设立首只政府引导基金和企业产业基金——汕头玖玖基金的基础上，积极引导各大银行、其他金融机构，尤其是国内知名的风险投资机构，与汕头市高成长创新型电子商务企业对接。汕头市在柏亚电子商务产业园建设了粤东唯一的"电商金融一条街"，在宇博电子商务产业园推动潮商银行与电商企业同园经营，为电商企业提供高效便捷的金融服务，推进电商企业与金融企业深度合作、携手发展。此外，汕头市于2014年搭建了粤东首个电商项目民间金融平台——潮人贷（www.chaorendai.com），为潮汕地区电商产业中小企业及个人提供互联网借贷信息中介服务。通过各融资渠道的共同努力，目前，全市电商产业签订的各类授信及意向涉及金额为60多亿元。

（三）引导行业自律规范发展

基于汕头市电商产业蓬勃发展的现状，汕头市电子商务协会、汕头市电子商务产业协会和汕头市微营销电子商务协会三个协会相继依法成立，使汕头成为地市级电商行业协会最多的城市。为充分发挥行业协会的作用，汕头市相关部门联合开展产业调研和摸查，鼓励行业自律自强，做好标准规划，不断完善质量标准体系、质量控制和风险防控体系，提高标准覆盖率，逐步实现产品和服务的标准化、规范化和品牌化。

（四）谋求优化物流配送布局

汕头市组织相关协会和企业，根据汕头市的物流规划，以宝奥物流园区等项目的规划建设为契机，引进了国内最大的物流民营企业——宝供物流企业集团，投资建设物流园区和物流专业仓，引导区域生活类电商平台与同城物流企业进行业务融合，优化物流配送布局，更好地配合电子商务发展。

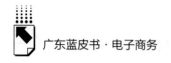

三 汕头市电子商务发展主要特点

（一）措施得当，发展迅速

汕头于 2012 年年底发布了《汕头经济特区电子商务促进办法》，其后又配套出台了《汕头经济特区电子商务促进办法实施细则》和《汕头市促进电子商务发展专项资金管理办法》，规定了一系列扶持措施：一是建立适应电子商务市场特点的市场准入制度；二是充分发挥财政资金的带动导向作用；三是鼓励引导电子商务企业开展技术创新和科技成果转化推广；四是鼓励对电子商务高端领军人才的引进和培养。相关政策措施的出台实施，吸引了众多浙江、福建及省内的企业来汕头市开展电商业务，还有一批原本在外地开展电商业务的汕头企业家回流投资，有效引领和推动了汕头市电子商务产业的健康发展。通过不懈努力，全市电子商务交易规模快速增长，连续 4 年增长 50% 以上，增速居全国前列。同时，产业集聚园区蓬勃发展，特色电商平台发展喜人，电商应用掀起热潮，近年来汕头培训电商人才近 9 万人次，电商产业带动新增就业数万人。

（二）综合发展，多点开花

汕头市积极探索具有汕头特色的电子商务发展新路子，形成了电子商务产业多点开花、多线并进的可喜局面。在各领域中，涌现了多个名列粤东第一、全省全国知名的成功项目，如柏亚电子商务产业园、汕头高新区电子商务产业园、海西塑料交易中心、中国工程机械信息网等，又如市民熟知的"鮀城通"、好吃妹团购网、持家有道网上超市等。"面向塑料行业电子商务交易服务""国际玩具商贸物流城电子商务服务试点"等 4 个项目被纳入国家电子商务应用试点项目，潮宏基、凯撒荣获广东省电子商务示范企业称号。电商应用热持续升温，芬腾、潮宏基、奥迪双钻、凯撒、曼妮芬等品牌快速发展。此外，汕头电商的蓬勃发展也带动了物流快递行业的兴旺，快递业增速远高于同期 GDP 增速。据统计，仅市内潮南一个区的快递业务量就已经大于粤东其他各市的总和。

（三）城乡统筹，齐头并进

一方面，汕头城市电子商务高速发展，各种电商模式深度融入了第二、第三产业。据阿里巴巴掌握的数据，目前全国已建成的电子商务园区有 200 多个，而汕头市已建成 5 个园区和 2 个创业基地，另有 4 个在建园区，占比很高。全市电商园区总规划面积超 150 万平方米，目前建成面积约 25 万平方米，电商平台企业、应用企业、服务企业形成集聚态势，入园企业已超 800 家，从业人员有数万人。另一方面，近年来汕头农村电子商务发展迅猛，淘宝村的数量和规模都在不断扩大，同样呈现了高占比现象，全市共有 10 个淘宝村，在全国 211 个淘宝村中占比近 5%，在全国近300 个地级及以上城市中名列前茅，在广东省内紧随广州市之后，位居第二。

四 加强电商立法保障并抓好落实

汕头充分发挥特区立法优势，坚持立法开路、先行先试，于 2012 年底以市政府令形式发布了《汕头经济特区电子商务促进办法》（简称《办法》）。《办法》是广东省首部电商专门立法，更是全国首部运用特区立法权优势出台的电子商务产业促进办法。《办法》从规划引领、市场准入、财税支持、技术创新、服务支撑、人才引进、用地保障和费用减免等方面规定了一系列扶持措施。随后，依据《办法》，汕头市又编制了《汕头经济特区电子商务促进办法实施细则》和《汕头市促进电子商务发展专项资金管理办法》，进一步完善政策配套，切实抓好落实。近期，汕头市紧抓政策的落实，认定了一批电子商务示范园区、创业基地、重点电子商务平台和应用示范企业，重点扶持有影响力、有潜力的产业集群、电商平台和电商企业，促进电商产业向专业化、规模化、集聚化方向发展。

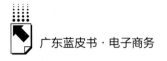

五　电子商务对经济社会发展的影响

（一）推动产业转型升级

汕头市认真贯彻国家《电子商务"十二五"发展规划》和《广东省电子商务"十二五"发展规划》的工作要求，通过做强企业、做优平台、做新园区、做大产业，大力发展电子商务，并以电子商务为传统产业转型升级和现代经营业态改造提升的重要切入点，推动电子商务与其他产业加快融合，助推扩大消费和经济结构调整。电子商务的发展正深刻地改变着经济社会的方方面面。对产业而言，发展电子商务有利于扩大市场容量、整合集群内部资源、提升集群快速响应能力、提高集群协作水平、促进集群技术创新、开发集群融资潜力，将会推动制造业信息化水平的持续提升，加快推动制造业生产模式的变革，为产品提供更大的利润空间，从而有效支撑传统产业的转型升级。经过几年来的努力，汕头市依托电子商务推动经济转型升级已取得初步成效，第二产业稳步发展，第三产业占比提升，2013年度全市生产总值为1565.90亿元，三次产业结构为5.6∶52.2∶42.2，第三产业中批发和零售业增长11.9%，社会消费品零售总额连续几年突破千亿元。目前，全市企业应用电子商务覆盖面已在80%，规模以上企业应用电子商务覆盖面已达95%，全市电子商务服务企业超1000家，培育了一批超亿元的电子商务企业，全市电子商务网上交易额持续高速增长，并带动新增数万个就业岗位。现阶段汕头市正着重发展产业链型电子商务、垂直整合产业链微笑曲线的销售价值高端，使电子商务及其配套业务产业链和传统产业链两条链协同发展、做大做强。预计未来5年，全市企业应用电子商务覆盖面将在95%以上，规模以上企业应用电子商务覆盖面将达100%，全市电子商务服务企业将超2000家，力争建成引领粤东及海西经济区电子商务发展的国家电子商务示范城市、华南地区重要的电子商务中心，进一步提升流通和服务的产业占比，实现产业的转型升级。

（二）渗透社会生活的方方面面

作为首批"国家电子商务示范城市"和"国家信息消费试点城市"，汕头切实推动电子商务和信息技术在社会各领域的应用，启动了"数字汕头"和"无线城市"的建设，全市中心小学以上各类学校已接入互联网，县级以上医院普遍应用信息管理系统和统一的药品网上采购系统，完成建设了智能交通、平安汕头等项目，建成了全市车辆射频电子标签自动识别系统，"数字汕头"三维城市地图已建成并在互联网上运行，成为"数字汕头"建设的重要组成部分。本地化电商服务发展迅速，我有外卖、好吃妹团购网、粤东旅游网等生活信息服务平台为广大市民提供了便捷服务。汕头移动的"鮀城通"已形成线上线下一体化的民生电子商务平台，目前中心城区全部41条一票制公交线路，超过700辆车，市区广场、礐石、西堤轮渡三个渡口已实现"鮀城通"手机卡支付服务。客户使用"鮀城通"手机卡或"鮀城通"卡可在汕头移动超过500家优质合作商家、超过600个商家店面享受手机钱包消费、e积分刷卡支付、商家超低折扣优惠等多种服务。据阿里巴巴统计，2014年"双十一"当天，汕头仅在天猫上的消费额就达1.9亿元，列粤东、粤西、粤北第一位。此外，目前顺丰嘿客O2O便利店在全市布点已达23家，使汕头成为粤东地区首个开通全境全程冷链配送服务的城市。

六　电子商务发展成功案例

（一）龙头企业逐步壮大

汕头的玩具、内衣、家居服、日化、印刷包装、特色农业、潮汕美食等产业链在国内外市场都很有影响力，汕头市注重结合这些优势产业链发展电子商务，着力引导有基础、有优势的制造企业运用电子商务转变贸易方式，利用生产环节的资源优势整合产业链销售端，提升产品竞争力。汕头市的潮宏基、凯撒、天际电器、大树玩具、芬腾制衣、星河电器等企业纷纷成为各自领域的电商业务龙头企业。芬腾、潮宏基、奥迪双钻、奥贝、曼妮芬等品牌在 2014 年"双十一"单日的网上销售额均突破千万元，分列各自品类的前十位，星河电器在阿里巴巴网商大会上获得了全球网商 30 强的荣誉。据统计，汕头市仅在天猫商城开设旗舰店和专营店的中小企业就有 600 多家，电子商务年交易额超千万元的传统企业近百家。

（二）特色平台发展喜人

汕头市依托特色产业集群和产业基地优势，正逐步形成一批在行业内、区域内颇具影响力的电子商务平台，如汕头第一网、蓝色河畔等门户类平台；"鮀城通"、我有外卖、好吃妹团购网、粤东旅游网等生活信息服务类平台；玩具巴巴、海西塑料交易中心、大树玩具阿凡达商城、美莱顺（国际）内衣城电子商务港等行业 B2B 平台；潮宏基、凯撒、工业电气分销网、ASSUE（雅素）等品牌 B2C 平台；淘宝网·特色中国·潮汕馆、拍易网、喜购乐享网、高新网城、中国兰花网、潮车网、正全易推等行业 B2C 平台。其中，玩具巴巴网依托位于汕头澄海国家级玩具生产基地的优势，建成了国内品类最齐全的玩具类产品专业电子商务分销平台，该平台已有 6000 多家生产厂家成为会员，拥有数十万件厂家直接产品，涵盖玩具行业 420 个小分类，用户覆盖国内 20 多个大型专业玩具市场、2000 多家外贸公司，以及国内外数以万计的采购商和分销商。中国兰花网依托汕头全国最大的兰花种植基地的优势，促成的兰花交易量占全国兰花产业总交易量的 30% 以上。好吃妹团购网连续多年蝉联粤东、粤西、粤北最大的团购电商。我有外卖凭借首创 POS 机融合 O2O 模式，获得粤东地区首个亿元级别的风投融资电商项目。作为国内首个汽车电商自平台，潮车网平台于 2014 年中期正式上线运营。淘宝网·特色中国·潮汕馆依托潮汕特产品牌和华侨优势，经过前期充分的筹备和酝酿，成为华南地区首个地市级特色产品电商馆。此外，汕头市的北斗时空一体化应用示范工程正在加紧建设，该系统利用卫星定位导航和授时、高分遥感与大数据、云计算等信息服务技术集成，与各行业业务数据进行时空化融合综合应用，将逐渐形成面向城市信息资源的时空大数据产业，抢占信息消费的高地。

七 发展瓶颈及主要问题

（一）人才瓶颈凸显

目前，汕头市电子商务发展虽然取得不错的成绩，但人才短缺一直是制约其发展的最关键的一个问题。高端人才短缺，操作人才也存在结构性短缺，难以满足未来电子商务大发展的需求。汕头市正在通过潮汕电商培训网的建设完善和多协会间的资源整合，提升培训能力，以增加电商人才的供应。

（二）物流存在短板

一是物流基础设施和配送网络的建设尚不完善、缺乏统一的规划建设，间接导致了物流企业无序发展；二是物流配送车辆的临时停放问题目前得不到有效解决，无法向小型营运车辆提供临时停靠的便利。汕头市正通过加强规划和具体项目的落地补齐物流短板。

（三）扶持力度不足

汕头作为首批"国家电子商务示范城市"和"国家信息消费试点城市"，在发展电子商务方面具有独特的资源和优势，近年来产业的发展得到了各方的好评。但由于汕头市资源有限，急需上级政府从资金、项目和活动等各方面给予更多的支持和帮扶。

八 未来发展规划

（一）继续优化发展环境

以互联网思维和"大电商"理念，在政策驱动、龙头带动、集聚做强

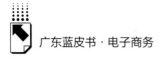

等方面下大力气，探索、创新、抢占前沿新业态，努力抓好电商产业的多元化集聚发展，坚持走品牌电商之路，进一步推进电商产业全面持续健康发展。

（二）紧跟电商大势

积极响应省政府的工作部署，紧跟电子商务产业发展的大趋势，大力发展跨境电子商务、农村电子商务、移动电子商务、O2O、社区型电子商务、电商物流及电商数据服务。

（三）推进产业转型升级

结合优势产业发展电子商务，引导传统企业整合产业链销售价值高端，提升竞争力，鼓励产业垂直整合，培育一批有影响力的电子商务应用示范企业及示范项目。选择优秀的电子商务骨干企业作为重点培育对象，给予重点扶持，培育一批有品牌、重信用、带动作用强的电子商务龙头企业，以点带面，为全面推进电商产业发展注入新的活力。

（四）培育电商产业生态圈

根据汕头产业的实际情况，发展电商服务和电商应用，推出优势产业和产品；邀请国内外著名的电子商务企业来汕对接；吸引有实力、有潜力的电子商务企业来汕发展业务；通过交流互动，打造开放、协同、繁荣、有特色的汕头电子商务产业生态圈。

九　发展建议

汕头市在建设"国家电子商务示范城市"的工作中取得了一定成绩，成为"国家电子商务示范城市"及"国家消费信息试点城市"，但与发达城市相比，还存在不足，需要在下阶段的工作中加以完善。

（一）建议在项目和专项资金上给予扶持

汕头市在扎实推进电商发展的同时，注重发掘工作的创新亮点、优势项目和工作经验，努力擦亮国家授予的首批"国家电子商务示范城市"和"国家信息消费试点城市"牌子，积极组织园区、平台、企业申报"国家电子商务集成创新试点工程""国家电子商务示范园区""省级电子商务专项资金支持项目""广货网上行活动市场主体奖励资金支持项目"等。汕头迫切需要商务部、广东省商务厅在项目和专项资金上给予大力扶持。

（二）希望电子商务示范、试点项目落户汕头

汕头正在利用特区立法权、国家唯一华侨经济文化合作实验区、海缆资源等特殊优势，谋求优化电子商务发展"顶层设计"，进一步先行先试，积极谋划建设"国家电子商务示范城市"新的切入点。一是在加强电子商务信用管理、知识产权保护、电子认证管理、电子商务数据保护、电子商务统计指标体系与保障电子商务行业健康发展长效机制构建；二是利用汕头海缆资源优势，谋划建设国际电子商务中心、服务外包中心、跨境贸易电子商务中心。希望商务部、广东省商务厅在这些方面的试点工作中可以优先考虑汕头，支持国家级与省级电子商务示范、试点项目落户汕头。

（三）希望有关的电子商务活动能在汕头举办

经过近年来的不懈努力，汕头举办了多场有影响力的大型活动，已形成了电子商务与相关产业交流、沟通、合作的良好氛围，并得到了业界的关注和肯定，具备了举办大型电商活动的条件和实力。此外，汕头拥有优越的自然条件、独具魅力的人文环境以及举世闻名的潮汕美食，是举办大型活动的有利因素。

B.10

佛山：立足产业优势，促进实体经济和虚拟经济融合

摘　要：　2014 年，佛山市抢抓互联网经济发展的新一轮热潮，立足区位优势和产业优势，大力发展电子商务产业，在电子商务应用推广、产业发展和环境改善、政策配套、电子商务平台拓展等方面取得了成效。截至 2014 年 12 月底，佛山电子商务交易额约为 2800 亿元，同比增长 47.36%。其中B2B 交易额约 2324 亿元，占总交易额的 83%，同比增长43%。

关键词：　佛山　诚信体系　电商平台

2014 年，佛山市抢抓互联网经济发展的新一轮热潮，立足区位优势和产业优势，大力发展电子商务产业，促进实体经济和虚拟经济的高度融合，在电子商务应用推广、产业发展和环境改善、政策配套、电子商务平台拓展等方面取得了成效。

一　产业发展基本情况

佛山市电子商务产业呈不断发展的良好态势，年交易额、企业数量等数据均快速增长。据佛山市电子商务协会统计，截至 2014 年 12 月底，佛山电子商务交易额约为 2800 亿元，同比增长 47.36%。其中 B2B 交易额约 2324 亿元，占总交易额的 83%，同比增长 43%；网络零售市场交

易额约 364 亿元，占总交易额的 13%，同比增长 61%；O2O、C2B、B2G 等其他模式市场交易额约 112 亿元，占总交易额的 4%，同比增长 89%。

佛山市电子商务协会市场调查数据显示，从电子商务市场交易额区域分布情况来看，顺德区以 32.5% 的比重遥遥领先，南海区以 30% 的比重紧随其后，禅城区 27.2%，而三水区和高明区分别为 6.7% 和 3.6%。

从行业分布来看，电子商务市场份额排在前十位的依次为：家用电器行业（14.1%）、家居用品制造业（13.2%）、纺织服装行业（12.8%）、电子信息行业（11.5%）、陶卫及其他建材行业（11.3%）、金属材料加工及制品业（10.1%）、机械装备业（9.1%）、塑料制品行业（6.2%）、精细化工及医药行业（6.1%）、食品饮料行业（5.6%）。

截至 2014 年 12 月底，佛山市电子商务服务和应用企业总量已达 8.8 万家，同比增长 6%。其中，B2B 电子商务应用企业 6.5 万家，同比增长 8%；B2C、C2C 电子商务应用企业 2 万家，同比增长 8%。全市电子商务服务企业直接从业人员超过 7 万人，同比增长 18%；由电子商务间接带动的就业人员已超过 14 万人，同比增长 40%。

二 主要工作情况

（一）制定扶持政策，促进电子商务产业发展

为了扶持电子商务产业做大做强，佛山市、区、镇各级政府制定了一系列促进电子商务发展的政策文件。市级加大力度推进电子商务快速发展，出台《佛山市信息化发展"3＋1"规划纲要》《四化融合、智慧佛山发展规划纲要》《关于大力推进信息化与工业化融合的意见》《关于加快电子商务发展的若干意见》等政策文件。佛山鼓励和推动各区设立专项资金和出台配套的管理办法，采取市、区、镇三级联合推动的方式扶持电子商务发展，全市共投入专项扶持资金约 5000 万元。其中，禅城区出台了《关于

印发佛山市禅城区促进电子商务产业发展扶持办法实施细则的通知》，2013 年度电子商务专项资金扶持经费 278.65 万元的首批扶持资金已于 2014 年 9 月底发放到企业，2014 年度安排的电子商务专项资金扶持经费为 271.75 万元。南海区出台了《关于印发佛山市南海区促进电子商务发展扶持办法（试行）的通知》。九江镇根据打造南海区首个电子商务应用试点镇的发展战略，出台了《佛山市南海区九江镇促进电子商务发展扶持办法（2013~2015）（试行）》，并编写了《关于加快发展电子商务的实施意见》等文件。顺德区出台了《顺德区电子商务发展专项资金管理试行办法》，引导龙江、北滘、勒流和乐从出台配套的电商扶持政策，区镇联动，共同推进电子商务发展，每年安排专项扶持资金约 2000 万元，对电子商务产业园区、电子商务标杆企业、电子商务企业、电子商务公共创新服务平台、传统企业应用电子商务等方面予以鼓励。三水区于 2014 年 9 月出台了《三水区促进电子商务发展扶持办法》，准备每年在产业扶持专项资金中安排 500 万元作为电子商务产业发展扶持资金。这一系列政策措施和资金扶持，为佛山市电子商务发展提供了良好的发展环境，强有力地扶持了佛山市电子商务发展。

（二）完善电子商务公共服务，优化电子商务发展环境

1. 开展电子商务企业诚信体系建设

加强电子商务企业诚信体系建设，建立电子商务企业诚信认证平台，倡导电子商务企业诚信经营，保障电子商务交易市场健康发展。顺德区建设了"顺德区电子商务企业诚信认证体系信息平台"，已建立 200 多家电子商务企业信用档案，开展信用等级认证服务。

2. 完善电子商务融资服务

积极推动金融机构开展电商融资服务，通过各种创新灵活的融资方式，解决电子商务企业"融资难"的问题。顺德区与平安银行、中国农业银行、招商银行、广发银行等金融机构加强沟通，积极推动银行推出符合电商产业特色和需求的短期、小额融资产品。目前，招商银行根据不同

标准已推出了"结算贷"和"税融通"两大电商企业融资方案；深圳怡亚通推出了基于客户电子商务平台交易记录及信用的电商供应链融资服务。

3. 加强人才培养工作

为解决电子商务人才缺乏的行业共性问题，佛山市积极发动行业协会、院校等各种社会资源，通过校企合作、建立人才培训基地等多种手段，为电子商务企业培养和输送更多专业性优质人才。如禅城区通过建设"佛山市电子商务创业孵化基地"和"佛山市电子商务应用人才培训基地"，为佛山的电子商务产业培养了大量实战型人才。顺德区电子商务协会积极开展校企合作，与顺职院、李伟强职校、胡锦超职校等学校开设了8个电子商务专班，预计每年能为企业输送 600 多名电商专业人才。同时，协会还举办了"2014 顺德电商人才服务月"活动和两场电子商务秋季招聘会（社会专场、院校专场），组织企业赴广州大学城参加 2014 华南电商高校专场招聘会，累计有 120 多家次企业参与人才招聘活动，吸引社会人才和应届毕业生累计 2500 多人到场应聘。

（三）培育本土电商平台，引导电子商务产业做大做强

由于电商平台的拉动效应和集聚效应，佛山市将培植本土电商平台的发展作为电子商务工作的重点，大力开展地方产业带、区域品牌电商营销平台、行业电商平台的建设，引导佛山市产业的转型升级和电商产业的发展壮大。

1. 建设阿里巴巴产业带电商平台

利用阿里巴巴产业带的辐射能力，搭建本土产业电子商务平台，提升本地优质企业电子商务应用意识和线上竞争力，实现本地企业的抱团发展，提高产品的区域竞争力和品牌知名度，其中包括禅城区的"阿里巴巴·佛山产业带"，龙江镇政府和阿里巴巴共建的"阿里巴巴·龙江产业带"，以及南海区大沥镇的"阿里巴巴·南海产业带"等。

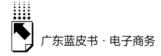

2. 建设区域品牌电商营销平台

为帮助更多的中小制造企业成功应用电子商务，提升区域优势产业和优质品牌的市场影响力，依据"政府引导、企业运营、市场化运作"的理念，通过政府授权、扶持和定期考核的方式，依托龙头电子商务运营企业的优势和资源，联合电商协会和行业协会，佛山在京东、天猫、苏宁、国美等大型电商平台建设区域品牌电商营销平台。如顺德区依托飞鱼电子商务公司，首期将在京东开设"顺德家电馆"频道作为切入点，筛选和引入区内优质家电产品进驻，使用"顺德家电"集体商标，采用"统一运营、统一物流、统一售后"的全新运作方式，实现顺德家电整体开展电子商务运作。

3. 重点开展行业电商平台的建设

依托产业优势，佛山市大力鼓励和支持行业协会、龙头企业、专业市场等开展行业电商平台建设，建设集信息、交易、结算、金融、物流配送等服务功能于一体的网络交易平台，带动整条产业链的发展，促进产业的转型升级，实现实体经济和虚拟经济的融合发展。如禅城区现有华夏陶瓷网、美家网、中国企业在线、海虹医药电子交易中心、国际童装网、国际企业网、广东家具网等一大批在国内具有较高知名度的平台。南海区有新安怀"E丝绸之路"跨境贸易电子商务平台、麦浪电子商务有限公司SOME-E跨境交易平台、百铝汇铝型材电子商务平台。顺德区有欧浦钢网、欧浦家具网、顺团网、易发塑料网、圣托酒店用品网、中国木机商贸网、花卉世界网、兰花交易网、均安牛仔商城、易事麦家具网、家择配家居网、新鲜农产品交易平台佳品佳源和顾晟商城、慧聪家电网上批发商城、SKG商城、小冰商城、全球通家居网等，悍高五金开发运营的五金产品电商平台也即将上线。

（四）加强电子商务产业园区建设，发挥产业集聚效应

为促进电子商务企业集聚发展，发挥产业园区集聚效应，促使电子商务产业早日实现规模化发展，佛山市根据各区产业特点，通过"三旧改造"的方式，突出重点、因地制宜地建设电子商务集聚园区，引进龙头企业，发

挥电商企业的集聚效应。截至 2014 年，佛山市已建成各类电子商务园区约 40 个，初步形成了各具产业特色、配套日趋完善、投入不断增大的良好发展态势。同时，通过引进阿里巴巴、苏宁、京东、亚马逊、大龙网、软通动力等电商巨头，发挥龙头企业的带动效应，佛山市电商产业实现了规模发展。

禅城区重点打造位于南庄镇绿岛湖都市产业区的"佛山全球电子商务生态科技城"、张槎街道的"佛山市新媒体产业园"、石湾镇街道的"佛山市泛家居电商创意园"和"佛山市电子商务物流园"、祖庙街道的"华南（国际）电子商务产业城"等一批电子商务集聚园区。南海区的桂城 C 时代·佛山电子商务产业园是全市首个电子商务产业园区。九江镇成为佛山市应用电子商务促进传统产业升级试点镇，目前，九江龙赛家具电子商务园、广佛壹号商贸物流城是其重点建设项目。大沥广佛智城力推移动 O2O 模式，为在线商品和服务提供线下集中式体验中心。亚洲物流地产龙头企业普洛斯（中国）正式签约进驻南海（丹灶）物流新城，计划合作打造南海首个电商物流园。里水镇电商和总部经济蓬勃发展。顺德区认定电子商务特色产业园区 16 个，总投资约 23 亿元，建筑面积为 46 万多平方米，已入驻企业超过 300 家，预计未来三年将吸引 2000 多家企业进驻。佛山国通保税物流中心（B 型）被佛山市人民政府认定为"佛山国通跨境电子商务产业园"。2014年，龙头家具电子商务港入驻电商企业超 80 家，交易额达 35 亿元；占地 7000 平方米的飞鱼互联视觉工场投入使用，吸引来自中国香港和内地的 160 位顶级设计师进驻。三水区利用用地空间配套的优势，吸引了苏宁云商、普洛斯、安博物流、阿里菜鸟等大型龙头电商企业及电商物流项目落户。

（五）加强电子商务培训和推介活动，提高电子商务应用水平

佛山市大力加强电子商务应用推广工作，举办多种形式和不同层面的培训、峰会、论坛、讲座和对接会，累计参与培训的企业为 1000 多家次，参与人数超过 2500 多人次，提高了企业应用电子商务的意识和电子商务应用水平，扩大了电子商务的覆盖面，营造了良好的电子商务发展氛围。

2014 年 3 月，佛山市举办了"跨境贸易电子商务工作推进会暨政策宣讲会"，广州海关及佛山市检验检疫局、外管局、国税局等部门为 300 多位企业代表宣讲了跨境电商发展趋势及有关政策。配合广东省的"广货网上行"系列活动，佛山大力支持中国邮政佛山分公司、禅城区政府、顺德区政府开展了 2014 佛山电子商务发展论坛、佛山电商嘉年华、佛山电商大会等活动。2014 年 11 月 13 日，佛山市成功举办了全球跨境电商论坛佛山峰会，参加峰会的除佛山市外贸企业、电子商务企业、传统制造业企业、各大专业市场主要负责人及相关负责人员，以及相关行业协会及商会负责人外，还有来自全球 20 余个国家的近 50 家跨境电商平台负责人、跨境电子商务产业上下游企业负责人、国内外知名企业家和学者约 800 人，共同就佛山泛家居产业跨境电商的对接、发展、落地、合作进行深入研讨。

佛山市支持市电子商务协会编制了电子商务"千企万人"培训系列活动方案，到目前为止，已组织了 9 场活动，共计 1242 家企业 2000 多人参加了活动。顺德区还成功举办了"第二届顺德电子商务大会暨顺德电商节"。

（六）抢抓市场先机，大力发展跨境电商

近年来，为推进企业转变外贸发展方式，适应跨境电商业界新形势，抢占国际市场先机，佛山市委、市政府大力推进跨境电子商务工作，力促佛山市电子商务实现跨越式发展。2013 年以来，佛山市密切注意跨境贸易的发展趋势，大力推动跨境贸易电子商务建设。一是做规划。现已完成与清华大学电子商务交易技术国家工程实验室合作的跨境电子商务发展规划项目的招标，正在进行合同签订工作。下一步将进行全市调研，尽快开展规划的编写工作。二是统全局。2014 年 8 月 15 日，佛山市召开全市电子商务工作会议，市、区电子商务主管部门和 18 家骨干企业参加了会议。该会议便于人们了解各区跨境电商的开展情况和跨境电商园区、平台的建设情况，有利于尽力统筹全市各项跨境电商重要资源，研究全市跨境电商资源部署和共享问题，避免各自为政和重复建设，优化全市跨境电商的产业布局。三

是清障碍。为进一步加强佛山、香港两地跨境电子商务合作，探讨解决跨境电商企业在两地通关中遇到的困难，佛山市领导亲自带队，于 2014 年 9 月、11 月赴香港洽谈考察。其间，佛山市领导与香港贸发局、香港国际机场管理局、亚洲空运中心、中远航运公司等机构的部门负责人进行了深入而全面的交流，内容涵盖了两地跨境电商产业合作、跨境电商资源共享、国际市场拓展和跨境物流合作等。四是做调研。为了解佛山市跨境电商发展现状和需求，研究下一步推进的对策，促进佛山市跨境电商的快速健康发展，佛山市商务局、佛山海关牵头组织联合调研小组，于 2014 年 11 月 28 日到 12 月 4 日在全市范围内开展了跨境电商发展需求情况调研。五是引伙伴。佛山市与国内外多家著名跨境电商企业，如阿里巴巴、大龙网、武汉传神外贸通等进行接洽，以期引进一些龙头企业，带动全市跨境电商产业链发展。六是建平台。积极扶持本土跨境电商平台新安怀"21 世纪丝绸之路"和国际贸易便利化平台自贸通的发展，在政策引导、企业合作、部门协调等多方面给予支持，解决企业的实际困难，并在平台建设和推广应用方面加以指导，扶持企业做大做强，引导全市跨境电商产业向现代服务业的高端发展。

三　存在的问题

目前，虽然电子商务发展较快，但由于处于产业转型升级的过渡阶段，佛山市利用电子商务推动传统产业转型升级仍有很大的发展空间，在龙头企业培育、发展环境营造、支撑体系构建、传统产业与电子商务融合发展能力提升、园区集聚统筹发展、人才队伍建设等方面仍需进一步加强。

四　2015年发展思路

2015 年，佛山市应紧紧围绕促进产业转型升级，抢抓互联网经济蓬勃发展的机遇，利用云计算、物联网、大数据和移动互联网等先进技术手段，发挥电子商务对实体经济的引领变革作用，结合本地区位优势和产业优势，顺应电子商务"本土化、个性化、移动化"的潮流，创新发展模式和服务理念，关注跨境电子商务、O2O、M2B、F2C、移动互联网等新兴业态的发展，注重政府引导与市场运作相结合，整合现有资源，加大政策扶持力度，完善服务支撑体系，优化发展配套环境，壮大发展载体，深化普及应用，促进实体经济和虚拟经济的高度融合，实现佛山电子商务的跨越式发展。佛山市应着力打造全国知名的利用电子商务促进制造业转型升级示范基地、电子商务供应链集聚基地、国内领先的行业电子商务平台中心、电子商务新兴业态试点示范孵化基地，以及珠三角跨境电商服务重要基地。

（一）加强电子商务统筹规划工作

加快完成佛山市电子商务发展规划的编制工作，制定配套的实施办法，保障发展规划的贯彻落实。加强与市"十三五"发展规划的衔接，确保电子商务专项规划与城市发展战略目标保持一致。加强对各区电子商务工作的统筹协调工作，指导各区依托本身的区位优势和产业优势，实行错位发展。整合全市电子商务基础设施和市场资源，实现资源共享、优势互补，避免资源浪费和重复建设。建立电子商务数据统计和监测体系，采集权威、可靠、准确的电子商务发展数据，作为评估电子商务发展水平和政府宏观决策的依据。

（二）强化电子商务工作机构

发挥佛山市电子商务工作领导小组的领导协调作用，根据机构调整情况，对成员单位名单进行调整，同时，建立电子商务联席会议工作制度，负责电子商务重大事项的决策事务，保证各项决策的有效执行。各区建立与市一致的电子商务工作机构，整合电子商务和跨境电子商务管理职能。探索建立电子商务创新服务中心或电子商务创新促进中心，进一步壮大电子商务工作队伍，有效开展电子商务专项扶持资金管理，建设电子商务公共服务平台，开展园区和试点示范企业认定、行业数据统计研究等工作。

（三）加大政策扶持力度

利用好电子商务专项扶持资金，根据国家及广东省的最新政策，制定配套的管理办法，对园区发展、电子商务招商引资、龙头企业落户、园区发展、平台建设、跨境电商发展、电商服务提供、电商模式创新、人才培养等方面进行扶持，促进电子商务的深入发展。按照突出重点的原则，对各区具有拉动效应和集聚效应的园区、电商平台、龙头企业、创新业态进行扶持。制定规范和引导电子商务发展的系列政策文件，开展园区统筹管理、试点示范企业申报认定等工作。梳理现有适用于电子商务企业的扶持政策和优惠措施，指导企业开展项目申报或用好政策。

（四）做好电子商务公共服务工作

建立多部门联合服务体系，提供优质高效的政府服务，鼓励电子商务企业创业，扶持电子商务企业发展，为电子商务企业提供工商、税务、就业、培训、知识产权、上市辅导等便利服务的绿色通道。继续加强与银行的沟通，推动金融机构进一步提供电商融资服务。加强融资服务创新探索和研究，探索成立电子商务信用担保基金，进一步满足电商企业的融资需求。建立电子商务信用服务体系，完善电子商务企业分类标准，完善网络交易维权机制，建立良性的电子商务市场秩序。加强人才培训和引进，落实电子商务高端人才安置政策，解决高端人才落户、子女教育等切身问题，为电商人才创造良好的创业环境。支持各级电商协会和相关行业协会的建设，发挥协会的中介和服务作用。

（五）扶持本土电商平台做大做强

一是统筹佛山市阿里巴巴产业带电商平台，集中流量资源，突出产业优势，着眼于服务全市企业，促进传统企业开展电子商务业务。二是围绕产业集群和区域优势，与京东、天猫、苏宁等大的电商平台合作，区镇联动，推动建设家电、家具、照明、五金、牛仔服装、机械、陶瓷卫浴、童装、内衣等有区域品牌特色的网上电子商务平台。其中，重点按照"政府引导、企业运营、市场化运作"的理念，通过政府公开招标、授权、扶持和定期考核的方式，依托龙头电子商务运营企业、电子商务公司等的优势和资源，建设区域品牌网上营销平台，如"顺德家电馆"等。三是重点发展行业电子商务交易平台，鼓励机械、陶瓷、服装、家电、家具、钢材、塑料等优势产业的行业协会或龙头企业牵头开展行业电子商务交易平台建设，支持现有行业网络信息平台升级改造，扶持辐射力强和拉动效应大的优势行业电子商务交易平台发展。四是推进O2O电子商务平台建设。支持有条件的专业市场和商贸消费综合体建设，集信息、交易、结算、金融、物流配送等服务功能于一体的电子商务交易平台。同时，以建设信息惠民国家试点城市为契机，重点扶持综合生活服务类O2O平台的建设。

（六）规范电子商务产业园区建设

制定电子商务产业园区管理办法，加强对电子商务产业园区建设的统筹指导工作，引导各区的电子商务园区实行错位发展，明确发展目标和招商定位，避免同质化竞争。加强园区的招商引资工作，将电子商务企业列入招商引资的重点范围，积极引进优质企业资源和项目资源，如电子商务龙头平台企业、知名电子商务服务商、可带动本地产业链上下游企业协同发展的电子商务企业，在佛山市设立区域总部、营运中心、服务中心、创新中心、数据中心、研发中心、物流中心等。

（七）大力推动跨境电商发展

尽快完成跨境电商发展规划，通过落实发展规划和配套的实施办法，统筹部署佛山市跨境电商工作。全力争取申报国家跨境电商试点城市，确保通关、检验检疫、退税、外汇结算等扶持政策的全面落实，探索建立促进跨境电商发展的综合政策体系，建立适应跨境电商业务的政府服务体系和监管方式。针对影响跨境电商发展的各种因素，商务、海关、检疫检验、国税、外汇管理等部门共同研究，建立更加适应跨境电商发展需求的通关监管和服务体系，共同推进佛山市跨境电商的发展。制定促进跨境电商发展的扶持政策，助推优秀电商服务商培育、跨境电子商务专业人才培训、跨境电子商务园区建设、跨境电商公共服务平台建设。配合跨境电商试点城市申报工作，建设全市跨境电商公共服务平台。鼓励全市跨境电商企业开展合作，促进行业资源的整合和共享，实现优势互补、抱团发展、做大做强，提高在跨境电商行业的话语权。发挥各区和各个电商园区的积极性，大力支持举办各类跨境电商峰会和论坛，促进本土企业与各类跨境电商平台、服务企业的对接，进一步营造佛山市跨境电商的发展氛围，提高企业的跨境电商业务水平。

（八）促进电子商务应用

结合"广货网上行"活动，佛山市应继续举办各类电商节、电商嘉年华活动，进一步提高市民网络购物意识，普及移动电子商务应用，扩大佛山品牌的影响力，继续推动全市企业"触电"。

B.11

顺德：依托产业和区位优势，打造
本地特色电商发展模式

摘　要：　2014 年，顺德区电子商务创新生态体系不断完善，电子商
务发展新业态不断涌现。顺德区每年安排专项扶持资金，对
达到一定规模的电子商务产业园区、电子商务销售额或纳税
额达到一定规模的电子商务标杆企业、电子商务企业投融资
平台和电子商务公共创新服务平台等给予奖励，鼓励传统企
业应用电子商务。

关键词：　顺德　电子商务　产业园区　垂直平台

电子商务已成为促进顺德区产业结构调整优化和经济发展方式转变的重
要推动力量。依托雄厚的产业优势和区位优势，顺德区已形成具有鲜明本地
特色的"实体经济＋电子商务＋现代物流＋电商服务"的电商发展模式，
电子商务发展规模和综合实力排在广东省第二梯队的前列。2014 年，顺德
区电子商务创新生态体系不断完善，电子商务发展新业态不断涌现。

一　2014年主要工作情况

（一）电子商务综合竞争力迅速提升，继续保持快速增长

顺德现有从事 B2C 和 C2C 交易的网商超过 3000 家，电子商务平台超过
15 个，在建的各类电子商务特色产业园区 16 个，广东省百强电子商务企业

19家，数量排全省第二位，共有顺德区电子商务示范企业90家。2014年全区电子商务交易额近750亿元，同比增长约25%。全区电商在2014年"双十一"单天销售额突破30亿元，其中美的集团全网销售额达7.1亿元，同比增长120%，成为家电品类全网销售第一名。2014年，美的电商销售额近100亿元，占美的国内销售总额近10%；佛山市飞鱼电子商务有限公司网上销售超过20亿元，成为全国较大的电子商务运营企业之一；佛山SKG电子商务有限公司网上销售额超过10亿元，成为中国互联网家电第一品牌。2014年，顺德区通过出台电子商务扶持政策、搭建电子商务公共服务平台（顺德电子商务促进中心）和人才对接平台、认定电子商务产业园区、举办"第二届顺德电子商务大会暨顺德电商节"等，营造了良好的电子商务生态系统。

（二）本土电商平台不断涌现

传统企业进入电子商务的门槛和成本越来越高，随着电子商务逐渐回归其商业本质，未来的电子商务必将走向与产业、区域竞争力、区域经济相融合的新型发展模式。目前，顺德区欧浦钢网、欧浦家具网、顺团网、易发塑料网、圣托酒店用品网、中国木机商贸网、花卉世界网、兰花交易网、均安牛仔商城、易事麦家具网、家择配家居网、新鲜农产品交易平台佳品佳源和顾晟商城、慧聪家电网上批发商城、SKG商城、小冰商城、全球通家居网等一批本土电商平台已上线运营，悍高五金开发运营的五金产品电商平台也即将上线，为顺德区全产业"触电"提供了新的渠道选择。

2014年顺德区涌现了一批专业化的电子商务平台，具体如下。

一是建设"阿里巴巴·龙江产业带"电子商务平台。2014年12月16日，龙江镇政府和阿里巴巴共建的"阿里巴巴·龙江产业带"项目正式宣布启动，在阿里巴巴网站开设了一个展示龙江家具品牌的专属搜索引擎窗口。产业带委托龙头电子商务运营企业运营，家具产业链相关企业抱团入驻，致力于将龙江地区的家具产业、物流产业、木材产业、纺织业、金属加工业等进行全方位资源整合，打造高效的网络营销平台。

产业带将通过严格筛选,首期推选 100 家(总数不超过 500 家)龙江优质企业入驻。建设产业带平台有利于为企业提供抱团发展的机会,让更多传统企业上网触电;有利于在互联网领域打造"龙江家具"的产业区域品牌。

二是建设网上"顺德家电馆"。顺德有 3000 多家家电制造企业,但涉足电商行业的不足 10%。为帮助顺德区更多的中小型家电制造企业成功应用电子商务,顺德区计划按照"政府引导、企业运营、市场化运作"的理念,通过政府授权、扶持和定期考核的方式,依托顺德区龙头电子商务运营企业的优势和资源,联合区家电商会和电子商务协会,在京东、天猫、苏宁、国美等大型电商平台建设"顺德家电馆"。首期将在京东开设"顺德家电馆"频道作为切入点,筛选和引入区内优质家电产品,使用"顺德家电"集体商标,采用"统一运营、统一物流、统一售后"的全新运作方式,实现顺德家电整体开展电子商务业务。2015 年"顺德家电馆"计划引入 50 家企业 250 款产品;到 2019 年计划引入 300～500 家企业及不低于 5000 款产品,实现销售额 20 亿元,纳税超过 3000 万元。2014 年 12 月 16 日,刘怡副区长带队到北京与京东达成建设"顺德家电馆"的合作意向,明确了双方的推进计划。网上"顺德家电馆"的建设将有利于让全国网民以最直接的方式了解顺德家电、使用顺德家电、购买顺德家电,进一步提升顺德家电的区域品牌和影响力。

三是区域性垂直电商平台不断涌现,探索线上线下共赢的发展模式。2014 年 12 月 19 日,欧浦家具网电子商务平台正式上线运营,总投资超过 9000 万元,依托顺德强大的家具制造和销售产业集群优势,其采用 B2C 和 F2C 模式,打造了家具领域的"京东"。欧浦家具网可为商家和消费者提供从选购到完成交易整个供应链的服务,建设了欧浦家具微商城、移动 App 系统、金融质押平台、供应链金融服务平台、物流配送调度平台、第三方支付平台、大数据服务平台和专业导购平台等。目前,欧浦家具网已有 100 多家家具企业入驻,将为传统家具市场的升级注入新的动力。另外,由瑞图万方牵头发起建设的龙江垂直家具电商平台"易事麦"在 2014 年 8 月上线运营，总投资超过 5000 万元，登记的会员已经有上万名。"易事麦"将建立一个全渠道的家居销售平台，打造一种全新的线上、门店、厂家、消费者体验购物模式。

（三）传统产业与电商加速融合，互联网思维推动企业转型升级

美的、格兰仕、东菱、万和、大自然等顺德传统企业正在深度拥抱互联网，寻求突破，携手电商企业成立合资公司，探索线上线下共赢的 O2O 模式。2014 年 3 月，美的与阿里巴巴签署战略合作协议，共同构建基于阿里云物联网和云平台先进技术的 M－Smart 智慧家居。2014 年 12 月 15 日，美的集团与移动互联网新贵小米科技达成战略合作协议，小米科技斥资 12.66 亿元入股美的集团，占 1.29% 股份，双方将在智能家居及其全生态链、移动互联网业务领域深度合作。美的通过与阿里巴巴、京东、小米科技等电子商务平台的紧密合作，用互联网、大数据和云平台等先进技术提升产品和服务质量，利用互联网思维、智能制造重构企业运营架构，将为顺德传统企业与互联网的融合升级提供示范。除此之外，新宝电器和小冰火人合资成立电商公司、飞鱼电商全面代运营格兰仕及万和的电子商务销售业务、盛熙电器和小冰火人开展深度合作等，已成为传统制造业和电商企业强强联合的典范。电子商务企业 SKG、飞鱼电商、小冰火人、菱之菱等也建立自主品牌，组建自有的"互联网工厂"模式，也成为顺德区电子商务企业创新发展模式的一个新趋势。

（四）搭建良好的电子商务创新生态体系

第一，发挥政策扶持引领作用。出台《顺德区电子商务发展专项资金管理试行办法》，引导龙江、北滘、勒流和乐从出台配套的电商扶持政策，区镇联动，共同推进电子商务发展。每年安排专项扶持资金，对达到一定规模的电子商务产业园区、电子商务销售额或纳税额达到一定规模的电子商务标杆企业、电子商务企业投融资平台和电子商务公共创新服务平台等给予奖励，鼓励传统企业应用电子商务。2014 年，13 家区电商示范企业获无息扶持资金 2550 万元；顺德区电子商务促进中心获得建设扶持资金 50 万元；标

杆企业小冰火人纳税超 1000 万元，获奖 50 万元；29 家电商企业获得省"广货网上行"市场主体奖励资金 315 万元。另外，顺德区组织评选了广东康宝电器股份有限公司等 33 家企业为顺德区第三批电子商务示范企业。

第二，搭建电子商务公共服务平台。一是依托顺德区电子商务协会组建顺德区电子商务促进中心，为电子商务平台、网店、传统企业等提供咨询、解决方案、大数据分析、人才引进及培训等公共创新服务。举办"2014 顺德电子商务对接服务日"，编印《顺德电商服务对接手册》，推动传统产业和电商融合。举办香港 – 顺德电子商务交流合作会。加强行业宣传，打造"顺德电商"区域品牌。二是建设"顺德区电子商务企业诚信认证体系信息平台"，现已建立 200 多家电子商务企业信用档案，开展信用等级认证服务。三是积极推动金融机构开展电商融资服务。与平安银行、中国农业银行、招商银行、广发银行等金融机构加强沟通，积极推动银行推出符合电商产业特色和需求的短期、小额融资产品。目前，招商银行根据不同标准已推出了"结算贷"和"税融通"两大电商企业融资方案；深圳怡亚通推出了基于客户电子商务平台交易记录及信用的电商供应链融资服务。四是搭建人才对接平台。顺德区电子商务协会积极开展校企合作，与顺职院、李伟强职校、胡锦超职校等开设了 8 个电子商务专班，预计每年能为企业输送 600 多名电商专业人才。举办"电商人才服务月"活动和两场电子商务秋季招聘会（社会专场、院校专场），组织企业赴广州大学城参加 2014 华南电商高校专场招聘会。累计有 120 多家次企业参与人才招聘活动，吸引社会人才和应届毕业生累计 2500 多人到场应聘。

第三，开展形式多样的对接活动。一是成功举办"第二届顺德电子商务大会暨顺德电商节"，来自京东、阿里巴巴、易观国际的电商专家，以及 1500 多位珠三角制造与电商领域的精英代表齐聚一堂。二是举办多个层次的专场培训班。依托顺德电商学院，加强与淘宝大学等电商培训机构的合作，针对电商企业负责人、各个岗位员工等的不同需求举办各类专题培训，包括传统企业电商战略高级研修班 1 场、电商精英培训班 2 场、电商主题培训班 9 场、专题沙龙活动 3 场、会员交流活动 3 场。累计参与培训的企业 1000 多家次，参与人数超过 2500 人次。三是加强顺德企业与天猫、京东、兰亭集势、苏宁等大电商平台的对接，扩大电商销售规模。

（五）加快电子商务产业园区建设，打造顺德电子商务集聚区

为优化电商企业的办公、配套服务环境，提升电商企业综合竞争力和吸引人才的能力，发挥集聚效应，2014 年顺德区认定电子商务特色产业园区 16 个，总投资约 23 亿元，建筑面积为 46 万多平方米，已入驻企业超过 300 家，预计未来三年将吸引 2000 多家企业进驻。佛山国通保税物流中心（B型）被佛山市人民政府认定为"佛山国通跨境电子商务产业园"，为顺德开展跨境电商业务打下了坚实的基础。推动龙头家具电子商务港、顺德创意产业园、顺德区车翼凤城电子商务产业园、北滘电子商务创业孵化产业园等形成集聚规模效应。2014 年，龙头家具电子商务港入驻电商企业超 80 家，交易额达 35 亿元；中国·慧聪家电城工程进展顺利，招商情况理想；顺德科技创新中心电子商务大厦已对外招商；占地 7000 平方米的飞鱼互联视觉工场已投入使用，吸引来自中国香港和内地的 160 位顶级设计师进驻，为传统企业提供产品项目开发、外观及功能设计、视觉营销、产品定价、订单形成等全流程专业电商运营服务。

二 2015 年启动广东省电子商务创新区建设

（一）工作思路及工作目标

2015 年，以创建广东省电子商务创新区为工作核心，在政策创新、经营生态体系（投融资、服务、人才培养和引进）构建、骨干企业及电商平台扶植、电商园区建设、跨境电商发展等方面进行创新，先行先试。推动顺德区电子商务综合竞争力继续提升和加快发展，行业增速在 20% 以上；构建区镇联动的政策体系和工作推动机制，争取超过 5 个镇（街道）出台电

子商务扶持政策；涌现一批在全国有影响力的龙头电商企业，争取认定国家电子商务示范企业 1 家以上；打造标杆电子商务园区，争取认定国家电子商务示范基地或省电子商务示范园区 1 家以上；重点扶植欧浦家具网、"顺德家电馆"等顺德电商平台快速成长，争取在华南地区获得较大的影响力；重点扶持国通等跨境电子商务园区和平台建设，引进优秀的跨境电商平台企业，使顺德家电跨境贸易取得新突破；加速传统企业与电子商务和互联网思维的融合，实现向新型现代企业转型升级。

（二）大力扶持和培育有区域品牌特色的网上电子商务平台

传统企业进入电子商务的门槛和成本越来越高。2015 年，顺德区依托产业集群和区域优势，与京东、天猫、苏宁等大的电商平台合作，区镇联动，推动建设家电、家具、照明、五金、牛仔服装、机械等有区域品牌特色的网上电子商务平台。其中，重点按照"政府引导、企业运营、市场化运作"的理念，通过政府授权、扶持和定期考核的方式，依托顺德区龙头电子商务运营企业——飞鱼电商等的优势和资源，建设网上的"顺德家电馆"。2015 年"顺德家电馆"启动期计划引入 50 家企业 250 款产品。同时，支持和协助龙江镇政府做好"阿里巴巴·龙江产业带"的建设和运营，支持龙江或乐从建设网上"顺德家具馆"。

（三）大力扶持顺德垂直电子商务平台建设

目前，顺德区拥有欧浦钢网、欧浦家具网、易事麦家居网、慧聪家电网上批发商城等 8 个垂直电子商务平台。顺德垂直电商平台普遍存在发展慢、影响力小等问题。2015 年，顺德区将重点扶持乐从欧浦家具网和龙江"易事麦"的发展，依托顺德强大的家具制造和销售产业集群优势，采用 B2C 和 F2C 模式，打造家具领域的"京东"。通过各级政府扶持政策和重大品牌宣传活动的倾斜、区电子商务协会一对一的重点辅导等，不断提升顺德区垂直电商平台的运营能力。

（四）加大跨境电子商务的推广和推进力度

一是引入国内外知名度高、运营及配套成熟的跨境电商平台在顺德区设立分公司，帮助顺德区企业低成本、简便化地开展进出口贸易；二是以佛山国通保税物流中心（B 型）为基础，引入一批开展跨境电子商务的运营企业入驻，完成服务体系；三是优化监管方式，打造绿色跨境通道；四是推动顺德区现有外贸企业向跨境电子商务的运营企业转型；五是大力开展跨境电子商务业务宣传推广和人员培训。

（五）力促电子商务园区加快招商工作，深化发展

推动各电子商务园区错位发展，明晰发展战略和招商定位，协助园区走出顺德，同时，引进一批国内外知名企业和重大项目。

（六）继续提升顺德区电子商务创新生态体系水平

一是开展电商品牌推广活动，深化电子商务应用。举办第三届顺德电商大会。与慧聪家电展合作，共同举办中国家电电子商务博览会。举办顺德电商 O2O 购物嘉年华活动，打造一年一度的线下电子商务大型促销活动。以"思维引领、产业融合"为宗旨，坚持"重实操、能落地"的原则，定期举办"电商论剑——华南电商大慧堂"品牌论坛。

二是完善电商企业公共服务。开展电商企业"秘书"服务，提供"一址多企"的电商企业注册及相关服务。深入辅导 10 家电子商务企业，推动不少于 20 家大型传统企业应用电子商务。建设电商企业运营监测平台，采集电商企业经营数据，实时掌握顺德区电商企业发展情况。

三是加强人才服务体系建设。依托顺德区电子商务协会深化运营顺德电商学院，继续和淘宝大学合作，开办各类电商技能提升班、传统产业电商战略研修班；开办电商人才学历提升培训班，和吉林大学合作举办顺德电商 EMBA 班，和北京科技大学合作开办电商学历班；举办顺德电商大讲堂，邀

请电商实操专家作为大型公开课主讲嘉宾；建设华南电子商务人才网，通过校企、人才机构合作，使华南电子商务人才网成为企业人才资源输送的重要平台，根据电商企业的实际需求，发掘并培养符合电商企业需求的专业人才。

四是建立电商融资服务平台。继续加强与银行的沟通，推动金融机构进一步开展电商融资服务；推动企业成立顺德区电子商务信用担保基金，与银行、担保公司合作，共同开展信用担保贷款服务。加强融资服务创新探索和研究，与中国农业银行、顺高投合作成立顺德区电子商务信用担保基金，进一步满足电商企业的融资需求。

五是建设产业融合对接服务平台。加强与电商平台合作，推动平台开辟"顺德家电""顺德家具"等特色频道，深化运营淘宝专供项目，推动顺德产品通过跨境电商平台实现跨境零售。推动顺德区不锈钢、塑料等B2B电子商务交易平台的建设。推动欧浦钢网在全国的布点和扩大网上交易量，提升乐从钢铁市场交易的规模。开展企业资源对接服务，改版协会网站，打造产需对接平台，为寻找产品的电商企业和寻找运营服务的传统企业提供对接，推动传统企业与电商的融合。

B.12

韶关：拓展电子商务应用领域，
与实体经济深度融合

摘　要：　近年来，韶关电子商务在工业、农业、商贸流通、交通运输、金融、旅游和城乡消费等领域的应用不断拓展，已形成与实体经济融合发展的态势，电子商务企业健康发展。韶关市政府鼓励企业通过电子商务降低成本，提高运营效率，提升服务水平。

关键词：　韶关　电子商务　市场主体

一　韶关市电子商务发展的基本情况

电子商务改变了商务的活动方式、人们的消费方式及企业的生产方式，对传统行业带来了一场革命，也转变了政府的行为。近年来，韶关市电子商务在工业、农业、商贸流通、交通运输、金融、旅游和城乡消费等领域的应用不断拓展，已形成与实体经济融合发展的态势。

（一）电商平台建设稳步推进

近年来，韶关市涌现了鹏洲电子商务孵化港、黄沙坪电子商务产业园，以及昆仑科技采购、韶乐购、韶峰物流、丹霞山旅游、粤北山区蜜蜂、翁源兰花等电子商务平台，对韶关市的经济和社会发展起到了积极的推动作用。

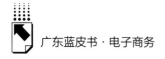

（二）电子商务宣传推广力度加大

2014年4月中旬，韶关市举办了中小微企业"广货网上行"品牌联盟暨微时代电商新模式成果展示会，8月29日参加了全省"广货网上行"活动启动仪式，对符合活动条件的企业进行了宣传发动和协助其申报活动，继U购网之后，韶乐购成为韶关市第二家获得广东省商务厅核准的参与活动市场主体。

（三）韶关市电子商务行业协会成立，企业抱团发展

2014年10月28日，韶关市电子商务行业协会正式成立，有助于韶关市电子商务行业实现自律管理和规范发展。目前，协会共有会员61家。12月23日，协会召开了第一次理事会员大会，总结了2014年协会的工作情况，部署了2015年协会的工作计划，听取和收集了与会代表对韶关市电商发展的意见和建议，为下一步出台促进韶关市电子商务发展的扶持政策做好了资料准备。

二 韶关市电子商务服务业发展情况

（一）商贸物流发展情况

1. 商贸物流加快发展

截至2013年，韶关市拥有交通运输、仓储、邮政企业1400多家，其中，物流经营主体达227家；公路货运周转量为161亿吨·公里，年末公路通车里程为15273公里（公路密度为83公里/百平方公里），其中高级、次高级路面公路10742公里；等级公路达14852公里，其中高速公路291公里、一级公路207公里、二级公路815公里；内河航道维护通航里程为386公里，其中等级航道256公里，码头8个，泊位23个；港口货物吞吐量为52.8万吨，同比增长56.2%；邮政业务（含快递）总量达2.9亿元，同比增长17.5%。

大生产、大流通带动了物流市场发展，与物流业相关的主要行业，如交通运输、仓储、邮政业和批发零售业等快速增长。2014年上半年，韶关市交通运输、仓储、邮政业实现增加值38.08亿元，同比增长6.8%，占全市GDP的比重约为8.3%。批发零售业实现增加值41.86亿元，同比增长9.6%，占全市GDP的比重约为9.1%。

2. 物流基础设施不断完善

目前，京广铁路、武广高铁、京港澳高速和106国道南北贯穿韶关市，韶赣高速、323国道东西贯穿全市，广乐、大广等高速公路即将建成通车，仁深、汕昆高速公路韶关段前期工作快速推进，赣韶铁路建设项目已经进入最后攻坚阶段，韶关至贺州铁路项目前期工作有序推进，城际轻轨交通网络研究加快，北江航道"五改三"前期工作加快推进，韶关机场项目已在编制可行性研究报告。

3. 具有现代物流理念的企业正在兴起

随着信息技术和网络技术的广泛运用，地理信息系统、全球卫星定位系统、无线通信及互联网技术等在生产管理中得到应用，实现了实时准确地完成运输调度、货物跟踪、客户远程登录、自动化提取业务数据和自动完成运费结算等多项功能。传统的运输、仓储企业依托原有的设施、客户、业务基础和经营网络，正在向现代物流企业转变，部分大型生产企业组建了专门的物流部门。

4. 物流企业加快发展

韶关市拥有交通运输、仓储、邮政企业1400多家，其中从事物流的经营户有227家，70%为运输企业，韶关市重点物流企业有松山物流、乳峰物流、雪印实业、亿华物流等。其中，松山物流的投资方——广州市韶钢港务有限公司是广东省现代物流龙头企业之一、中国物流企业50强；韶关市乳峰物流有限公司投资兴建的韶峰物流中心目前已有110多家物流货运单位进驻，物流货运市场占有率在80%以上；韶关市雪印实业有限公司建设的雪印农产品冷链物流中心项目是广东省现代产业500强项目。

5. 物流项目进展顺利

目前，韶关市正协调推进新雪域农产品（冷链）物流园、雪印农副产品冷链物流中心、粤湘仓储物流中心、南雄精细化工基地物流园区、广东翁源华彩化工涂料城、韶关光华机电五金商贸城、五洲国际汽配用品商贸城二期、华南大宗农产品物流交易中心、烟草物流、韶钢北江物流基地及货运码头、粤北亚太财富中心、义乌小商品城粤北国际物流中心、粤北钢材期货交割仓库等项目建设。

（二）商贸物流发展存在的问题

目前，韶关市商贸物流发展存在的问题主要有物流基础设施不能满足物流发展的要求，生产与流通企业物流管理急需加强，物流企业的服务能力、服务水平尚不能满足经济社会发展要求，物流企业信息化水平不高，物流规划执行力较弱，物流专业人才缺乏，以及物流发展和运作的政策法规环境有待改善等。

（三）在线支付情况

韶关市委、市政府高度重视金融 IC 卡的推广应用工作，批准设立韶关市市民卡服务中心，成立金融 IC 卡推广应用工作领导小组，并将金融 IC 卡应用纳入 2014 年韶关市为民办实事项目。韶关市成为广东省第一批金融 IC 卡手机支付试点城市。韶关金融 IC 卡推广应用工作呈现了"应用环境好、发卡规模大、行业应用广"的良好态势，荣获 2013 年度国家"金卡工程金蚂蚁奖"，连续两年获得中国人民银行广州分行"十大亮点工作"称号，自主研发的地税 POS 实时入库系统被评为 2013 年韶关市"科学技术进步一等奖"，推广模式和经验在省内和全国得到了认可。

韶关市自主研发地税 POS 实时入库系统和金融 IC 卡"金税通"移动支付系统，在全国率先实现金融 IC 卡在税务行业的应用，每年产生的经济效益近千万元。同时，韶关市将金融 IC 卡旅游一卡通技术、移动支付技术与二维码技术相结合，以辖区乳源、南雄的旅游景区为试点，推动韶关旅游产业发展。此外，韶关市大力推进金融 IC 卡在公交、移动支付、校园一卡通、社保卡等领域的应用。

三 韶关市电子商务发展存在的问题

（一）实体经济电子商务应用范围不广

电子商务对促进传统生产经营模式创新发展的作用尚未充分发挥，对经济转型和价值创造的贡献潜力尚未充分显现。据对韶关市 150 家工业企业电子商务应用情况的调查统计，韶关市只有 42 家工业企业应用了电子商务，占被调查工业企业总数的 28%。"小、散、弱"现象极为普遍，电子商务整体发展水平偏低。此外，不少规模以上企业在进入电子商务领域之后，缺乏后续投入与管理，网上交易在总交易中占比较低，没有发挥电子商务应有的作用。

（二）电子商务专业人才匮乏

在调研的 23 家电商机构中，韶关市土特产行业协会、汉鸿木业、超卓电器、互动网络、翁源兰花、金友米业、绿峰果菜、南雄新华美网络等 15 家企业普遍反映中高级电商人才缺乏，不少机构在设立电子商务部门时，要么从营销部门抽出人员，要么从网络技术部门调人，刚刚成立的电商部门往往只有几个人，有的甚至只有一个人负责所有工作。专业人才的缺乏，尤其是富有创业精神和创业智慧的网络经济人才的缺乏，极大地制约了韶关市电子商务的发展。

（三）配套体系发展滞后

电子商务中的任何一笔交易，都包含信息流、商流、资金流和物流。韶关市电子商务配套体系的建设与电子商务发展的需求相比，还存在不同程度的差距，尤其是与电子商务密切相关的仓储、物流、网络服务等关键支撑环节，与发达地区相比还有很多工作要做。

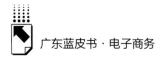

（四）缺乏有效的扶持政策

电子商务是跨越众多部门和不同地区的商务活动，没有一定的政策支撑是难以持续发展的。目前，韶关市还没有正式出台扶持电子商务发展的政策措施，电子商务创业缺乏政策、资金支持，创业环境有待改善。

四　推进韶关市电子商务发展的建议

（一）加快平台建设

一是加快扶持建设 U 购网、韶乐购、昆仑科技采购电子商务云平台等一批本地大型综合电子商务平台。二是着力在液压油缸、生物医药、玩具、纺织服装、家具、特色名优农产品等优势产业中发展壮大一批专业性电子商务平台，加快扶持广东雪印与大卓电商合作，打造广东省农产品电子商务综合服务平台。三是以"广货网上行"为契机，依托韶关市优势产业发展一批网络零售平台，打造特色鲜明、影响力较大的"韶货"网上超市。四是以韶关电子口岸和邮政物流为核心应用，整合海关、税务、工商、外贸、检验检疫、邮政等部门的信息资源，连接空港、海港、道路、铁路、口岸和制造商、供应商、银行、货主、用户，建设韶关现代物流公共信息平台，提供一站式行政审批和物流交易服务。

（二）培育市场主体

一是培育本地电子商务企业。依托实体市场优势，支持光华机电市场、黄金村土特产批发市场、十里亭义乌国际小商品商贸城等专业批发市场开展大宗商品网上现货交易。二是引进电子商务龙头示范企业。积极吸引阿里巴巴、京东商城、腾讯等国内知名电子商务平台企业来韶关市设立分支机构，开展业务。吸引省内外大中型电子商务企业总部、区域总部、技术创新中心、服务中心和营运中心落户韶关。三是培养电子商务创业带头人。举行电子商务创业培训，从中筛选、储备电子商务创业培训师资力量、创业种子，特别是在大学生、村官、"三支一扶"人员和农业专业合作社管理人员中，举行电子商务创业培训，使之成为电子商务创业带头人。四是创建电子商务示范基地。加快推进黄沙坪电子商务产业园、鑫金汇电子商务产业园申报省级乃至国家级示范性创业孵化基地，支持韶关市邮政网商创业基地等创建省级乃至国家级电子商务示范基地。

（三）推广电商应用

一是鼓励制造企业开展电子商务。支持传统商贸企业开展"线上市场"与"线下市场"良性互动的网络零售业务。鼓励专业化网络销售企业为制造业企业提供代运营服务，指导大型骨干制造业企业发展供应链电子商务。二是推动中小企业应用电子商务。鼓励中小微企业运用第三方电子商务服务平台开展在线销售、采购等生产经营活动，提高中小微企业应用电子商务的水平。三是推动农村电子商务的发展与应用。重点支持涉农电子商务网站建设，整合供销社系统的经营与网络资源，建设大型农产品电子商务交易平台。四是大力发展旅游电子商务。以"大丹霞、大南华、大南岭、大珠玑"为龙头，支持旅游业开展网络营销、网上预订、网上支付等在线旅游业务。

（四）强化扶持保障

一是建立协同推进电子商务发展机制。成立由市政府主要领导挂帅的电子商务发展工作领导小组，统筹全市电子商务发展工作。副组长由市政府分管领导担任，成员单位包括市商务局、经信局、人社局、财政局、工商局、规划局、住建局、金融局、地税局、韶关海关、检验检疫局、邮政局等。二是建立产业链配套支撑体系。培育发展网货交易专业展会，对举办网货交易会或电子商务企业参与展会活动的，予以奖励或补助。完善由网上支付、移动支付、固网支付以及其他支付渠道构成的新型综合支付体系。争取广东省试点工作指导和政策扶持，促进韶关市成为广东省跨境贸易电子商务试点城市。三是建立扶持电子商务发展的政策体系。借鉴周边地区发展电子商务成功经验，制定促进电子商务发展的扶持政策，建议韶关市财政在2015～2020年每年安排一定的专项资金，重点在培育壮大经营主体、完善配套支撑体系、营造发展环境等方面支持电子商务发展。同时，可采取"一事一议"，对重点信息化企业、重点信息化发展园区实行"一对一"政策倾斜。

五　韶关市电子商务发展的成功案例

鑫金汇集团与韶关日报社携手打造电子商务平台，凭借集团拥有的线下强有力的仓储物流和产业集群优势，通过媒企合作，更好地面向社会服务，给市民带来更多的消费红利，以此带动韶关旅游、休闲、餐饮和电子商务的发展。未来鑫金汇集团将以电商大楼为基础，依托物流园区，打造鑫金汇电子商务产业园：一方面建立大宗商品现货交易电子商务平台；另一方面实现资源共享、集群发展，为市民提供更多的服务。鑫金汇集团自2013年下半年入驻韶关发展以来，努力贯彻落实市委、市政府关于建设"大电商、大物流"的战略部署，积极配合市、区两级党委与政府，重点加速推进万亩东环商贸城建设。鑫金汇集团提出"大电商"规划，充分结合线上、线下市场优势，为韶关各名优企业和特色产品打造更好的发展平台。

六　韶关市电子商务发展的目标和计划

（一）电子商务总体目标定位

韶关市应采取一系列优惠政策，通过加强电子商务人才引进，促进产学研的合作与交流，吸引国内、省内规模B2C、C2C客户落户，扶持本地电商企业成长，带动互联网、云计算、3G 网络、物流、金融等产业发展，打造粤湘赣区域电子商务商圈。力争未来 3～5 年，全市电子商务持续快速增长，发展水平显著提升，应用领域明显扩大：建成 1 个上规模较大、支撑体系健全、公共服务体系完备的电商产业区；培育引进 2～3 家有较强影响力的第三方电子商务平台和 5 家以上有较高市场占有率的专业性行业门户网站；全市中小企业电子商务普及率在 50% 以上；全市规模以上工业企业、限额以上商贸企业网上采购和网上销售所占比重分别超过 60% 和 30%；吸引 1 万人以上投身电商创业，带动 10 万人以上就业。

（二）未来五年的重点集聚区功能定位

1. 黄沙坪电子商务产业园

黄沙坪电子商务产业园依托强大的网络商务功能，通过建设海量数据储存与信息处理中心，吸引国内外知名的电子商务平台企业、电子商务企业、C2C 卖家及电子商务配套服务商，打造粤湘赣网货配送中心、粤湘赣网商集散中心、区域快递分拨中心、局部功能领先的第三方平台体系和海量数据信息处理中心，形成电子商务资源高度集聚区。

2. 鑫金汇电子商务产业园

鑫金汇集团计划投资 15 亿元建设电子商务产业园，规划总用地面积 350 亩，总建筑面积 40 万平方米左右，其中智能仓储、配送中心 30 万平方米，电商大楼 3.5 万平方米，人才公寓 5 万平方米，其他配套工程项目 1.5 万平方米。该产业园计划引进品牌物流企业 8～10 家、电商企业 300 家左右，网上交易额突破 30 亿元，提供就业岗位 5000 个以上，园区电商大楼、智能仓储物流基地计划在 2016 年上半年建成并投入使用，2016 年底，园区全面建成运营。园区的功能定位是商贸特色电子商务服务平台，以建材、家居、五金、机电、服装、食品、文化用品、农副产品等为核心，为东环商贸城专业市场集群及相关企业开展电子商务提供一站式服务。

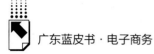

3. 新雪域农产品（冷链）物流园

新雪域农产品（冷链）物流园占地面积 800 多亩，总建筑面积 100 万平方米，配有 25 万平方米的仓储配套设施及 10 万吨冷库，项目总投资 30 亿元。该物流园计划建设多栋电子商务综合应用大楼，将以大型互联网数据中心为标准，建设综合应用数据中心，满足大数据存储、处理等平台业务需求，完成 C2C、O2O 等电商模式的相关交易。同时，该物流园拟建设智能仓储物流平台、智能物业综合管理平台、智能金融交易接口平台等多套高集成度的智能化电子商务配套平台，打造高度智能化、资源集中的电子商务聚合区。

湛江：优化产业布局，做大做强电子商务

摘　要：　电子商务在湛江市工业、农业、商贸流通、交通运输、金融、旅游和城乡消费等各个领域的应用不断得到拓展，应用水平不断提高，正在形成与实体经济深入融合的发展态势。电子商务平台服务、信用服务、电子支付、现代物流和电子认证等支撑体系加快完善。围绕电子商务信息、交易和技术等的服务企业不断涌现。电子商务信息和交易平台正在向专业化和集成化的方向发展。

关键词：　湛江　电子商务　物流

加快发展电子商务，是企业降低成本、提高效率、拓展市场和创新经营模式的有效手段，是提升产业和资源的组织化程度、转变经济发展方式、提高经济运行质量和增强国际竞争力的重要途径，对优化产业结构、支撑战略性新兴产业发展和形成新的经济增长点具有非常重要的作用，对满足和提升消费需求、改善民生和带动就业具有十分重要的意义，对经济和社会可持续发展具有愈加深远的影响。

一　湛江市电子商务发展现状

湛江市根据《2006～2020 年国家信息化发展战略》《中华人民共和国国民经济和社会发展第十二个五年规划纲要》和国务院办公厅《关于加快电

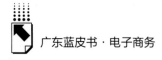

子商务发展的若干意见》的要求，积极开展电子商务工作。随着湛江市经济发展和消费需求的快速增长，湛江市流通业的建设规模、流通方式都发生了变化，特别是随着企业信息化的发展，企业电子商务应用得到不断深化，给湛江市的流通业带来了新的发展动力。

（一）电子商务不断普及和深化

电子商务在湛江市工业、农业、商贸流通、交通运输、金融、旅游和城乡消费等各个领域的应用不断得到拓展，应用水平不断提高，正在形成与实体经济深入融合的发展态势。移动电子商务成为发展亮点。大型企业网上采购和销售的比重逐年上升，部分企业的电子商务正在向与研发设计、生产制造和经营管理等业务集成协同的方向发展。电子商务在中小企业中的应用普及率迅速提高。网络零售交易额迅速增长，占社会消费品零售总额比重逐年上升，成为拉动需求、优化消费结构的重要途径。

（二）电子商务支撑水平快速提高

"十二五"期间，电子商务平台服务、信用服务、电子支付、现代物流和电子认证等支撑体系加快完善，围绕电子商务信息、交易和技术等的服务企业不断涌现。电子商务信息和交易平台正在向专业化和集成化的方向发展。社会信用环境不断改善，为电子商务的诚信交易创造了有利的条件。网上支付、移动支付、电话支付等新兴支付服务发展迅猛，第三方电子支付的规模不断增长。现代物流业快速发展，对电子商务的支撑能力不断增强，特别是网络零售带动了快递服务的迅速发展，电子证书正在电子商务中得到广泛应用。通信运营商、软硬件及服务提供商等纷纷涉足电子商务，为用户提供相关服务。

（三）电子商务发展环境不断改善

全社会电子商务应用意识不断增强，应用技能得到有效提高，电子商务国际交流与合作日益广泛。为推动电子商务发展，湛江市积极开发各类信息化服务平台，目前，7个项目被列入广东省重点项目，分别是湛江现代商务信息公共服务平台项目、鹤湖电子商务贸易平台项目、小家电产业商务贸易平台项目、湛江糖业电子商务平台项目、湛江信息兴农工程项目、广东农村信息"直通车"项目、农业综合信息服务系统推广与应用项目；3个项目被列入市重大科技项目，分别是农产品信息智能推广系统项目、农业综合信息服务平台项目、农村信息化示范工程项目。这些项目为农副产品交易、小家电交易提供了便利，并逐步为发展农业、水产养殖业、商业贸易业、房地产业、文化娱乐业等提供了丰富、高效和优质的商务信息服务，也为推进湛江市电子商务发展提供了坚实的信息化基础。

二　湛江市典型企业电子商务应用情况

湛江市电子商务应用不断深化，行业与电子商务的融合越发紧密，企业对电子商务理念的认可度不断提高，涌现了一批电子商务应用企业，具体如下。

湛江市鹤湖信息科技有限公司鹤湖电子商务平台于2000年开发建立，是粤西地区最早获得ICP经营许可证的、最大且最具影响力的商务网站，它具有信息发布、网上商铺、企业和产品展示、企业资讯和价格查询等功能，为湛江地区500多家企业提供了高效、优质和多样化的商务信息服务。近年来，廉江市农副产品通过该平台实现的销售额为10多亿元，创汇超过1000万美元，廉江小家电通过该平台出口1515万件，产值达1.34亿美元。鹤湖电子商务平台的应用，让湛江的水产品、家电、水果、茶业等企业走出了国门，产品销往世界各地，企业的品牌知名度与综合竞争力均迈上了一个新的台阶。

广东金岭糖业集团有限公司于2011年被评为广东省电子商务示范企业，2011年通过电子商务交易的采购额为30800万元，销售额为10981万元；2012年通过电子商务交易的采购额为35320万元，销售额为13291万元。目前，该公司利用广西糖网交易平台、国储拍卖平台和期货交易平台三个电

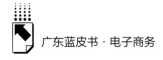

子商务平台，创造了巨大的经济效益和社会效益，成功地打破了传统制造业的发展瓶颈。

湛江市新诺电器有限公司是一家以生产自动咖啡机和自动饮料售卖机为主的企业。该企业自 2001 年成立以来一直借助阿里巴巴、中国制造网、环球资源网和慧聪网等第三方电子商务平台开展交易，克服地理位置较为偏僻、宣传资金较为短缺等困难，成功将其产品销往全国并出口到北美、南美、欧洲和东南亚等地区的 50 多个国家，年营业额为 3000 万 ~ 5000 万元，其中通过电子商务平台完成的销售额占 90% 以上。

湛江鸿智电器有限公司的鸿智电器电商平台自 2011 年进行 B2C 的网上运营以来，第一年实现销售额 100 万元，第二年取得了大幅增长，达 700 万元，2013 年总销售规模达 1500 万元。

湛江市点点来网络有限公司成立于 2013 年 7 月，注册资金 500 万元，拥有近 50 名专业网站客服人员和技术开发人员，开发了拥有自主知识产权的商用 Wi - Fi 系统，同年获广东省通信管理局颁发的 ICP 资格证书。该公司业务范围涵盖软硬件开发、手机应用开发、微信推广、商用 Wi - Fi 整合营销、企业网上商城 B2C 开发、政府/企业网站建设与维护等。2013 年其主营业务收入达 223.8 万元，2014 年 1 ~ 10 月其主营业务收入达 534.2 万元。

湛江市"塘头村扶贫农产品专营店"于 2014 年 3 月上线试运营，同年 10 月，湛江驻村人扶贫专营店淘宝网店和微店分别上线运营。首批加盟驻村人网店的是湛江的 95 个贫困村，该网店通过电商扶贫模式，解决贫困村农产品在销售渠道、市场定位等方面的问题，拓宽贫困村农产品销售途径，扩大农产品生产规模，改善贫困户的生产生活条件。网店和微店为当地贫困村销售圣女果、红米、黑米、黑山羊、海鸭蛋、海鱼等农产品，销售额累计超过了 45 万元。

三　湛江市电子商务存在的问题

一是企业电子商务发展滞后。湛江中小企业开展电子商务意识不强，积极性不高，大部分中小企业领导缺乏网络知识，也不愿意尝试新的经营模式，导致湛江中小企业的电子商务应用不足，应用意识急需提高。部分企业信息化和电子商务示范企业及基地缺乏后续投入和管理动力，致使部分电子商务企业的示范作用没有得到很好发挥，缺乏龙头企业，这在一定程度上影响了湛江市电子商务行业的发展。

二是电商发展制度环境不够健全。与先进地市相比，湛江市推进电子商务发展的体制机制稍显滞后，缺少电子商务发展战略规划，产业发展缺乏顶层设计，至今还没有带领电子商务行业共同发展的协会组织。

三是物流配送基础依然薄弱。湛江市的第三方物流配送还处在发展的初期，本地缺少上规模的物流公司。同时，湛江市物流设施、技术设备和组织管理水平较为落后，在仓储功能、机场利用率、运输网络、信息技术等方面与经济发达城市相比仍有较大差距。

四是电子商务人才相当匮乏。湛江市属于欠发达地区，人才外流现象严重，发掘、引进、培养和使用电商专业人才已成为首要任务。

四　湛江市发展电子商务的几点措施

电子商务对拉动消费、提高效率、促进商品和生产要素自由流动具有重要作用，将会成为促进经济结构调整和转变经济增长方式的重要驱动力量。

第一，加强组织保障。建立健全湛江市电子商务发展协调机制，负责统筹规划、指导部署全市电子商务发展的各项工作，加强各部门联动，营造良好的产业发展环境，共同提升电子商务发展水平。充分发挥相关行业协会、龙头企业、中介组织、高等院校和专家队伍等在推进电子商务发展中的积极作用。

第二，优化产业布局。按照"政府引导，企业主导"的理念发展电子商务，出台《湛江市电子商务中长期发展规划纲要（2015～2020年）》，将培育电子商务发展作为推动经济发展的一个重要抓手，根据湛江市的产业特点，围绕国家"海上丝绸之路"战略，打造海洋经济电子商务集聚发展产

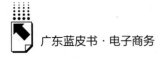

业带，优先发展临港工业、海洋产业、特色现代农业、滨海旅游业等电子商务行业应用，鼓励各行各业开展电子商务，发挥财政资金的引导示范作用，加大对电子商务重点项目的扶持力度，优化电子商务的发展环境，营造良好的发展氛围。

第三，加强试点示范。认真落实国家和广东省促进电商发展的政策措施，紧密结合湛江市实际，培育一批商业模式新、发展潜力大的电子商务企业。不断加大对电子商务示范工程和农村电子商务示范工程建设的支持力度。同时，抓好电子商务示范园区建设，形成集聚效应，带动地方产业发展。鼓励本土优势企业创新电子商务发展模式，整合湛江市商贸流通领域优势资源，大力推进霞山水产品批发市场、南方国际水产交易中心、广东北部湾农产品流通综合示范园区、湛江商贸物流城、海田专业批发市场等骨干市场的电子商务建设。支持湛江市电子商务企业积极创建国家及省电子商务示范企业，重点支持国家和省电子商务示范企业壮大规模、增强实力，着力培育一批市场规模大、创新能力强、辐射范围广的电子商务龙头企业。

第四，加强统计监测。加强相关部门及有关组织机构的沟通联系，研究和改进电子商务发展统计指标体系与统计分析方法，逐步建立电子商务调查统计制度，充分利用有关部门现有的电子商务企业联系机制，鼓励行业协会和社会性服务机构积极参与电子商务动态发展监测等工作，鼓励各地加强对区域电子商务发展的动态监测，拓展信息获取渠道，做好电子商务统计信息发布工作，加强政策引导。

第五，加快人才培养。积极引导有条件的高等院校加强电子商务学科专业建设和人才培养，为电子商务发展提供更多的高素质专业人才，支持实力强且有代表性的电商企业牵头成立行业协会，鼓励职业教育和社会培训机构发展多层次教育和培训体系，加快培养既懂商务又具备信息化技能的电子商务应用人才。积极开展面向企业高级管理人员的电子商务培训，帮助具有国际视野的创新创业型人才成长。

B.14

肇庆：优先发展电子商务，加强
电子商务的规划引领

摘　要：　肇庆电子商务发展起步较晚，但肇庆市委、市政府及有关部门对电子商务一直给予高度重视与大力扶持，从"十二五"开始，就坚持以"政府引导、市场驱动、企业为主"的原则，从规划发展、平台建设、政策扶持等多个方面积极推动电子商务应用和发展，使全市电子商务获得了较为长足的发展。

关键词：　肇庆　跨境电商　电子商务产业园　电商人才

随着电子商务的快速发展，电子商务在经济社会各领域得到了广泛应用，业态和模式创新发展层出不穷，电子商务在今后一段时期内仍将保持高速发展态势，成为地方经济的重要增长极。环保的电子商务产业是未来发展新趋势，非常适合肇庆市绿色低碳的产业发展理念，肇庆市作为电子商务后进城市，必须加快发展步伐。

一　肇庆市电子商务发展现状

虽然相对于珠三角先进城市，肇庆电子商务发展起步较晚，但市委、市政府及有关部门对电子商务一直给予高度重视与大力扶持，从"十二五"开始，肇庆市就坚持以"政府引导、市场驱动、企业为主"的原则，从规划发展、平台建设、政策扶持等多个方面积极推动电子商务应用和发展，全市电子商务有了较为长足的发展，主要体现在以下五个方面。

第一，体制机制不断健全。在政府层面上，肇庆市委、市政府高度重视并全力推进电子商务经济发展，2014年11月，肇庆市高规格地成立了以郭锋市长为组长、以冯敏强副市长为副组长、以市直有关部门和端州区人民政府主要负责同志为成员的电子商务发展工作领导小组，着力从产业发展、行业管理、配套支撑等方面营造肇庆市电子商务发展环境。肇庆市经信局、科技局、商务局正在制定肇庆市电子商务产业园区的认定办法，市委全会将就肇庆市电子商务的发展规划和扶持政策进行研究审议。在社会层面上，肇庆市电子商务协会于2014年12月19日举行成立大会，有利于在肇庆市形成业态丰富、管理有序、氛围浓厚、创新活跃的良好发展格局。同时，肇庆学院等11家大中专院校筹建电子商务爱好者协会，并研究制定贴息贷款政策，支持青年电子商务创业，形成了促进电子商务发展的良好氛围。

第二，政策导向逐步落实。2011年，肇庆市在《肇庆市经济和信息化发展"十二五"规划》中对电子商务进行了规划。2012年以来，配合广东省"广货网上行"工作部署，充分利用平面媒体、网络媒体、手机短信、"广货网上行"肇庆站官网等渠道，肇庆市开展了"广货网上行"宣传推广活动，加大力度推动企业上网"触电"，积极引导大型电子商务平台、网上商城、网店举办形式多样的电商对接会，并将每年的11月定为"肇货网上行"促销月。2013年，肇庆市人民政府出台了《关于印发〈关于加快肇庆市现代服务业发展的若干政策措施〉的通知》，设立现代服务业发展引导资金1000万元，专项用于支持现代服务业发展，并明确提出"支持发展电子商务公共平台和电子商务配套支撑体系"。

第三，基础设施建设日益完善。近年来，肇庆市先后投入5亿多元建设光纤网络，建成以光缆通信为主、以数字微波为辅的大容量、高速率、安全、可靠的通信传输网络。目前，全市城域网络出口总带宽达290 GB，光纤总长度达5.48万公里，覆盖了95%以上的城市小区和商业楼宇，光纤100%到行政村，3G/4G基站覆盖全市各县城（城区）、工业园区和行政村，手机用户达392万户，宽带用户达54.7万户，互联网人口普及率达92.4%。肇庆市具备扎实的电子商务发展基础，集科技研发、软件和服务外包、创意设计、电子商务等于一体的华南智慧城是智力密集型产业园区，目前已有50多家现代服务业企业入驻；中巴软件园是中国与巴西在信息技术领域合作的重点项目，是中科院计算技术研究所在华南地区的首个技术转移中心及产业基地；广东云服务产业园维龙园区是整合服务资源、提升云服务产业链、打造国内领先的云服务创新园，现已进驻电子商务类企业近20家，园内企业2013年网上交易总额近1.5亿元，现已建成一号云商端砚交易平台、微商城微信电子商务营销平台，并配套EMS电子商务物流配送服务。

第四，招商力度不断加大。肇庆市委、市政府十分重视对电子商务的招商引资工作，市主要领导对引进电子商务项目多次做出批示，要求不断优化肇庆市电商产业发展环境，加大对电子商务项目的招商引资力度。在市委、市政府的高度重视和有关部门的大力支持与配合下，以唯品会、普洛斯、林安物流、华为云计算等知名大型电商项目落户肇庆市为重要发展契机，市政府于2014年10月9日在北京与世界500强企业中国人寿签订了后者在肇庆市建设华南区域电销中心的战略合作协议，预计将新增就业岗位3000人以上。市政府与浪潮集团签订合作协议，浪潮集团计划投资43亿元建设肇庆浪潮云中心项目，主要建设云计算产业园区、电子商务产业园区、下一代互联网及大数据产业基地。肇庆市正全力推进浪潮集团、抠抠网、中国联通华南服务中心、中国电信号码百事通中小企业服务电商平台、大地保险互联网金融、途家旅游休闲电子商务服务平台等多个电子商务项目落户本地。

第五，"触电"企业持续增多。2013年，全市电子商务网上交易额为56.6亿元，其中B2C销售额30.9亿元。一是电子商务平台建设稳步推进。当肇庆开始发展电子商务平台的时候，平台的建设在电子商务生态链中几乎已经到了成熟期，但肇庆电子商务平台建设仍在抢滩登陆，大力发展行业性、专业性电子商务平台。平台围绕农副产品、玉石、小五金、装修材料等行业发展，拥有中国四会玉器网、彩客网、亚洲玉器交易网、装联同城网、致美商城、中国五金商机网、明珠商城、肇庆端砚商城、"E丝绸之路"9个平台，入驻了上千家企业，提供了近千人的就业机会。其中最大规模的彩客网年交易额达 7 亿元,成为全国同类电子商务第三大运营商。肇庆正在努力抢占电子商务平台交易市场份额,不断延伸电子商务服务输出功能。二是电子商务应用企业快速增多。根据广东省电子商务协会的统计,肇庆市现有 12000 多家企业建立了自己的网页或门户网站,进行网上宣传或营销,其中 6000 家企业有独立 IP 网站。一批传统行业企业也逐步开始利用电子商务促进企业发展,目前已有西江机械制造厂、祥达制鞋厂、意龙童鞋厂、方大气动、四会家惠等数百家企业在阿里巴巴、天猫商城等平台上开网店,利用第三方平台开展电子商务,年销售额迅速增长。文化产业、数字出版、社区服务、旅游、教育等领域纷纷采用电子商务手段提升行业服务水平,不断拓展电子商务应用领域。各大旅游景点与酒店开展旅游票务、餐饮和住宿等网上营销,移动电子商务成为发展亮点。三是电子商务服务企业不断壮大。肇庆市拥有 160 多家电子商务服务商,其中技术类 77 家、物流类 76 家,呈现了服务功能不断增强、服务模式不断创新的趋势。诚一网络、纬能中科、森焱智能、广东卡淘网络、视觉动力、点石成金等电子商务服务企业提供网页设计和制作、摄影、设计、推广、培训等专项服务,有力地推动了肇庆电子商务应用。肇庆市新型的仓配一体(区域仓储加配送)、落地配公司发展尤为突出,如致美物流的同城配送、维龙云服务园的邮政快递分拣和麦包包仓配一体等。分别建成与电商可配套的怀集粤西物流中心、高要现代化农业综合物流园区,以及端州和大旺现代化物流园区、华南智慧城等物流集聚区。国外一批知名跨国物流企业,以及国内中海、中外运、中远、中铁、中邮、顺丰、圆通、申通、中通、速通、韵达、德邦等几十家全国性物流与快递公司陆续进入肇庆市场。四是电子商务支付结算发展潜力巨大。网上支付是开展电子商务交易、提供电子商务金融服务最为重要的支撑载体。目前,肇庆市缺乏拥有自主第三方支付牌照的企业,仅仅有开展银行卡收单和预付卡业务的企业,至今还没有建立一家覆盖范围广、用户众多、使用便利、跨区域、跨境的在线支付平台企业,这将成为制约肇庆市未来电子商务与互联网金融发展的重要因素之一。目前,肇庆市正积极推进装联同城网电子商务平台申请支付业务许可证,争取肇庆市实现在线支付业务零的突破。

二 肇庆市电子商务发展存在的问题

（一）电子商务产业起步较迟、发展较慢

肇庆市属于三线城市，城市经济和产业产品发展水平不高，新观念、新技术应用相对滞后，物流配套不够完善。虽然近年来肇庆市的电子商务有了一定的发展基础和技术条件，但还没有一个整体的发展规划以及完善的配套政策措施，与广州、深圳、东莞等电子商务发达地区相比，肇庆市电子商务发展还不成熟，抢占市场份额的条件和能力还不足。

（二）电子商务企业弱、小、散

肇庆市电商企业入园的还不到 60 家，难以形成集聚效应。市内企业自建的电子商务平台经营规模也较小，尤其是平台支付系统仍然是短板，到目前为止，暂无电子商务企业符合"广东电商百强企业"入选条件。2013 年，肇庆市大中型企业电子商务交易额仅为 56.6 亿元，户均交易额不到 7000 万元。肇庆市缺乏电子商务产业园区和具有代表性的规模以上电商龙头企业，尚未形成很好的集聚效应与示范带动效应。

（三）电商专业技术人员十分缺乏

企业要发展，人才永远是第一生产力，而据 2013 年核查资料，肇庆市专职从事信息技术工作的人员仅为 4816 人，人才的稀缺成为肇庆市电子商务发展的一大障碍。

三 电子商务发展目标和计划

党的十八大以来，推动经济转型升级，培育新的经济增长点已成为各地党委、政府的重要工作任务。中央经济工作会议提出的 2015 年工作任务就

有"积极发现培育新增长点"的要求。因此，进一步加快推进肇庆市电子商务经济发展，对优化产业结构、支撑战略性新兴产业发展和形成新的经济增长点具有重要作用。

（1）确立优先发展电子商务战略。充分发挥市电子商务发展工作领导小组的作用，加强相关部门在政策制定、重大项目审批、标准规范制定等方面的协调配合。落实和强化政府对电子商务发展的宏观指导，创新电子商务管理机制，形成管理和服务合力。充分发挥相关行业协会、龙头企业、中介组织、高等院校和专家队伍等在推进电子商务发展中的积极作用。

（2）加强电子商务的规划引领。充分利用"十三五"规划编制的契机，认真梳理肇庆市电子商务产业的总体发展思路，确立电子商务发展的原则、目标、主要任务和重点领域，明确产业集聚方向和空间布局框架，形成具有较强前瞻性、可操作性的发展规划，并为电子商务的发展提供良好的法律法规环境。加大扶持和鼓励企业"触电"经营力度，扶持电子商务企业做大做强，如降低电子商务进入门槛，促使无照、无证、无固定经营场所的经营者申请注册，按电商企业对地方财政的贡献给予企业扶持，促使企业积极缴税。

（3）加快扶强、扶大本地电子商务企业。重点培育以O2O模式为主的行业性、专业性电子商务平台企业，强化电子商务企业服务功能，不断完善电子商务物流支撑体系和金融支撑体系，不断培育壮大电子商务经营主体，鼓励引导企业应用电子商务手段，拓宽采购、销售渠道，创新营销模式，以电子商务应用优化企业供应链和销售链。

（4）加快电子商务产业园区、集聚地（楼宇）建设。以华南智慧城、中巴软件园、广东云服务产业园维龙园区为电子商务园区发展重点，加快园区认定和规划布局，发展综合性、专业性或组合式电子商务园区，突出电子商务资源的功能性集聚，为企业和网商开展电子商务提供一站式的综合性服务，推动电子商务普及应用。

（5）加快推动跨境电子商务发展。引导外向型生产企业、传统外贸企业与国内外跨境电商平台对接，积极鼓励肇庆市有实力的电商企业到海外

"开疆拓土"。促进肇庆市跨境电子商务服务平台与海关、检验检疫、商务等监管单位，电商、物流、支付等相关企业，以及第三方服务平台建立联系，通过系统对接实现数据交换、信息共享和流程电子化，优化企业操作流程，协助企业解决跨境电商业务面临的通关、结汇和退税等问题，实现跨境电商业务高效运作，促进肇庆市跨境电商业务健康快速发展。

（6）加大电子商务招商引资力度。充分发挥肇庆市中巴软件园、华南智慧城、广东云服务产业园区维龙园区等互联网产业集聚园区和云计算产业园区的技术优势和平台作用，加快建设和认定电子商务园区，研究用好、用足国家和省、市的扶持政策，注重引进行业龙头企业入园，以促成产业集聚。做好项目招商跟踪落实工作，加快推进中国人寿电子商务有限公司华南区域电销中心项目、浪潮集团电子商务项目落地，形成示范带动效应。

（7）加强人才交流和培养。充分利用各种途径和手段培养、引进并合理使用好一批素质较高、层次合理、专业配套的网络、计算机及经营管理专业人才，并努力在肇庆市培养更多的专业人才。同时，加大向电子商务经济发达地区学习的力度，增加电子商务从业人员的交流，吸引更多高素质人才到肇庆市创业和工作，从而加快肇庆市电子商务经济的发展步伐。

（8）完善电子商务企业数据库。肇庆市统计部门要加强与上级统计部门的沟通，并向发达地区学习，为电子商务寻找最佳统计途径和方法。各部门要加强联合协调，建立健全政府部门与电子商务企业之间的数据交流机制，尽快建立肇庆市电子商务业的数据库，以便全面准确掌握相关数据，为推动电子商务经济发展提供决策依据。

Ⓑ.15
江门：加快网络基础设施建设，
改善电子服务环境

摘　要： 随着社会经济的发展，江门市电子商务应用不断深化。2013
年，全市电子商务交易额达 360 亿元，同比增长 63.64%。
电子商务的发展推动了江门市内外贸易的融合发展，电子商
务产业发展氛围浓厚，产业规模不断扩大。江门市各级政府
坚持以市场为主导、以企业为主体的原则，着力完善电子商
务发展环境，通过加快网络基础设施建设、改善电子商务服
务环境、提高互联网络的普及率等手段，大力推动电子商务
发展。

关键词： 江门　电子商务　网络基础设施

根据《珠江三角洲地区改革发展规划纲要（2008～2020 年)》提出的
"进一步确立珠江三角洲地区国际电子商务中心地位"的目标，近年来，江
门市各级政府坚持以市场为主导、以企业为主体的原则，着力完善电子商务
发展环境，大力推动电子商务发展，电子商务应用发展迅速。

一　江门市电子商务发展基本情况

（一）电子商务总体规模快速增长

近年来，随着互联网技术和运营模式的不断进步，电子商务总体环境日

趋完善，刺激了全社会电子商务应用的普及，江门市电子商务交易规模呈逐年加速扩大之势。2013 年，全市电子商务交易额达 360 亿元，较上年增长约 64%（见图 1），其中跨境电子商务交易规模约为 110 亿元，约占总规模的 33%。

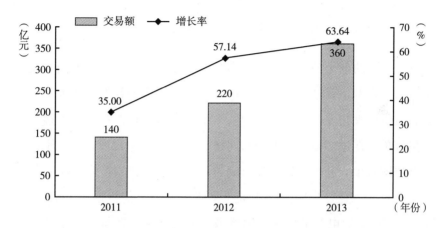

图 1　2011～2013 年江门电子商务交易额及其增长率

资料来源：工业和信息化部计算机与微电子发展研究中心。

根据阿里研究院发布的《2013 年中国县域电子商务发展指数报告》，广东省入选中国电子商务发展百佳城市的有 10 个，其中江门市榜上有名，居全国第 66 位、省内第 9 位（见表 1）。

表 1　2013 年广东省入选中国电子商务发展百佳城市榜单明细

城市	深圳	广州	珠海	东莞	中山	佛山	惠州	汕头	江门	潮州
排名	1	2	7	11	12	15	48	63	66	73

资料来源：工业和信息化部计算机与微电子发展研究中心。

（二）开展电子商务业务的企业数量急剧增加

据一些主要电商平台数据，江门市网商数量呈激增态势，基本上覆盖了江门的各主要行业。如在淘宝、天猫平台上，源自江门的店铺数量超过

6000 家；在阿里巴巴平台上，免费注册的江门市会员超过 10 万家（人），使用阿里巴巴诚信通内贸服务的企业超过 3000 家，使用阿里巴巴中国供应商外贸出口服务的企业超过 300 家。此外，在慧聪、亚马逊、环球市场等大平台上，江门的电商企业也相当活跃。

（三）龙头企业电子商务应用水平较高

龙头企业的电子商务应用水平不断提高，通过自建网络购销系统、第三方电商平台网络营销等方式开展电子商务。大冶摩托车、亚太纸业、江粉磁材股份等大企业开发了网络购销系统，国内外客户都可以直接通过系统收发订单，促进实体购销渠道和网络购销渠道互动发展，提高了供应链和商务协同水平。其中大冶摩托车成为江门市唯一获得广东省认定的电子商务示范企业。金羚集团、维达纸业集团等大企业积极通过天猫、京东、1 号店、唯品会等电商平台开展网络销售活动，网上销售规模呈急剧增加之势。潮土、东联等主要依托网上销售的企业更是异军突起，成为高成长性的企业。

（四）跨境电商企业抱团发展成趋势

以外贸公司为主力的跨境电子商务发展势头良好，成为江门市进出口业务的重要力量，成交额占江门市进出口总额的 7% ~ 8%，交易产品以江门市生产的电器、五金、日用品等为主。目前，江门市经营跨境电子商务的企业跨境电商交易额规模偏小，大部分企业尚处于起步阶段，一般能做到年交易额 300 万美元的已经属于较好的企业，与广州、深圳等地的大型电商企业相比还有较大的差距。但江门市的主要跨境电商企业抱团发展意识强，一些企业正联合在国外主要口岸设立电商仓库，以期加快配送效率、降低物流成本。同时，江门网商会正筹划建设五邑资源跨境电商平台，集聚本地生产企业、外贸企业的资源，打造有鲜明区域特色的 B2C 平台。

（五）电子、轻工产品成交易主要产品

由于电子商务交易和江门市产业结构的特点，目前，江门市进入电商领域的产业以电子类、轻工类为主。据分析，2013 年，在阿里巴巴平台上注册的江门企业以电子、服装、包装三大领域的数量最多，分别占比29.19%、18.43%、17.45%（见图 2）；而在慧聪网平台上，则是五金、灯饰、建材位居前三，数量分别为 6588 家、5461 家、4925 家；在淘宝、天猫平台的 6000 多家江门店铺中，服装、鞋类、箱包、卫浴、不锈钢五个领域的店铺数量分别为 1355 家、623 家、583 家、428 家、419 家。

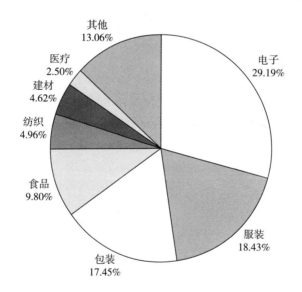

图 2　2013 年江门市在阿里巴巴平台注册企业的行业分布

资料来源：工业和信息化部计算机与微电子发展研究中心。

（六）服务体系建设逐步加强

近年来，江门市电子商务服务体系建设逐步加强，为电商发展创造了较好的支撑环境。3G 网络 100% 覆盖全市，第三方支付、认证等业务广泛开展，五邑大学、江门职业技术学院设立了电子商务专业，每年毕业生为 600

多人。在政府部门的主导下，一批服务平台建设取得初步成效，如已建成的江门市邮件数据交换平台，是海关、邮政局和快件公司基于江门电子口岸进行国际邮件、快件监管的电子信息交换与处理系统。正在此基础上建设的江门市跨境电商分拣清关中心，对推动江门市跨境电子商务的发展、扩大进出口规模将起到促进作用。此外，一批电子商务服务供应商、快递物流供应商落户江门，业务得到迅速扩张。

二 江门市电子商务发展中存在的问题

全球电子商务的快速发展，对推动经济转型发展产生了巨大的促进作用，发展前景不可限量。近年来江门市电子商务虽然也随着大环境的改善有了一定程度的发展，但与先进地区相比，还有很大的差距，主要表现在以下四个方面。

（一）电子商务总体规模与江门市经济发展水平不相适应

2013 年，江门市电子商务交易额达 360 亿元，虽然已经有 64% 的增长，但仅为全省电子商务交易额的 1.8%，与同期江门市生产总值占全省 3.2% 的比例还有很大的差距。相比而言，2013 年佛山市禅城区电商交易额突破420 亿元，顺德区为 600 亿元，和江门市经济发展水平相当的惠州市也达681 亿元，江门市在电子商务总体规模上的落后显而易见。

（二）政府对电子商务发展的引导和扶持力度不足

目前，江门市针对电子商务的扶持政策很少，仅有 2013 年由市经济和信息化局出台的《江门市加快电子商务发展实施意见》，这个仅有的政策也由于缺乏具体的实施抓手，落实情况不尽理想。从 2013 年开始，市财政在市经济和信息化局的扶持经济发展专项资金中设立电子商务专项，但规模很小（2013 年为 150 万元，2014 年为 165 万元），能起到的作用相当有限，相比于周边城市差距甚大（中山市每年 1000 万元，珠海市连续三年每年 3000 万元，东莞连续三年每年 1.5 亿元）。下属各市（区）则基本没有这方面的政策和资金。

（三）电子商务载体建设严重落后

江门市至今没有一个电子商务产业园区或集聚区，不利于通过引导产业集聚提供全面的服务支撑，各自为政的电子商务企业导致服务器、认证、运营、仓储、物流等资源不能集中整合，加大了企业运营成本，也不利于集聚人气。同时，江门市缺乏有行业凝聚力的电商平台或大平台上的江门专区，电商企业分散于其他平台，难以形成区域品牌影响力，一些优势行业未能建立在业内有权威性的电商平台，行业资源优势不能得到很好发挥。

（四）高端电子商务服务十分缺乏

为电子商务应用提供服务的企业尚未形成体系，一方面，本地能提供高水平服务特别是代运营服务的企业几乎没有；另一方面，由于产业分散，外地企业进驻江门的积极性不高。目前，江门市服务企业基本集中于物流、网络头冠、网站美工、拍摄、应用软件开发、教育培训等业务，提供营销策划、代运营、在线支付、信用担保、认证等服务的企业极为少见。

三 加快江门市电子商务发展的建议

目前，国家和广东省都把大力发展电子商务作为推动产业转型升级的重要引擎，江门市应提高对电子商务促进地方经济发展的重要意义和巨大作用的认识，从以下几方面积极推动电子商务的发展。

（一）优化江门市电子商务发展环境

积极推动在政府层面出台电子商务扶持政策，从税收、租金、用地、资金、人才等方面制定扶持措施，进一步优化电子商务发展环境。在政策实施

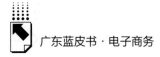
过程中，要充分研究电子商务的产业特点，制定针对性强、资金放大效果好、符合电商企业需求的具体细则。

（二）积极扶持电子商务载体建设

以推动电子商务园区建设、推动优势行业电商平台建设为重点，带动电子商务应用的广泛发展。通过招商引资，用3年的时间，建设2~3个服务功能完备、配套设施先进的市级电子商务产业园，形成产业集聚。在江门市优势产业中建成2~3个管理运营规范、在行业内具有较高知名度的电子商务平台、网上商城。

（三）扶持中小企业通过电子商务拓展市场

通过组织第三方电子商务平台和电子商务服务供应商与江门市小微企业进行对接，政府补贴企业初期"上网触电"费用等形式，扶持中小企业利用电子商务开拓国内外市场。同时，通过税收优惠政策，鼓励一批销售江门产品业绩好、运行模式先进的江货网店拓展销售渠道。

（四）加强跨境电子商务发展服务体系建设

建设高水平跨境电商快件分拣清关平台，建设高效优质的跨境电商服务体系。遴选一批具备跨境电子商务业务基础、组织体系健全、枢纽辐射作用强、诚实守信的企业参与跨境电子商务试点建设，支持有条件的企业建设境外服务网点。

（五）加强电子商务物流配送体系建设

培育和引进一批信誉良好、服务到位、运作高效的快递物流企业；组织电子商务企业与快递物流企业对接，为网上交易提供快速高效的物流支撑；鼓励有条件的物流企业利用配送优势发展网络购物平台；支持在物流信息公共服务平台开设面向电子商务企业的物流服务专区，逐步提高电子商务物流配送的信息化水平。

（六）大力开展电子商务应用培训活动

通过政府委托，专业机构、行业协会承办等方式，积极开展系列电子商务培训活动，从电商发展对企业转型升级的作用、电商运营模式、电商操作实务等多方面开展专题培训，为企业提供专业的技术和业务指导，引导传统企业增强对发展电商意义的认识，形成电商应用的良好氛围。

B.16
惠州：培育引进电子商务龙头企业，引导行业健康发展

摘　要：　2013 年，惠州市被评为中国电子商务发展百佳城市。预计
到 2015 年，全市电子商务交易额将突破 1200 亿元，产业集
聚度明显提高，市场辐射力明显增强。同时，惠州市培育引
进了一批具有较高市场占有率的电子商务龙头示范企业、行
业电子商务服务商和电子商务平台，全市电子商务应用在全
省乃至全国处于领先水平。

关键词：　惠州　电子商务

一　惠州市电子商务发展现状及特点

2013 年，惠州市互联网普及率为 66.8%，市民网上购物比例为 48%，
电商发展指数排全国第 48 位，电商增长率为 13.5%，网商指数与网购指数
比为 5.72∶22.72，电子商务交易额达 680 亿元，惠州市被评为中国电子商
务发展百佳城市。2014 年"双十一"，惠州市企业实现网销 4.9 亿元，同比
增长 36%。

二　惠州市发展电子商务的主要政策措施

近年来，惠州市陆续出台了《关于加快发展电子商务的意见》《惠州市
电子商务发展专项规划（2013~2020 年)》《关于大力推进信息化应用的若

干意见》《关于加快现代流通业发展的若干意见》《惠州市物联网和云计算产业发展专项规划（2013~2020 年）》等多项配套政策，将电子商务列为优先发展的新兴产业，为惠州电子商务的加快发展营造了良好的政策环境。此外，惠州市积极推动成立市电子商务协会，支持市电子商务协会建设"惠州电子商务产业园区"，努力发动企业参加"广货网上行"活动。

三　惠州市电子商务发展存在的主要问题

一是缺乏专业的协调管理机构。惠州市电子商务管理部门原先为市经信局，机构改革后改为市商务局，现具体主管部门是商务局加工贸易与电子商务科，受行政级别、相关职能等限制，其在协调促进全市电商发展方面难度较大。调查发现，从市到县（区）各级各部门普遍缺乏懂电商的专业人才，无法及时捕捉电商发展新趋势，制定电商发展新策略。二是发展电商的意识普遍不强。目前，全市各级各部门还没有将发展电商产业提上议事日程，电商发展"民间热、政府冷"问题突出。绝大多数政府工作人员对电商产业内涵与外延理解不到位，缺乏抓电商产业发展的意识。同时，惠州市多数中小企业管理者未充分意识到抢占网销市场的重要性和紧迫性，对电子商务的理解还停留在供求信息发布等初级应用阶段，亟须向网上交易模式转型。三是电商产业发展平台建设严重落后。当前，惠州市有市电商协会在东平半岛建设的"惠州电子商务产业园区"、金泽物流园新建设的"惠州跨境电商产业园区"两家较知名的电商发展平台，均处于建设发展初期，尚未形成产业集聚效应，引领带动电商及其相关产业发展的能力不足。四是支撑电商发展的人才紧缺。惠州市的惠州学院、技师学院和商贸旅游学校均设立电子商务专业，每年培养电商人才 500 多人。由于电商发展环境、电商氛围与周边发达地区存在较大差距，本地电商人才流失严重，电商企业深感人才短缺，招人难，留人也难。五是电商发展大数据缺失。调查中发现，惠州市电商发展的大数据没有权威部门统计，电商商品、客户、流量、资金等信息资源没有得到有效分析利用。

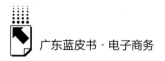

四 对策建议

一是加大财税支持力度，对电子商务企业及平台提供税收、信贷等财政金融优惠政策，支持企业做大做强。二是加强电子商务市场统计与监测，及时掌握电子商务发展情况，充分利用相关信息，出台针对性和操作性较强的政策措施。三是加强电子商务专业人才培养，不定期举办各地商务部门和重点企业电子商务培训班。

梅州：以创新发展为动力，集中全市优势资源发展电子商务

摘　要： 2013 年，梅州市电子商务市场交易额达 80 亿元，约有100家外经贸企业利用环球资源、阿里巴巴、中国制造和其他平台，以 B2B 交易模式开展跨境电子商务。梅州依托生态和文化两大独特资源禀赋，进一步促进电子商务与特色农产品、休闲旅游、客家文化、特色商贸、制造等优势产业相融合，鼓励企业利用电子商务和现代物流"走出去"。

关键词： 梅州　电子商务　特色产业

一　梅州市电子商务发展现状

（一）基本情况

2013 年，全市电子商务市场交易额达 80 亿元，主要在淘宝网、京东等平台交易。淘宝网上的梅州市卖家有 806 家，在阿里巴巴网站上注册开展电商业务的梅州企业有 7222 家，交易主要模式是 B2C 和 C2C，以居民日用消费品交易为主。随着梅州市旅游产业的快速发展，O2O 模式日益发展壮大，小规模商业经营利用微信社交平台创新开展电子商务活动日益频繁。目前，约有 100 家外经贸企业利用环球资源、阿里巴巴、中国制造和其他平台，以 B2B 交易模式开展跨境电子商务。总的来看，电子商务在工业领域运用并不广泛，企业运用电子商务降低交易成本、整合生产要素的能力不强。餐饮、

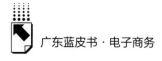

住宿、旅游、批发零售、其他居民服务等传统服务业利用区域性平台开展电子商务运营较为普遍，能力较强。

（二）电子商务产业载体建设

一是梅州市家乐电子商务产业园区。家乐电子商务产业园区建设规划占地总面积为 6000 平方米，项目投资总额 2000 万元。该园区于 2014 年 1 月正式投入运营。目前，入驻园区电商企业达 27 家。二是梅县区电子商务产业园。梅县区电子商务产业园于 2014 年 5 月 5 日在梅县新城正式挂牌成立，面积 10300 平方米，内有梅县区淘宝电商创业园、梅县区云电商生态城，目前，已有华创风实业、甘铂科技、木子金柚、广东引领信息科技等 50 多家电商企业进驻。三是兴宁市电商示范基地（创业孵化园）。该示范基地由兴宁市人民政府与深圳网商协会联手打造，以校企合作模式推动兴宁电商产业发展，于 2014 年 7 月启动运营。基地总投资 5000 万元，建筑面积为 1.7 万平方米，深圳网商协会首批 25 家电商企业进驻该示范基地，该示范基地将通过"工学一体化人才培养"的模式，使学员在真实的职业环境中学习与市场同步的知识和技能，同时在经营实践中为公司创造价值，最终实现人才孵化、企业壮大、产业发展的"多赢"，年均可培训各类电商人才近千人。四是客天下农电商产业园。客天下农电商产业园暨淘宝网·特色中国·广东馆（梅州）于 2014 年 9 月 28 日正式启动运营，该园拟投资 20 亿元分三期开发打造，产业园将长期、免费为广大涉农经营主体提供服务，未来还将自主开发或合作开发 200 个以上的种植、养殖生态农业基地。首期运营的农电商产业园开园采用线上、线下平台相结合的方式，整合淘宝网·特色中国·广东馆资源优势，以搭建长效供销、加工、电商、融资等合作平台为主要目的，首期启动园区超 10000 平方米，共有以梅州农业为核心的逾千家涉农经营主体、超 10000 种产品抱团入驻。

（三）电商平台建设

依托深圳国威电子有限公司在梅州城区选址投资兴建互联网产业基

地；依托梅州市家乐电子商务产业孵化园区二期工程，建成电子商务摄影基地、电子商务客户呼叫中心、梅州市电子商务公共服务平台；颐亨隆集团旗下公司拟到梅州投资建设广东梅州中云云计算产业园，现选址定于兴宁市；广州晓瑞投资管理有限公司拟在梅州江南新城投资兴建动漫游戏文化科技园；用友软件股份有限公司到梅州共建广东飞翔云数据中心基地项目已经立项；广东一一五科技有限公司拟到梅州兴建云计算数据中心；360粤东总部服务中心于2014年4月落户梅县区；2014年12月，广东联顺昌企业服务有限公司正式挂牌运营，跨境电商平台也开始运营；此外，还有一些区域性商务平台如梅州房产网、梅州信息网也开展了电子商务活动。

（四）电商服务业发展情况

全市工商登记含运输业务的企业154家，其中公路运输132家，铁路运输3家，水上运输5家，危险品运输8家，快递6家，顺丰、申通、圆通、全通、德邦等物流公司均在梅州设立分公司。但是，目前梅州市尚没有开展在线支付和认证等电子商务服务的企业。

二 梅州市发展电子商务的主要工作

（1）积极推进电子产业园区建设。建立了梅县区电商产业园、梅县区云电商生态城、兴宁市电子商务产业园、客天下农电商产业园，这些园区成为梅州市电子商务发展的主要载体，共吸引130多家电商企业进驻。

（2）抓好一批重点项目建设。推进360粤东总部服务中心、国威电子集团互联网产业基地项目、兴宁市电商培训大楼项目、梅州中云云计算产业园、动漫游戏文化科技园、云计算数据中心等建设。

（3）组织开展2014年"广货网上行"活动。梅州市现有3家"商城"、8家"网店"和1家"服务示范商"市场主体。

（4）开展电子商务产业发展调研。了解和掌握梅州市电子商务产业发

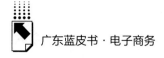

展现状、存在问题及今后的主攻方向。

（5）做好"梅州市新型工业化发展专家问策会（电子商务和物流专题）"筹备和举办工作。2014 年 5 月 20 日至 23 日，邀请省经信委、省直机构、大专院校有关领导和专家到梅江区、梅县区、兴宁市开展实地调研，并于 5 月 23 日举办了专题问策会。进一步明确了梅州市电子商务与现代物流业发展的方向与重点，构建电子商务功能区，打造成闽粤赣区域商贸物流中心，促进电子商务、现代物流与工业经济融合发展。

（6）做好省级电子商务财政专项资金及 2013 年"广货网上行"活动专项资金项目申报工作。推荐梅州开源资讯公司、梅州十记果业有限公司两家企业，申报"电子商务公共服务中心和电商园区建设"项目，项目总投资 2200 万元，申请财政资金 780 万元。同时，推荐广东家乐物联网科技有限公司等 6 家企业申报"广货网上行"活动市场主体奖励，梅州君鸿实业有限公司等 6 家企业申报中小企业"上网触电"奖励。

（7）加强电商协会建设。引导梅州市电商协会完善各项制度，鼓励更多企业加入行业协会。成立梅州市电子商务行业协会，兴宁市成立电子商务行业协会，发挥协会的桥梁纽带作用。

（8）积极开展跨境电商交易。成立企业服务公司为企业提供退税、汇兑、融资、物流等系列服务，引导企业利用国内外知名电商平台开展跨境电商交易，扩大进出口规模，2014 年进出口增幅居全省前列。

三　推动梅州市电子商务发展的主要政策措施

一是政府在用地方面扶持电商企业发展，如政府规划建设处 6000 平方米建立家乐电子商务产业园；兴宁市政府投资 5000 万元，建设占地 1.7 万平方米的电商大楼发展电子商务；梅县区政府腾出 1 万多平方米办公场地发展电子商务。二是融资方面，客家村镇银行给相关的电商企业授信 1 亿元融资额，扶持电商企业的发展。三是政策方面，外经贸扶持资金扶促企业开展跨境电商和其他电商的发展。

四 梅州市电子商务的发展瓶颈及主要问题

（1）产业支撑力度不够，交通物流较落后。梅州工业基础薄弱，产业集聚度不强，区位条件差，基础建设亟待加强，制约着电商的发展。

（2）电子商务发展基础仍较为薄弱。梅州大多数人口生活的农村地区网络普及率低，市民电子商务认知度较弱，山区地方的物流业发展缓慢，全市电子商务发展起步较晚，省内外各种电子商务服务平台扎根大型城市，而鲜有关注梅州这样的山区地市。B2B、B2C 等电子商务活动的普及率较低，这些因素成为制约电子商务在梅州发展的重要壁垒。

（3）企业电子商务意识明显不足。梅州市仅有不到 1/4 的企业拥有自己的企业网站，仅有约 1/6 的梅州企业已经应用包括网站发布、传统沟通等在内的方法进行产品营销或服务。在线采购和在线支付虽然有所发展，但比例不高，已建网站企业中只有约 21.7% 能通过第三方平台开展 B2B 网上贸易。

（4）规模以上企业电子商务交易额较少。全市规模以上企业电子商务应用程度仍然较低。全市规模以上企业建立公司普遍存在网站功能简单，缺乏电子交易功能等，且存在访问量少、网站信息更新不及时、网站缺乏互动功能等问题。此外，企业外文版网站几乎没有，难以吸引潜在国际客户。

（5）行业电子商务平台建设有待完善。梅州的行业电子商务发展才刚开始起步，电子信息、汽车零部件、电声、陶瓷、酿酒、家电、服装、家具、工艺品、农产品等特色平台建设有待加强和完善。

（6）电商专业人才匮乏。一是目前梅州市电商发展氛围不浓，整体环境不佳，难以引进并留住专业人才；二是梅州市的人才培养严重滞后于行业发展速度，无法满足电子商务快速普及应用所造成的人才需求膨胀。

（7）电子商务与实体经济融合程度较差。规模以上企业思想观念落后，自觉运用电子商务降低交易成本、整合生产要素、提升企业生产力能力差，信息化管理水平不高。

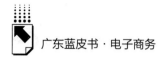

五 梅州市电子商务发展未来目标和计划

（一）总体思路

贯彻落实广东省和梅州市发展战略性新兴产业的总体部署，以围绕"全力加快绿色经济崛起，建设富庶美丽幸福梅州"为核心任务，以服务经济转型升级为主线，以创新发展为动力，集中全市优势资源大力发展电子商务和现代物流产业。依托梅州生态和文化两大独特资源禀赋，进一步促进电子商务与特色农产品、休闲旅游、客家文化、特色商贸、制造业等优势产业相融合，鼓励梅州市企业利用电子商务和现代物流走出去。实现区域电子商务产业资源的集聚和协同发展，以建设电子商务产业园区为核心，辐射周边配套电子商务服务产业发展。支持本地企业在"晚起步、高起点"中形成后发优势，大力普及和深化各领域电子商务应用，努力建设电子商务平台，迅速提升电子商务经济发展贡献，全力打造具有客家品牌的梅州市电子商务和现代物流体系，实现跨越式发展，打造粤东北地区电子商务核心城市和现代物流中心。

（二）发展目标

到 2015 年，电子商务在梅州市经济社会各领域的应用水平显著提高，现代物流体系基本完善，电子商务和现代物流对经济发展起到明显的促进作用。梅州市电子商务品牌的国内外影响力显著提升，电子商务产业发展在全国同等山区城市中处于领先地位。

（1）基础建设目标。到 2015 年，城区光纤到户率接近 100%，实现村村通光纤，到户率超过 70% 以上。加快宽带网络建设，实现平均每户接入速率达 20M，固定宽带互联网用户达 50 万户。加快完善梅州市 3G 通信网络，网络的人口覆盖率达 99%，3G/4G 用户数达 70 万户。

（2）经济发展目标。到 2015 年，梅州市实现电子商务年交易额达 100

亿元。全市网络零售额占社会消费品零售总额的比重达到全省平均水平。争取实现 1～2 家电子商务企业成为全国百强企业，4～5 家成为省内知名电子商务企业，带动就业岗位达 10 万个。

（3）产业发展目标。到 2015 年，建成全省具有重要影响力的电子商务产业园区，逐步形成与电子商务发展水平相适应的信用、认证、支付、安全等电子商务配套服务体系。规模以上企业电子商务应用率超过 80%，进入全面应用阶段，超过 60% 的中小微企业利用大型电子商务平台开展电子商务。

B.18
阳江：政府规划，促进电商产业快速发展

摘　要：　2014年，阳江市电子商务交易总额超过49亿元，同比增长超
过36%，网购市场规模超过36亿元，同比增长近33%，相当
于全市社会消费品零售总额的6%左右。全市规模以上企业
90%建有企业网站，主营业务收入3亿元以上的企业网站建
有率达100%，38%以上的企业利用网络开展营销服务，超过
42%的企业开展了不同形式的电子商务活动，45%的企业有
电子信息方面的专职人员，总体计算机网络利用率达60%。

关键词：　阳江　电子商务　电商平台

电子商务有"朝阳产业、绿色产业"之称，具有"三高""三新"的特
点。"三高"即高人力资本含量、高技术含量和高附加价值，"三新"是指新
技术、新业态、新方式。电子商务的核心价值链是人流、物流、资金流、信
息流"四流合一"。与传统交易方式相比，电子商务产业具有市场全球化、交
易连续化、成本低廉化、资源集约化等优势，对传统商贸领域带来了重大的
冲击和影响。发展电子商务，不仅是适应市场经济发展的需要，而且是阳江
市实施"双化"驱动，在粤东、粤西、粤北地区率先全面建成小康社会的要求。

一　阳江市电子商务发展的总体情况

（一）发展现状

1. 起步较晚，发展迅速

阳江市电子商务产业虽然起步晚、规模小，但发展迅速。2012年《阳

江市电子商务发展实施方案》下发后，市商务局认真落实，积极推进。目前，全市规模以上企业 90% 建有企业网站，主营业务收入 3 亿元以上的企业网站建有率达 100%，38% 以上的企业利用网络开展营销服务，超过 42% 的企业开展了不同形式的电子商务活动，45% 的企业拥有电子信息方面的专职人员，总体计算机网络利用率达 60%。阳江市电子商务发展业态呈现多元化态势，既有利用第三方平台（主要是阿里巴巴），也有自建网站。截至 2014 年 11 月底，阳江市应用阿里巴巴、环球市场、环球资源、1 号店、京东等电商平台发展外贸的企业约有 1000 家，发展内贸的企业有 3000 多家。阳东祥业网络科技有限公司与阿里巴巴签订了合作框架协议，积极利用该平台挖掘国内外市场。阳江视窗、房产租赁买卖网、网购商城、建材团购网等本地生活服务信息类的电子商务网站开始展现风采。2014 年，全市电子商务交易总额超过 49 亿元，同比增长超过 36%。

2. 业态多元，全面发展

阳江市电子商务应用模式有 B2B、B2C、C2C，其中以 B2B 为主，覆盖行业有五金刀剪、家居用品、礼品等。阳江移动、阳江联通、阳江电信都推出了自己的电商平台：阳江移动"漠阳通"初步实现了公交支付、商家消费、社保医保支付和居民生活水电气账单支付等移动电子商务功能；阳江联通采取了以产品销售为主的 B2C 模式；阳江电信"翼支付"已实现本地"天翼城市一卡通"覆盖领域的现场刷手机消费及电影票、汽车票和火车票的查询订购功能。电子商务业界最新的 O2O 模式也在阳江市崭露头角，如线上网店与线下实体店同时经营的便利店开始在阳江街头出现。

3. 集聚提高，抱团发展

2014 年，阳江市成立了阳江市电子商务协会和阳江市网商会，现有会员 120 个，阳江市电子商务发展进入了整合资源、抱团发展与组织化和规范化发展的新阶段。电商重要载体阳江电子商务创业园是集电商运营，电商创业、创意，教育培训，人才输出，品牌推广，以及资源整合等功能于一体的服务基地，面积 10000 平方米。投资 2 亿元的阳江德尔宝高新电商产业园于 2014 年 8 月底投入运营，这是粤西地区第一个高标准、高起点的专业电子

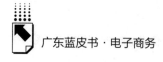

商务产业园，目前共有106家企业进入园区发展。以上园区的运营，必定进一步加快阳江市电商的发展步伐。

（二）具备二次崛起的基础

阳江市发展电商产业资源丰富，五金刀剪、服装鞋帽、食品、餐厨用品等既是网购的主要对象，又是阳江的传统优势产品。目前，全市五金刀剪企业已超过1500家，是全国最大的五金刀剪生产集散地，同时，全市共有物流仓储相关市场主体600多家，直接从事电子商务营销的企业有83家，为电子商务提供配套服务的上下游企业共有566家，特别是个体电商活跃程度较高，目前，阳江市约有2万余家在线注册电商企业，从业人员为6万多人，具有很大的发展潜力。

（1）网络零售交易额迅速增长。阳江市跨境电子商务活动日益频繁，移动电子商务成为发展亮点。2014年，阳江市电子商务交易总额超过49亿元，同比增长超过36%，网购市场规模超过36亿元，同比增长近33%，相当于全市社会消费品零售总额的6%左右。

（2）电子商务支撑水平快速提高。目前，各电商平台服务、信用服务、电子支付、现代物流和电子认证等支撑体系正加快完善，网上支付、移动支付、电话支付等新兴支付服务发展迅猛。现代物流业的快速发展也不断增强了对电子商务的支撑能力，特别是快递服务的发展，为电商发展解决了"最后一公里"的问题。以上因素为阳江市电商发展提供了坚实的支撑。

（3）电子商务发展环境不断改善。阳江市信息基础设施规模和技术水平达到了国内先进水平，基本构建了以光纤通信为主，以卫星通信、移动通信、微波通信为辅的城市信息高速公路。网络服务能力不断提升，资费水平不断降低。全社会电子商务应用意识不断增强，应用技能得到有效提高，电子商务交流与合作日益广泛。

（三）存在的问题

虽然阳江市电子商务建设取得了一定成效，但是与国内电子商务技术应用成熟的地级市相比，还有很大的差距，主要存在的问题有：一是市场信用体系和法制环境不完善；二是支撑保障体系还不健全；三是电子商务人才匮乏，人员素质有待提高；四是电子商务产业链有待完善；五是企业应用意识不强，传统观念影响较深；六是政府投入有待加强，未成立专项发展资金；七是电子商务业态单一，应用规模小，过于分散；八是缺乏具有典型示范作用的龙头企业及较成熟的电子商务网络平台。以上问题使企业在开展电子商务活动过程中遇到了较大阻力，容易导致企业好不容易建设的网站变成"信息孤岛"，达不到预期目的，电子商务的开展难以继续。

二 对阳江市电子商务整体走势的预测

（一）国内电子商务平台一家独大的格局已经改变

过去，淘宝网是我国人气最集中的电商平台，由于近年来我国电子商务行业飞速发展及淘宝网未能及时自我调整来满足网购者对流程体验、商品质量、消费维权等多方面需求，淘宝网的影响力逐渐被削弱。近几年，国内电子商务平台开始呈现行业大类专业化格局，如化妆品消费群体会选择聚美优品、乐峰等电商平台，服装配饰消费群体会选择唯品会、梦芭莎、凡客诚品、优衣库、麦包包等电商平台，数码家电类消费群体会选择京东、国美在线、苏宁易购、新蛋、1 号店等电商平台，家居日用类消费群体会选择飞飞商城、宜家家居、全球通家居网等电商平台，建材家具类消费群体则会选择红星美凯龙星易家、美乐乐等电商平台。往后，我国的电子商务还有从行业大类电商平台进一步细分到具体行业品牌网站的趋势，如空气能热水器行业的芬尼、家纺行业的蔻姿、电脑行业的戴尔、手机行业的小米、电视行业的乐视等，这些以电子商务为主要销售渠道的企业，给同行的传统市场模式带来了不小的冲击。

（二）跨境电子商务商机无限

相比于如火如荼的国内电商市场，跨境电商目前还是一片"蓝海"，潜力巨大。跨境电商按业务方式，可分为独立电商和第三方平台服务商两大类：独立电商是指自建电子商务平台进行跨境贸易，以兰亭集势、DX、中国制造网、走秀网等为代表，这类电商作为贸易商进行线上平台建设和交易活动；第三方平台服务商泛指独立于产品或服务的提供者和需求者，是为买卖双方提供线上交易平台及相关服务的企业，这类电商平台国内以敦煌网、阿里巴巴国际站、阿里巴巴速卖通为领军，国外有 eBay 和 Amazon 两大巨头。随着市场规模的不断扩大和政府相关政策的完善，未来几年将迎来跨境电子商务发展的黄金期。

（三）各级政府扶持电商发展的力度加大

根据国务院《关于加快发展生产性服务业促进产业结构调整升级的指导意见》和深入推进国家电子商务示范基地建设的工作部署，商务部继续开展 2015～2016 年度电子商务示范企业创建和第二批国家电子商务示范基地创建工作，在资金、税收优惠、用地指标等方面给予扶持。广东省也加大了对电子商务产业的扶持力度，推出了一系列措施，新增 5 亿元发展资金，推动广东省现代服务业转型升级，其中 3 亿元用于电商发展。

三 下一阶段阳江市发展电子商务的主要任务和工作

（一）培育和发展本地专业性电子商务平台

重点支持服装、特色农产品、五金刀剪、家具用品等行业，特别是支持大型专业市场建立行业性电子商务营销平台。引导现有的行业性信息服务平台向集交易、支付和信息服务于一体的专业性电子商务平台转型。鼓励文化、旅游、物流、教育、医疗、金融等服务领域打造一批专业性电子商务平台。

（二）促进电子商务与本地实体经济的深度融合

一是引导制造业企业利用电子商务转型升级。特别是五金刀剪、家居日用品等制造业领域，引导其利用电子商务平台开展网络营销，开拓境内外市场，形成一批知名网络品牌。鼓励制造业企业深化应用数控加工、人工智能、3D 打印等柔性制造技术，探索基于电子商务的云制造模式，积极发展面向消费者需求的 C2B2C、M2C 等新型电子商务模式。

二是推动本地商贸企业线上线下融合发展。重点推动阳江市大润发、益华、新一佳、南大超市、丰多采等传统商贸流通企业开展电子商务领域的战略投资，建设具有线上线下融合商务能力的电子商务平台，支持网络零售企业及传统流通企业开展以促进网络消费为目的的各类网络购物推介活动。引导企业扩展流通服务体系，借助电子商务面向社区、农村提供网络零售和物流配送等服务。

三是大力发展跨境贸易电子商务。鼓励本市企业借鉴广东省跨境电子商务试点城市的企业的经验，先行先试，开展跨境电子商务，逐步探索电子商务通关、结汇、退税等方面的实施措施。鼓励有条件的电子商务企业布局境外服务机构、完善海外仓储物流、建设客户服务体系。

四是加强农村和农产品电子商务应用。深化阳江市农村地区和农产品流通领域的电子商务应用，加强农村地区电子商务普及培训，建立和完善农村地区电子商务基础设施。扎实推进广东省"淘宝网·特色中国·广东馆"的各项工作。支持阳江市农产品商贸企业、合作社、农产品批发市场采用线上线下融合模式，开展农超对接、农批对接、农企对接等多种形式的农产品电子商务。

五是深化民生类电子商务应用。鼓励阳江市餐饮、住宿等生活服务类企业建立电子商务系统，实现在线服务。支持社区商业、物业、家政服务等各类居家生活服务企业利用电子商务平台开展社区便民服务。引导本地旅游企业应用电子商务，创新服务发展模式，培育现代旅游服务品牌。鼓励金融机构、第三方支付企业及公共事业性单位联合建设网上公共事业缴费平台，提供在线便民缴费服务。

六是推动中小企业普及电子商务。鼓励中小企业应用第三方电子商务平台，开展在线销售、采购等活动，提高生产经营和流通效率。引导中小企业

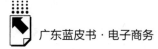

积极融入龙头企业的电子商务购销体系，发挥中小企业在产业链中的专业化生产、协作配套作用。鼓励有条件的中小企业自主发展电子商务，创新经营模式，扩展发展空间，提高市场反应能力。鼓励面向产业集群和区域特色产业的第三方电子商务平台发展，帮助中小企业通过电子商务提高竞争力。稳健推进各类专业市场发展电子商务，促进网上市场与实体市场的互动发展，为中小企业应用电子商务提供良好条件。

（三）加快发展移动电子商务

推进阳江市移动通信、无线局域网等移动宽带网络协调发展，扩大移动网络覆盖面，提高数据业务承载能力。引导电子商务企业与移动互联网企业、电信运营商深度合作，探索移动电子商务新模式。

（四）持续完善电子商务支撑服务体系

进一步完善阳江市物流配送体系、多元化支付体系。引进国内外知名电子商务服务机构，完善阳江市电子商务产业链，促进网站建设、硬件维护、软件开发、数据分析、营销推广、商务服务、法律咨询、客户管理、代运营等服务业态在阳江市发展。

（五）狠抓大项目，推进电商发展

重点抓好广东国叶绿屋科技有限公司投资 12 亿元兴建的国叶云计算智慧城项目、阳江市丰泰投资股份有限公司投资 1.2 亿元建设的阳江电子商务创业园等，推动项目尽快落地，成为推动阳江市电商发展的助推器。同时，做好电商项目招商引资工作，努力将阳江市打造成粤东、粤西、粤北电商发展、培育基地。

清远：紧抓三个重点，着力推进电子商务发展

摘　要：　清远市致力于推动电子商务推广，以及推动全市企业转型升级。在电子商务发展过程中，清远市紧紧抓住"三个重点"——农村电商、跨境电商、电商集聚，不断出台新政策、新措施支撑电子商务健康发展，不断优化产业发展环境，扶持农业电子商务健康发展，拓展电子商务发展空间。

关键词：　清远　"三个重点"　电子商务

一　清远市电子商务业态发展状况

截至2013年，清远市在阿里巴巴登记注册的企业约有5000家，其中注册时间超过5年的约有1000家，注册时间超过3年的约有1300家，注册时间超过1年的约有1600家。通过诚信通认证的企业约有260家，其中加入诚信保障计划的约有150家。在物流产业方面，清远市共有装卸、邮政、仓储类物流企业约300家。据调研，清远市近年来从事外贸业务的企业一直维持在300家左右，但从事跨境电子商务的更是屈指可数（不超过5家），且外贸规模很小。

二　清远市电子商务主要发展特点

在政府的引导下，清远电商业态呈现专业化、集聚化发展的特点，各种

资源逐步投入电商领域，发展动力进一步激活。如今，清远市电子商务行业已进入加速发展的快车道，相关业务广泛渗透到社会经济生活的各个领域，成为企业开拓市场、降低成本的新渠道。

三 清远市电子商务发展成效

第一，清远市在农村电商领域发展迅速，与阿里巴巴合作建设的农村淘宝电商项目（简称"村淘"项目）已在阳山、清新、佛冈三地运营。"村淘"项目运营两个月达成农村网购 8000 单，网购金额约 50 万元，协助农民自建网店 20 家，销售农产品 350 单，成交金额约 6 万元。随着配套设施及服务范围不断拓展，清远市农村电商将获得长足发展，预计 2015 年底，清远市各县（市、区）都将建立"村淘"项目运营中心，并将电商服务覆盖至乡镇，形成买卖配送一体化的农村电商体系。项目结合供销系统改革，重构农业产销体系，创新农村经济组织运作模式，组织带动农民专业合作组织、农业龙头企业、种养大户等实行标准化生产，解决农产品组织、标准、品牌、渠道、营销推广、物流配送和售后服务等制约农产品电商发展的关键问题，打通农村电子商务关键节点。

第二，2014 年在"双十一"电商节销售活动当天，清远清农电商股份公司旗下的天猫清远鸡旗舰店共销售 8572347 只清远鸡，总计销售额约 50575710 元，成为阿里巴巴"双十一"活动生鲜类商品销售全国第一，极大地提高了清远鸡等清远农产品的市场知名度。

第三，2014 年 12 月 17 日，在广东省有关部门领导、清远市主要领导、阿里巴巴管理层的见证下，清远市正式与阿里巴巴签订合作协议，成为广东省第一个与阿里巴巴签订广泛合作协议的地级市。根据协议，清远市与阿里巴巴未来将在电子商务业态的建设规划、农村电子商务综合服务平台与仓储物流中心建设、农产品电商品质保障与溯源体系构建、农村电子商务研究、淘宝大学人才培养等方面开展深度合作。

四　清远市电子商务存在的问题

（1）用地指标不足。优质的电商产业园是集聚、培育电子商务企业的关键，电商产业园的建设要配套物流、仓储、后台服务、生活配套等设施，对用地需求较大。用地指标不足，导致清远市推进的电商产业园相关项目进展缓慢。

（2）发展资金不足。据了解，广东省针对中小城市建设电商产业园、发展电子商务业态的专项资金较少，难以提高中小城市发展电商产业的积极性。

五　清远市电子商务的发展方向

（一）抓住"三个重点"

1. 加快发展农村电商

2014年11月6日，清远清农电商平台启动仪式拉开了清远市农业电商发展的序幕。该平台充分利用阿里巴巴农村电商项目落户清远的契机，借助阿里巴巴的强大平台和资源，以农村电商试点项目建设为中心，形成了农产品产业化、规模化销售的电商生态网，将清远电子商务产业发展推上了新台阶。

2. 借力广清合作，大力发展跨境电商

随着国际贸易的不断发展及外贸方式的多样化，我国进出口贸易货运量快速增长。把握广清合作机遇，力争将白云机场保税区的物流链延伸至清远源潭物流园，打造空港运输平台。通过在清远建设清远保税仓库或者快件监管中心，打造清远跨境电商贸易平台，促进清远多元化贸易经济的发展。

3. 依托集群注册，努力吸引电商集聚

以华南声谷、天安智谷为依托，借鉴东莞经验，出台电商集群注册优惠

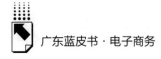

政策，吸引电商企业集聚。通过产业集聚，完善产业配套，打造电商产业园，形成产业优势。

（二）培育"三个园区"

通过发展清远电子商务产业园，吸引各方电商人才、电商产业资源、客户等落户清远，从而带动清远电商产业发展，充分发挥清远的区位优势、交通优势、资源优势，助力本土企业在互联网大潮冲击中跟上时代的步伐，走出电商发展的新路子。

1. 农村电商示范区

以"村淘"项目为支撑点，将农村电商服务覆盖至乡镇，形成买卖配送一体化的农村电商体系，配合"淘宝网·特色中国·广东馆"、阿里菜鸟下乡物流配送链、知名农产品生产基地、新农村供销社改革、创业青年孵化基地、农产品网上供销链等形成具有清远特色的农村电商示范区。

2. 清远电子商务产业园

以清远市电商协会为推手，配合华南声谷、源潭物流园等现代服务业产业规划，选定合适范围，配合相关优惠政策，建设清远电子商务产业园。打造"政府主导、企业运营、企业参与建设、一站服务"的网商产业园。

3. 清远跨境电商产业园区

清远跨境电商产业园区主要功能定位为跨境电商进出口快速通关服务平台，为跨境电商提供快速、便捷、低成本、高质量、高规范的综合服务。产业园重点服务于进口 B2B2C，为跨境电商客户提供国外运输、国内保税区备货、保税仓储服务，并在订单产生时直接从保税仓通关、分拣包装并发货。

三个园区通过资源整合，将与清远市正在推进的阿里巴巴"村淘"项目、华南声谷呼叫中心、天南智谷、源潭物流园等项目和广州花都的空港物流园进行有效衔接和互推，促进清远市电子商务产业的集聚发展，吸引国内跨境电子商务行业人才、技术、信息、服务配套经验和设施落地清远，有效整合资源，形成规模优势，发挥核心竞争力，形成"实体经济 +

国内电子商务＋跨境电子商务＋电子商务综合服务"的清远电子商务产业链。

六　推进清远市电子商务发展的政策建议

一是加快完善电子商务税收政策，提高清远市各地区发展电子商务产业的积极性。二是规范电子商务行业工商登记手续，联合第三方电商平台完善企业开店准入条件及公布中小城市电商买卖数据等信息，提高地方政府对电商行业发展的引导能力。三是加强政策扶持力度，针对个别中小城市具有特色的电子商务产业园给予通关、口岸等配套政策支持，简化项目建设审批流程，解决项目用地问题。四是增加对农村电商项目的支持，在资金保障，以及申报国家级、省级电子商务示范基地方面给予协助。

B.20

东莞：发挥区位优势，大力推进
电子商务应用

摘　要：　东莞市地处珠三角地区的中心地带，在行业信息、物流交通、投资融资、成本控制方面具有得天独厚的优势。2013年，东莞市电子商务交易额达2300亿元，较上年增长28%，中小企业电子商务应用率为40%左右。东莞市电子商务应用推广不断深入，电子商务已经成为推动东莞新一轮产业结构调整和经济发展的强大动力。

关键词：　东莞　电子商务　转型升级

一　东莞市电子商务发展基本情况及主要特点

近年来，东莞市高度重视并大力支持电子商务发展壮大，将加快电子商务发展作为帮助企业降低流通成本、拓宽销售渠道和创新营销模式的有效手段，作为支撑制造业做强做大、促进产业转型升级、加快经济发展的重要抓手。2014年3月26日，东莞市被认定为"国家电子商务示范城市"，全市电子商务发展形势喜人。

（1）电子商务发展的信息化基础持续优化。截至2014年第一季度，东莞市3G/4G基站已累计建设18606座，排全省第三位；光纤到户累计达45.68万户，Wi-Fi热点累计建设8150个，排全省第四位；移动电话用户为1934万户，排全国第五位；互联网用户数高达211.70万户，互联网普及率突破73.5%。

142

（2）电子商务发展规模不断壮大。目前，东莞市内贸网商密度居全国第三位；外贸网商密度居全国第七位；网络发货量居全国第二位，网络收货量居全国第七位；快递业收入和网络消费者密度排全国第九位。东莞市成为国内电子商务发展环境较佳的城市之一。据业内初步统计，2013 年全市电子商务交易额达 2300 亿元，较上年增长 28%，中小企业电子商务应用率为 40% 左右。2014 年上半年，根据对重点电子商务企业的抽样分析，全市电子商务行业仍保持较快的增长速度，其中电子商务销售企业网上销售额平均增长 25%，电子商务服务企业撮合订单数和交易额分别平均增长 25% 和 40%。

（3）电子商务应用稳步提升。东莞市率先搭建全市跨境贸易电子商务公共服务平台，与海关总署跨境贸易电子商务通关服务平台无缝对接，实现"跨境电商货物通关第一票"。此外，深入开展全市商务集群注册工作，不断降低电商企业的准入门槛，全市电商网络经营主体已达 5.4 万户，其中电子商务服务类企业 2000 多家，主要大型第三方交易平台 5 个，网络经营主体总量占全省 14.7%，在全省地市排名第一。

（4）区域支柱和特色行业电子商务初具规模。虎门、厚街、大朗和樟木头等镇，依托区域支柱和特色产业，打造具有明显区域特色的电子商务。譬如，虎门镇以服装产业为重点，大力发展服装行业电子商务；厚街镇发展家具及制鞋行业电子商务；樟木头镇大力推动塑料制品电子商务发展；大朗镇以电子商务为手段，引导毛织产业链条整体升级，以此推动产业集聚发展，取得了初步成效。

（5）率先启用海关总署的监管平台。2014 年 7 月 1 日，在海关总署支持下，东莞率先启用了全国统一版的"跨境贸易电子商务服务平台"，试点企业大龙网偕同燕文物流、钱宝支付、鼎盛易达等企业，以"一链式"合作完成"全国第一票"跨境电商货物通关。系统上线首日验放商品达 10198 票，品类主要包括 3C 产品、纺织服装、玩具、饰品等。8 月 28 日，东莞市东信进出口有限公司和东莞跨境达商贸有限公司利用海关总署服务平台和虎门港启盈国际快件中心，顺利完成 1008 票跨境电商 B2C 小包的集约化阳光通关,并且按照最新推出的批量商品退税模式,成功向东莞市国税局汇总申报退税。在实施"集约化阳光通关、批量化商品退税"方面,东莞先行一步。

(6)形成了凸显东莞特色的试点方案。经过深入调研市场需求,东莞在海关总署科技司和黄埔海关指导下制定了《东莞市跨境贸易电子商务服务试点工作方案》,主要探索 B2C 零售出口、B2B 一般出口、B2B2B/C 保税进出口、M2B 加工贸易内销进口四种业务模式。目前,该方案已经获得广东省人民政府同意,正式呈报海关总署。其中,M2B 加工贸易内销进口模式是东莞独有的业务模式,指加工贸易企业制成品通过电商平台内销进口,海关采取"订单审核+集中申报"方式进行监管,在办理内销手续、进入国内销售渠道前,内销产品处于进口保税状态。该试点业务模式有利于进一步增强加工贸易企业的转型信心,引导企业加大转型投入力度。

(7)加快建设全国领先的信息平台。在整合加工贸易管理服务平台和虎门港通关信息平台等资源的基础上,东莞正启动建设"东莞跨境贸易电子商务公共服务平台",对接海关总署统一监管平台、相关监管部门业务系统和跨境电商企业业务系统,为海关、检验检疫、国税、外汇等部门提供跨境贸易全流程在线交易监管便利,为跨境电商企业在通关、结汇、退税等方面提供便捷的服务。

(8)初步构建跨境电商发展生态圈。东莞市发挥 3C、服装、鞋帽、玩具等产品需求量大、配送易、更新快等优势,成功引进一批知名企业,敦煌网、大龙网、全麦、启盈、递四方、银盈通、新航线、阿里菜鸟等知名企业纷纷落户。目前,市级跨境电商产业园已引进超过 600 家企业,配套优势与跨境电商生态系统正在加速形成。东莞市跨境电子商务协会作为全国第四个同类协会,亦已正式成立运作。

(9)营造跨境电商发展的良好氛围。东莞市在 2014 年 8 月底启动了"百日招商、百日集货、百日培训、百日聚才、百日宣传、百日服务"的"六个一百"活动,动员和协助东莞全市制造业企业和跨境电商企业整合全套服务,充分利用境外复活节、圣诞节、元旦等网购高峰机遇拓展市场。同时，东莞市在全国率先实施了电子商务企业的"集群注册"，率先实施了基于电子审批的"十证联办"，率先集成了跨境电商的退税服务，率先探索了跨境电商海外线下展销模式，率先拓展了外贸综合服务的供应链金融产品，不断为跨境电子商务发展注入活力。

二 推进东莞市电子商务发展的主要政策措施

（一）统筹规划，做好政策顶层设计

2008 年，为应对国际金融危机，帮助企业开拓新市场，东莞市在 10 亿元"加工贸易转型升级专项资金"中列出专项，对企业利用国际电子商务平台开展产品推介和交易给予资助，并于 2009 年联合阿里巴巴设立"阿里巴巴东莞专区"，支持企业利用电子商务平台开拓国内外市场，在全球打造"东莞制造"电子商务品牌。

2010 年，东莞市出台《东莞市中小企业（内贸）电子商务应用专项资金管理暂行办法（试行）》，直接推动了 5000 多家企业应用电子商务，并间接扶持了 2 家本土电商平台。2013 年，针对全市电子商务产业链各个环节的不同需求和发展瓶颈，东莞市编制了《东莞市电子商务发展规划（2013～2015 年)》和《关于加快推动我市电子商务发展的实施意见》。随后，东莞设立了连续三年每年不少于 1.5 亿元的电子商务专项资金，并相继出台了《东莞市电子商务专项资金管理暂行办法》和《东莞市进一步加快电子商务发展实施意见》，从贡献奖励、园区集聚、人才培育、留莞结算、物流平台、跨境电商、树立示范和配套奖励等不同角度给予市电子商务企业和园区支持。

（二）强化宣传，提高社会认知

2008 年以来，东莞市开展"信翔工程""莞货网上行"等电子商务系列宣传推广活动，推动 3000 多家制造业企业"触网"，提高了社会对电子

商务的认知。2014 年，东莞市开展了"电商大讲堂""电商精英高端论坛""广东松山湖对话暨华南电商联盟年会""'世界工厂，品质东莞'聚划算之旅"等活动 12 场。同时，通过市宣传部门强化组织，协调市媒体以动态消息、专栏专题、系列报道等形式，大力宣传电子商务在拓展销售渠道、降低成本、快速打造品牌方面的巨大优势，广泛宣传东莞市创建"国家电子商务示范城市"、助推制造业转型升级的努力探索。同时，与媒体沟通，推送东莞市电子商务健康发展的好经验上其主报（台、网）。据不完全统计，2013 年以来，东莞报业传媒集团、东莞广播电视台旗下各子媒体共刊发或转发相关报道 1200 多篇，营造了较为浓厚的宣传氛围。2014 年，东莞市重点组织开展了"六个一百"活动，掀起新一轮宣传推广高潮，取得了明显成效。

（三）搭建载体，不断完善支撑体系

2012 年，东莞市先后推动虎门、大朗等镇率先成立镇一级电子商务行业协会，并与阿里巴巴打造了全省首个产业带合作项目"阿里巴巴·虎门服装产业带"；同年，推动成立全市首个电子商务产业园——高盛科技园，并推动成立了松创电子商务产业基地、虎门电商产业园、百达国际电商城、大莹服装电商城、意法电商城、大朗电子商务产业中心等一批主题鲜明的电子商务园区。目前，东莞市正积极筹备成立东莞市电子商务联合会，统筹东莞所有镇街电子商务协会，集聚全市电商企业资源，对外打造东莞电商品牌。2014 年 7 月 1 日，在海关总署支持下，东莞市率先启用了全国统一版的"海关跨境贸易电子商务服务平台"，试点企业大龙网偕同燕文物流、钱宝支付、鼎盛易达等企业，以"一链式"合作完成"全国第一票"跨境电商货物通关。

（四）重视引资，大型和知名电商纷纷落户东莞

针对缺乏大型知名电商的实际情况，东莞市主动对接服务并且进行专题招商引资。阿里菜鸟、京东、1 号店、苏宁、玉柴华南电子商务供应链中

心、深粮电子商务交易中心、敦煌网、大龙网等一批著名电商纷纷落户或拟落户东莞市，南方物流电商综合项目、迪卡侬华南物流配送中心、北晨现代电子商务物流项目等一大批电商物流配套项目也抢先进驻东莞市。

（五）鼓励创新，不断培育发展新型电子商务信息技术和业态

通过用好用足国家和省、市各类专项财政资金，进一步拓展一批基于新一代移动通信、物联网、云技术、互联网支付等新技术的电子商务应用，东莞市涌现的综合电商平台（广货商城、东莞国际商贸平台、易通商城）、垂直电商平台（盟大实业、科德食品）、电商代运营平台（天行健、唯特尔）、O2O 电商平台（东邮网）、跨境电商平台（尚睿、敦煌网、大龙网）、网络商城（健客网、菜虫网）等一批电商新业态，不但覆盖了现有的 B2C、B2B、C2C、O2O 等多种电子商务模式，而且在细分领域进行差异化发展。其中，2009 年成立的东邮网是东莞邮政探索电子商务发展迈出的第一步，也是中国邮政率先在地市一级开展新型业务的试验，未来将以东莞的示范经验为蓝本在全国进行复制推广。此外，盛世商朝、东莞国际商贸平台、易通商城等一批平台分别在专业批发市场、部市企联动、线上平台与线下终端结合等方面进行了创新发展。

三 东莞市电子商务发展的成功案例

（一）大龙网

大龙网成立于 2009 年，注册地在新加坡，核心管理者为冯剑峰等人，天使投资人为前阿里巴巴集团 CTO 与中国雅虎 CTO 吴炯，大龙网先后引入了北极光创投、海纳亚洲、新加坡 F & H 等投资基金，目前在全球拥有 10 余家分公司，分布在美国、加拿大、日本及澳大利亚等地，业务覆盖全球 200 多个国家和地区，有中外员工近千名，是目前中国较大的跨国电子商务交易平台之一。

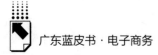

大龙网首创3BC（B2B2B2C）业务模式，坚守双向联合的政策做跨境电子商务。3BC 模式就是在全球在线零售渠道和中国供应商之间修筑一条信息流、物流、资金流的服务大通道。3BC 双招商平台是带服务、带后端、私有化定制的平台，解决了中国供应商进入国际市场的最终难题，也解决了海外零售批发商从中国进货的服务和信用担保问题。

大龙网对海外采用 Osell 全球业务平台（www. osell. com）建立全球经济人体系，与海外零售终端和大小批发商结成联盟，以解决对方国家商贸"最后一公里"的问题。在海外商人眼中，大龙网的定位是他们的中国供应链合伙人。Osell 是大龙网推出的全球销售品牌，其实现了中国供应链服务的海外本土化，使全球买家享受了厂家价格、本土物流仓储、本土售后保障等服务，可支持全球人人在线销售。目前，Osell 在国内北京、上海、深圳、苏州等地建立了 13 个供应链分公司，在深圳、广州、上海设有 3 个国内仓库，有超过 1000 名员工；在海外开设了俄罗斯（莫斯科）、巴西（圣保罗）、印度（雅加达）、加拿大（蒙特利尔）、澳大利亚（堪培拉）等多个海外销售办公室，拥有 200 余名外籍员工。Osell 与戴尔、宏基、美特斯邦威、乐途等 100 多个全球知名品牌及荷兰 Webpower、Google、Ebay 等多家全球营销公司长期合作。Osell 拥有 18985 供应链平台做支持，中国供应商可通过运用 18985 供应链平台，一站式实现新品上架、订单管理、客户管理、电子钱包收付款等。

大龙网在国内也采用 18985 供应链平台（www. 18985. com）来联合优秀的供应商，解决国内供应链的本土化资源管理问题。在中国供应商的眼中，大龙网是其产品跨境销售的全球网络分销渠道合伙人。

（二）虎门港启盈国际快件中心

虎门港启盈国际快件中心位于东莞市虎门港物流区，占地 13 万平方米。中心分两期建设，已开发一期约 6.3 万平方米，总投资 3 亿元，海关、检验检疫等机构已入驻办公。中心运营以来，营造了配套设施完善、运作流程成熟的关检通关环境，已形成每天固定往返港澳的货班车，以及 UPS、DHL

等主要快递公司固定班车的线路。在启用海关总署统一版监管平台基础上，2014 年 8 月 28 日，东莞市东信进出口有限公司和东莞跨境达商贸有限公司在虎门港启盈国际快件中心顺利完成 1008 票跨境电商 B2C 小包的阳光通关，并且按照最新推出的集约化退税模式，向东莞市国税局汇总申报退税。

虎门港启盈国际快件中心由东莞市虎门港启盈国际快件中心有限公司投资运营。目前，该公司正由单纯的物流企业加快向外贸综合服务企业转型，积极探索跨境贸易电子商务服务的有效模式。一是 B2C 模式，跨境网购个人订单形成后再出口，由卖方企业委托启盈国际快件中心处理，中心以自营启盈电商平台接收订单委托，在中心清关后经香港转运至世界各地。二是中小规模 B2B 模式，公司在国外设立分公司作为接收方，国内按销售预估提前备货出口至海外暂存，订单形成后在海外仓直接发货。

（三）东莞市尚睿电子商务有限公司

东莞市尚睿电子商务有限公司成立于 2011 年 1 月，坐落于东莞市松山湖高新区。尚睿是一家以电子商务零售、软件开发销售和相关服务咨询业务为主的互联网企业，主要针对海外市场，以 B2B 和 B2C 相结合的方式进行在线销售。成立以来，公司规模发展迅速，从 5 个人的创始团队发展到目前 140 人左右的规模，其中留学生人数占比 10%，现拥有一支由 IT、金融、管理等专业人才组成的高水平、高素质管理团队。公司自主研发和代理销售的产品种类超 3000 种，年销售额接近 2 亿元。2012 年，公司获得全国"电子商务典型企业"荣誉称号，2013 年成功申请成为国家高新技术企业。

在电子商务零售业务方面，公司主要面向欧美市场，通过第三方平台和若干自主网站进行商品的销售和推广。在销售中国制造产品的同时，公司充分利用互联网用户共享和传播信息快的特点，短时间内在欧美消费市场上培育了若干知名品牌产品。在软件开发方面，尚睿是全球领先的亚马逊云计算服务在亚太地区的咨询伙伴，同时，尚睿还可为电子商务企业提供定制 ERP 管理系统和智能手机应用软件的服务。依托在电子商务零售及电子商

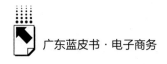
务软件开发方面积累起来的优势，尚睿可以为所有有志打开欧美市场的中国制造型企业或贸易公司提供整体服务解决方案。

（四）东莞敦煌禾光信息技术有限公司

东莞敦煌禾光信息技术有限公司是敦煌网在东莞市松山湖高新技术产业开发区注册成立的子公司，2014年1月1日启动建设，是中国首个实现信息流、资金流和物流"三流一体"的外贸B2B电子商务服务商。公司致力于打造敦煌网莞货分销中心，运用跨境电子商务手段帮助东莞市企业"走出去"，通过搭建本地化的外贸电子商务服务平台，推动东莞企业通过电子商务实现商品外销，帮助本地企业走向信息化、国际化，带动珠三角地区经济实现转型升级。

1. 企业目标

（1）促进东莞市中小企业的出口。未来3~5年，公司将通过平台建设，招募2万家东莞本地企业入驻，促进东莞市出口额持续增长。

（2）改善出口环境。未来3~5年，公司将通过一系列有效措施，应对世界经济不景气的形势，使东莞市外贸企业出口成本降低10%~20%，使企业利益得到保障。

（3）促进就业，增加产量。公司通过平台建设，改善中小企业外贸生存环境，促进就业，保证存量。在未来3~5年，带动就业人数5000名以上，扶持、培养至少50家专业的电子商务公司，并促进地方经济进一步增长，有效地增加就业、增加产量。

（4）本地供应商招募及培训工程。未来3~5年，公司将组织开展外贸电子商务培训100场，培训企业5000家以上，将东莞市打造成我国电子商务普及率较高的地区。同时，公司通过多渠道招募东莞市本地供应商，开展有针对性的电子商务培训活动，一方面指导企业经营和打理外贸网店，另一方面培训输出专业的外贸电子商务人才。

2. 企业创新点

公司在外贸领域和电子商务领域进行了集成创新。在模式上，公司突破了传统外贸平台的线上信息展示模式和外贸代理公司的线下外贸代理模式。公司将线下业务搬到线上，通过集成在线物流、在线支付、账号管理、订单管理、风险控制、信用评价等功能，把网店经营、物流管理、支付管理、客户关系管理、订单管理都放在一个平台上完成，在技术层面实现了外贸交易的彻底在线化，填补了国内在外贸"全程电子商务"领域的空白。在技术上，公司解决了国际贸易电子商务各类商品管理、实时交易、跨境支付、纠纷及风险管理、数据挖掘及深入应用等关键技术，自主研发了全球移动电商平台系统、跨境支付系统、风险控制系统、多语言平台系统等多个功能模块，实现了外贸出口的全程在线交易。

四　东莞市电子商务发展瓶颈及存在的问题

（一）电商人才问题

电商人才问题具体表现在"三难"：（1）招人难。首先，东莞地处广州、深圳之间，互联网和电子商务人才80%不愿意在东莞从事电商工作，大多数东莞的电子商务企业反映"一才难求"，想在东莞招到合适的电商人才实属不易。其次，东莞市较早提出"人才东莞"工程，并制定了一系列人才奖励政策，但政策体系编制时间较早，大多针对科技型、研发型人才，奖励条件设置较高，使得政策很难惠及互联网和电子商务人才，导致很多电商人才觉得东莞人才奖励政策形同虚设，没有深圳等地的政策有吸引力。（2）留人难。电子商务产业的特殊性，决定了电商人才跳槽频繁，很多企业反映刚刚熟悉业务的电商人才，往往考虑到个人发展前途，频繁选择跳槽，导致企业留住电商人才异常困难。（3）育人难。电商人才培养的周期较长，成本较高，而且电商人才需要有一定的互联网知识储备和操作经验，这更增加了电商人才的培育成本。

（二）电商发展软环境问题

这方面的问题具体表现在产业配套不完善，标准化体系尚未成型，电信运营商收取的网络费用过高（据某企业反映，从上海搬到东莞之后，其发现广东省网络资费全国最高，同样的带宽条件，东莞电信资费比上海高出一倍以上）等方面。

五　东莞市电子商务未来工作规划

（一）大力推动电子商务应用

一是提升支柱产业与企业的应用水平。重点支持电子信息、服装鞋帽、家具、塑料、玩具、毛织、五金模具、机械电气、现代农业等东莞特色支柱产业发展，壮大一批专业性电子商务交易平台，支持现有综合性和行业性信息服务平台向集交易、支付和信息服务于一体的电子商务平台转型。二是积极发展移动电子商务应用。鼓励企业建设移动电子商务服务平台，鼓励现有电子商务交易平台开展电子商务业务，逐步提高移动电子商务交易比重。三是深化跨境电子商务发展。以"海关跨境贸易电子商务服务平台"为契机，高标准抓好平台试用。一方面，加大对平台的宣传推介力度，吸引更多的跨境电商参与平台的试用；另一方面，通过平台的试用，率先解决跨境贸易电子商务零售"最后一公里"问题。四是拓展民生电子商务应用。推动社会保障、医疗、旅游、交通等领域的电子商务建设，扩大电子商务在城市管理、运行和综合服务中的应用范围。

（二）逐步壮大电子商务服务业

一是大力发展电子商务综合服务。鼓励基础电信运营商、软件供应商、系统集成商的业务转型，为电子商务企业提供平台及应用系统开发、信息处理、数据及网站托管、运营和管理等外包服务；积极引进、扶持和培育电子商务技术服务企业，向中小电子商务应用企业提供运营、管理及技术研发等服务。二是加快发展电子商务物流服务。扶持和引进一批大型现代物流企业，促进物流基础设施建设，优化物流节点的布局，规划建设一批符合电子商务发展需要的物流配送中心，推动电子商务和物流配送融合发展。三是积极发展电子认证服务。支持第三方社会信息机构开展电子商务征信业务，培育实名认证、数据保护、司法鉴定、审计取证等第三方电子商务安全服务组织。四是培育发展电子支付服务。鼓励金融机构建设在线支付平台，提供网上支付、移动支付、固话支付等各种电子支付服务。推动形成多元化的电子支付体系，促进电子支付良性竞争。五是探索发展电子商务信用服务。以发展电子商务信用服务为抓手，建设"信用东莞"，营造诚实守信的经济社会环境。加强电子商务信用服务体系建设，建立企业信用数据库。建立健全相关部门信用信息资源公共机制和科学的信用评价体系，打造具有公信力的电子商务信用服务平台。

（三）进一步优化电子商务发展环境

一是加快电子商务产业集聚。依托东莞现有产业园区资源，鼓励建设电子商务集聚区。二是加强电子商务技术创新孵化。加强技术应用和商务模式创新的有机融合，推进云计算、物联网、三网融合、下一代互联网等新型技术在电子商务中的应用，着力解决制约电子商务发展的关键技术、核心技术、共性技术问题。三是健全电子商务标准体系。积极参与国际、国家、广东省的标准制定工作，推动完善信用法规、在线支付、安全认证等电子商务标准体系。四是完善电子商务发展政策体系。积极完善东莞电子商务发展政策体系和自律准则，及时清理和修订不适应电子商务发展的政策。

B.21
中山：打造电子商务专业镇，推动
传统产业转型升级

摘　要： 中山市2014年的网络电子商务交易总额为891亿元左右，其中B2B交易总额约为803亿元，B2C、C2C总额约为88亿元，网上销售的商品主要有灯饰灯具、生活电器、服装服饰、机械五金、家具建材等。中山市认定了一批电子商务示范基地、实训基地、跨境电子商务基地和电子商务示范企业，努力与知名电子商务平台建立战略合作关系，运用电子商务推动工商企业创新商业模式，加快传统优势产业转型升级。

关键词： 中山　产业集群　专业镇

一　中山市电子商务发展现状

根据广东省电信规划设计院有限公司提供的数据，2012年中山市在阿里巴巴、淘宝的电子商务交易总额达442亿元，其中网络零售额达44亿元。根据这个数据，按照每年销售额增长10%，以及2014年上两个网站约占中山市网络销售渠道60%的份额估算，中山市2014年的网络电子商务交易总额为891亿元左右，其中B2B交易总额约为803亿元，B2C、C2C总额约为88亿元。据中山市电子商务协会反映的情况，中山市在网上销售的商品主要有灯饰灯具、生活电器、服装服饰、机械五金、家具建材等。

中山市由企业自建的交易平台主要包括灯灯网、灯网、广东中商港科技有限公司网站、全民商城、掌门人网、中山新鲜送商业连锁公司网站、宝平

365、易生活、益华在线、新大陆网、中山好车帮二手车交易平台等，服务模式涵盖 O2O、PC 端与移动端相结合、同城免费配送和安装服务等。目前，中山市电子商务在工业、传统服务业的应用已较普遍，工业方面的主要应用企业是家用电子电器生产企业，传统服务业应用领域主要是餐饮、KTV、电影、酒店、旅游、家政等。据不完全统计，中山市企业在美团网、58 同城、淘宝、天猫、京东、苏宁易购、阿里巴巴等网上平台上开设的网店约有 2 万家。

二 中山市电子商务服务业发展情况

电子商务促进中山快递行业持续快速发展。全市快递服务网点数量在 600 处以上，快递从业人员超过 2 万人。截至 2014 年 11 月，中山市快递业务收入为 11.2 亿元，累计同比增长 19.61%，快递业务量为 8000 多万件，累计同比增长 50.8%。与此同时，一批针对电商的仓储物流服务主体也应运而生，如中国邮政速递物流中山东凤电商集配中心、中山黄圃电子商务产业园、中山小榄德讯电商物流仓等，为电子商务企业提供低租金及专业仓储物流服务。

在在线支付方面，中山市的个人和商户一般会使用支付宝、网银、银行卡等网上支付手段。据了解，过去只有 PC 端的在线支付，而且人们要到银行申请办理网银支付，手续烦琐。目前，移动端的在线支付极其方便，人们只需输入银行卡信息及认证信息即可。在身份认证上，支付宝钱包有手机开通手势密码，有上线密码和支付密码，在忘记密码时也有一系列的安全认证措施，确保资金使用安全。

三 中山市电子商务发展的主要特点

中山市电子商务发展的一个主要特点是：一批电子商务基地，如沙溪镇、小榄镇、南头镇、古镇镇、黄圃镇等，注意把电子商务深度融入自身的特色产业发展。沙溪镇是"中国休闲服装名镇"和"中国休闲服装生产基地",2012年,该镇提出了"把电子商务作为助推经济转型升级的重要抓手",正式把电子商务工作当成中心工作来抓。该镇在产业规划的过程中,注意把特色产业项目与电子商务深度融合,目前已形成以纺织服装学院、理工学校为依托的电商人才孵化基地,以时尚创意城、富元四季青服装城、亿通天下产业园为载体的电商运营服务平台,以专业市场、服装加工基地为主导的电商柔性供应链,以及以纺织品检测、休闲服装研发中心为支撑的电商产业公共服务体系。2014年,该镇经中山市人民政府批准,成为"中山市电子商务示范镇"。

中山市电子商务发展的另一个主要特点是:一批传统品牌生产企业和电子商务代运营企业在市场竞争中崭露头角。比如2014年11月11日,华帝公司单日网上销售额超过9400万元,是2013年同期的1.5倍;奥马公司单日网上销售额超过3000万元,是2013年同期的1.5倍;铁将军公司销售额达1000万元,是2013年同期的2倍;天驭服饰公司和鹿尚服饰公司活动期间全网营销额均超过500万元。另外,中山电商代运营企业也是2014年"双十一"的一大亮点,上势、暴风等代运营企业销售额均超过千万元,其中上势"双十一"销售额突破1370万元,较上年同期增长约4.5倍。

四　中山市推动电子商务发展的主要政策措施

为加快电子商务发展,中山市先后出台了《关于加快发展现代流通业的实施意见》《关于加快发展电子商务的实施意见》《中山市加快电子商务发展行动计划(2014~2015年)》等一系列政策文件,明确了中山市电子商务工作发展的目标、行动计划及财政支持措施,为中山市电子商务产业的发展营造了良好的政策环境。

2014年,中山市重点培育了一批基于移动互联网、实现线上线下结合的新型电子商务项目,举办了中山春夏消费促进月活动暨"广货网上行"

促销活动、中山产品"双十一"电子商务大赛，确定了一批待培育的电子商务代运营企业，认定了首批电子商务示范基地及示范企业。

五　中山市电子商务对经济社会发展的影响

从2014年"双十一"期间中山市调阅的企业后台数据看，电子商务成为推动中山市经济发展的一个新的增长点。中山市2014年"双十一"期间企业网上销售额达5.2亿元，比2013年同期增长30%。在日常生活中，网购已成为年轻人购物的主流方式。据阿里研究院《2013年中国城市电子商务发展指数报告》，中山市在外贸网商密度前25个城市中排第6位，在内贸网商密度前25个城市中排第4位，在零售网商密度前25个城市中排第9位，在网购消费者密度前25个城市中排第13位。在2013年中国电子商务发展指数百强城市中，中山市排第12位。电子商务不仅降低了商品销售的成本，减少了百姓出行购物的不便，而且有效促进了相关岗位人员的就业。

六　中山市电子商务发展成功案例

在电子商务的成功案例中，华帝股份有限公司的事迹可圈可点。该公司于1992年成立，目前是一家上市企业，主要生产和销售厨房用具、家用电器等。公司多年潜心经营，专注质量和售后服务，燃气热水器、抽油烟机销量均进入全国行业三强。2006年4月28日，华帝股份获批成为北京奥运会燃气具独家供应商；2008年3月，华帝股份成为北京奥运会祥云火炬制造商。作为一家原来依靠实体店经营的传统企业，华帝股份积极跟上了电子商务时代的步伐。从2009年开始，华帝股份正式开展电子商务业务，成立了专门的电商部，并与全国各地经销商合作，至今已开办了17家网店，同时通过让利的方式，组织全国经销商的实体店做好产品的安装、售后服务等工作。2013年，华帝股份电子商务销售额占公司整体销售额的11.7%；2014

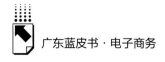

年，电子商务销售额占公司整体销售额的15%，同时线下保持每年25%的增长。

七 中山市电子商务的发展瓶颈及存在的主要问题

目前，中山市发展电子商务主要存在以下问题：一是人才不足。人才紧缺的原因是普通高校和职业技术学校的专业设置不能跟上电子商务发展的要求，一般没有设置电子商务专业，导致从源头上缺乏人才的培养和储备。二是缺少龙头示范项目支撑。中山市电商项目总体处于小、散、弱的状态，尤其是电子商务平台发展较为滞后，交易额、影响力都非常有限。三是中山市开展电子商务的物流成本相对于广州、佛山等城市偏高，主要由于中山市电商物流业务的总量远远少于广州、佛山等城市，成本也难以下降。四是跨境电子商务业务开展不足，跨境电子商务的发展步伐与企业的发展需求之间存在较严重的脱节。

八 中山市电子商务发展的目标和计划

中山市电子商务发展的目标是：建立健全电子商务政策支持体系，初步形成良好的电子商务发展环境，同时，促使有条件的工商企业积极开展网上营销业务，使电子商务销售额占社会消费品零售总额的比重有所提高。从长远来看，要培育发展一批在国内外有较强影响力、能实现网上交易业务、基于产业集群的行业电子商务平台，扶持一批知名电子商务龙头企业和电子商务产业园区，促进商流、物流、资金流、信息流多流融合，促进中山市电子商务产业集聚度和市场辐射力明显提高。

（一）加快建设行业电子商务平台

建设基于产业集群的行业电子商务平台，应以中山市产业集群为依托，重点扶持电子信息、家电、灯饰、五金制品、服装服饰、家具、食品等优势产业，发展集交易、支付和信息服务于一体的行业电子商务平台。到2015年，力争形成3个对行业有明显带动作用的行业电子商务平台。

（二）大力推进电子商务应用

第一，推进工业企业应用电子商务。鼓励工业企业在第三方零售平台开设网络旗舰店、专卖店等，有条件的可自建平台，开展网络直销、网上订货和洽谈签约等业务。鼓励专业化网络销售企业为工业企业提供代运营服务。指导大型骨干工业企业发展供应链电子商务，提高供应链协同和商务协同水平，带动产业链上下游企业发展。

第二，推进商贸企业应用电子商务。支持传统商贸企业依托品牌信誉、采购分销渠道和运营优势，通过自建、收购、兼并等方式建设网上商城，开展"线上市场"与"线下市场"良性互动的网络零售业务。鼓励大中型批发市场的商户依托第三方平台开展网上销售。

第三，拓展电子商务应用领域。推动电子商务向物流、会展、旅游、文化、数字出版、服务贸易、教育、医疗保健、社区服务等领域拓展，创新电子商务应用，大力发展网上会展、电子旅游、网络教育、网络医疗保健、网上菜市场、农产品配送、家居养老、家政、社区服务等电子商务应用。

（三）建立和完善发展电子商务的支撑体系

第一，增强电子支付能力。支持本地第三方支付平台建设，提供基于电脑、手机、平板电脑、智能电视等多终端的电子支付服务，鼓励开展在线支付、移动支付业务，推动形成多元化电子支付体系。

第二，提升物流协同水平。加快构建与电子商务发展相适应的现代快递、物流体系，形成有形网和无形网相结合、电子交易和实物配送相结合的发展格局。发挥保税物流中心等平台作用，积极实施物流配送进社区工程，解决物流配送"最后一公里"问题，大力推进同城网络消费。积极促进现代物流公共信息服务平台建设，整合工业、商业、仓储和运输业等领域的物

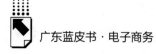

流信息资源，降低物流成本，提高效率。

第三，加强电子商务信用建设。支持信用调查、认证、评估、担保等中介服务组织向电子商务经营主体提供独立的网络消费信用等级、网店诚信度等信用评价服务，强化电子商务信用信息与社会其他领域信用信息的对接和共享，加强防范电子商务风险，打造线上线下信用互通的电子商务信息服务平台。

揭阳：抓规划、抓试点、抓载体，加强电子商务人才培养

摘　要：　近年来，揭阳市以军埔电商村为先行示范点，大力扶持发展电子商务，充分发挥了电子商务拓市场、促消费、带创业的三重效应，取得了显著的成效，军埔村成为全国知名的"电子商务村"，揭阳市成为国家电子商务示范城市、中国电子商务发展指数百强城市、"智慧广东"建设试点城市。截至2014年11月底，全市实现电子商务交易额352亿元，有效巩固了揭阳电子商务先发优势。

关键词：　揭阳　电子商务村　示范城市

近年来，揭阳市顺应经济全球化和电子商务发展的潮流，紧紧围绕全市电商发展"8610"计划，以"打造21世纪海上丝绸之路电商港"为目标，大力发展电子商务，推动传统产业向电商转型升级，取得了一定的工作成效。据各县（市、区）统计数据，揭阳市现有电商企业9000家，电商个体和网店数万家，2014年前11个月电商交易额达352亿元。揭阳市成为国家电子商务示范城市、广东唯一的国家工业电子商务创新示范城市（全国共6个）、中国电子商务发展指数百强城市和"智慧广东"建设试点城市。

一　揭阳市电子商务发展基本情况

（一）特色产业与电子商务相辅相成

玉器、服装、药材、鞋、不锈钢制品、模具是揭阳市的传统优势产业，

产业链完善，知名度较高，在国内外市场占有相当大的市场份额。近年来，揭阳企业立足地方，植根特色产业，依托电子商务，面向全国，走出了一条"以特色创品牌、以品牌出效益、以效益扩规模"的发展之路，打响了揭阳品牌。康美中药网是全国唯一集电子商务、现代物流、第三方质检、金融服务于一体的中药材大宗交易平台；普宁国际服装城是粤东唯一入选"广货网上行"的电商平台。

（二）基础设施及产业园区加速建设

揭阳市现有揭阳市电子商务产业园、普宁国际服装城电子商务园、中国玉文化（创意）产业园、揭东经济开发区信息化产业园、揭阳产业转移工业园信息化园区5个信息化示范基地，电信服务业和互联网服务业装备水平及通信能力居全国先进水平。揭阳市电子商务协会、普宁国际服装城电子商务园、中萃国际空港商城、潮汕职业技术学院创业园、榕城区网商创业孵化基地，被共青团省委确定为首批"广东省农村青年电子商务创业实习基地"。

（三）电商服务与应用齐头并进

揭阳市规划打造电子商务示范园区，形成集聚电子商务上下游资源共同发展的模式。揭阳市与中国移动广东分公司、中国联通广东分公司签订战略协议，就其未来几年支持揭阳发展、完善电商基础设施达成一致意见。大力打造本地网络销售主体，鼓励支持传统企业利用电子商务改造提升，成功推出了康美中药材网、普宁国际服装城、进炫通电子商务网（新丝绸之路军埔电商港网购商城）、至尊品牌、百百来等一批本地销售网络。支持第三方电子商务平台建设，积极引进国内外知名第三方支付企业，打造区域性电子商务结算中心。通过开展电子商务示范企业评选、举办电子商务企业采购大会、召开网商与传统企业对接会等，着力将本地电子商务龙头企业培育成具有行业和区域优势的电子商务示范企业。积极促进电子商务应用，鼓励电子商务在餐饮娱乐、社区配送、农产品流通等生活服务领域的整体应用，利用"电子商务第一村"、农村商网等电子商务平台开展农产品网上购销对接。

（四）"军埔模式"与示范辐射

军埔村位于揭东区锡场镇西北部，总面积 0.53 平方公里，现有村民 490 户，总人口 2695 人。揭阳市委、市政府推出一揽子扶持措施，集中优势资源在军埔村全力打造电商人才、电商服务、电商产业、电商文化、电商制度"五大高地"，建设"电商第一村"，吸引了香港永盛集团、广东海兴控股集团、普宁国际服装城等进驻，实现了产业对接、产业集聚和产品的多元化。目前，该村聚集了 3000 多家网店、300 多家实体网批店，入驻快递企业 15 家、金融机构 5 家，2000 多人从事网上销售活动，月成交金额达 1.5 亿元，带动了数万人创业。军埔村的发展成了国内外媒体关注的焦点，中央电视台 5 次进入军埔村，6 次报道了军埔电商高速发展的情况。中央电视台"经济半小时"在总结军埔村的经验时说："淘宝卖家生意做得风生水起，靠的是发达的物流、合理的仓储、集中的培训、政策性的贷款支持等。"2014 年 5 月 24 日，英国著名杂志《经济学人》用军埔村的事例说明"淘宝是棵摇钱树"。2014 年 11 月 10 日，广东省（国际）电子商务大会在军埔村设立分会场，军埔成了中国最具影响力的电子商务村，成了可复制的农村电商发展新模式，在全市乃至全省、全国得以推广。根据阿里巴巴发布的报告，目前全国共有淘宝村 211 个，其中揭阳市有军埔等 9 个淘宝村。为推动揭阳电商实现新跨越，阿里巴巴与揭阳进行深度全面合作，达成了八项共识；京东也和揭阳签订战略协议，支持电商走进农村。

（五）电商培训和企业孵化同步

按照揭阳市委、市政府"以电商集聚促揭阳成'云端城市'"的要求，揭阳市实施"十万电商人才培训工程"，成立电商培训大联盟，形成完善的

电商培训体系，着力推动揭阳市电商培训机构抱团发展。揭阳市组织开展
"四型"培训，即开展普及型培训，面向普通创业青年，组织职校开办电子
商务培训班，现已培训电商人才超过 3.5 万人次；开展精英型培训，引进华
南师范大学、揭阳职业技术学院及广东一库电商供应链有限公司等优秀团
队，参与举办电子商务精英班培训活动，目前已举办七期，培训精英人才
330 多名；开展涉外型培训，承办非洲国家青年电子商务领袖培训班、蒙古
国电子商务与物流发展高级研修考察团等活动，筹划与对外经济贸易大学、
广东工业大学等高校共建电商实训基地；开展实战型培训，支持揭阳军埔华
尔美网批第一城、海兴集团等为青年电商人才提供实战培训与创业孵化平
台，通过开展客户服务、美工装修、运营推广、网络营销一体化的实训培
训，免费提供创业建议指导，以及开放代理分销系统等，支持有志青年开展
电商创业。

二 揭阳市电子商务的发展思路

（一）突出规划引领，谋划产业发展蓝图

组织电子商务专题调研，按照"政府引导、部门支持、企业主体、市
场运作"的原则，大力推进"8610"计划，把揭阳打造成"电商强市"。
"8"指开展八项电商重点工作，包括建设可推广的电商样板军埔村，组建
高级专家顾问团队，创建电商研究所，筹建电商学院，出台全市电商发展规
划，制订工作实施方案，出台高含金量的扶持政策，筹建产业基金；"6"
指根据揭阳市产业集聚特点，创建六大电商集聚区，包括以军埔为中心的揭
东集聚区，以跨境电商为引领的中德集聚区，以粤东快递物流为中心的空港
集聚区，以服装、医药产业为重点的普宁集聚区，以城市核心区为依托的榕
城集聚区，以玉产业为载体的蓝城集聚区；"10"指实施"十万电商人才培
训工程"。

（二）扶持特色产业，加强行业资源整合

以揭阳玉器、服装、药材、鞋、不锈钢制品、模具六大传统产业为支撑，积极做好电子商务企业和行业龙头企业、知名品牌的网上产销对接活动，推动更多企业上网"触电"，扩大网络交易和电子商务活动，促进企业产品销售，培育揭阳市经济发展增长点。引进具有影响力的电子商务企业，提升集聚区知名度。引进电商软件开发公司、金融财务公司、物流快递公司和专业培训机构等电子商务配套企业，形成完整的电子商务产业链。

（三）构建发展平台，提供产业强力支撑

筹划建设面积约3万平方米的集培训、实习、经营于一体的揭阳电子商务海西（粤东）培训孵化基地，建立创业公共服务平台。加强电子商务人才培养，免费培训10万名实战型电子商务就业、创业人才，分期开办"企业高管人员电子商务精英人才培训班"，为企业转型升级提供高技能人才支撑。以组织非洲国家青年电子商务领袖培训班为契机，培育一批非洲国家青年电子商务领军人物，使之成为揭阳企业、揭阳电商开拓非洲市场、走向世界的先行者。在军埔村建设优质小学、幼儿园和廉租房等配套设施，为外来电商从业人员提供最便捷的生活条件，努力把军埔村建设成美丽乡村的样板。

（四）培育产业文化，铸造地方金字招牌

构建电商诚信自律机制，探索建立电商诚信制度，建立诚信基金和投诉先行赔付制度。组织开展电商人物评选活动。引导军埔网店进行工商登记和品牌注册，规范电商行业行为。加强与淘宝网等国内外知名电商平台合作，开辟"军埔"网络板块。继续组织开展系列宣传、营销活动，不断提升揭阳网店的知名度和美誉度。

（五）建设跨境园区，打造21世纪海上丝绸之路电商港

加快揭阳申报国家电子商务示范城市、跨境贸易电子商务服务试点的进度，依托揭阳扎实的产业基础、外贸基础和电商发展先发优势，在中德合作中，在德国建立销售平台，把中国优质产品销售到德国；着力打造根植当地、辐射带动周边地区的跨境电子商务发展高地，为欠发达地区跨境电商发展和外贸转型升级探索新路、积累经验。要联合京东、阿里巴巴，在它们的大平台下，创立精品网络专区，实现货物、仓储物流以及网络营销相结合。同时，引导外贸企业入园发展，加强与国内外电子商务平台和服务商的合作，推动一批跨境电子商务企业和项目落户揭阳市。继续以承办国家涉外电商培训为平台，推进21世纪海上丝绸之路沿线国家电子商务人才培训基地建设，争取与沿线国家洽签电子商务合作协议。注册"21世纪海上丝绸之路电商港"商标，推进21世纪海上丝绸之路电商港建设。

三 揭阳市电子商务发展的基本原则

（1）企业主体，政府推动。充分发挥企业在电子商务发展中的主体作用，坚持市场导向，运用市场机制优化资源配置。政府要处理好自身与市场的关系，创建更加有利于电子商务发展的制度环境，综合运用政策、服务、资金等多种手段推进电子商务发展。

（2）统筹兼顾，虚实结合。坚持网络经济与实体经济紧密结合发展的主流方向，全面拓展电子商务在各领域的应用，提高电子商务及相关服务水平，努力营造全方位的电子商务发展环境，推动区域间电子商务协调发展。

（3）着力创新，注重实效。推动电子商务应用、服务、技术和集成创新，着重提高电子商务创新发展能力。立足需求导向，坚持务实创新，选准切入点，注重应用性和实效性，避免盲目跟风和炒作。

（4）规范发展，保障安全。正确处理电子商务发展与规范的关系，在发展中求规范，以规范促发展。以网络运行环境安全可靠为基础，促进网络

交易主体与客体的真实有效及交易过程的可鉴证，加强对失信行为的惩戒力度，形成电子商务可信环境。

四　揭阳市发展电子商务的主要做法

（一）勇抓机遇，顺势而为

在全市电子商务产业崭露头角之时，揭阳市委、市政府敏锐地捕捉到这一市场动态，以空前的力度支持和培育这一新兴产业，提出要以"抓铁留痕"的力度建设电商高地。揭阳市主要领导亲自谋划、亲自推动、亲抓落实，调动了各个职能部门、基层组织及广大人民群众发展电子商务的热情。围绕促进商贸业及传统制造业转型升级的双目标，结合创建国家电子商务示范城市，以建设电商样板军埔村为切入点，对电商产业进行率先布局，创造可复制的电商产业发展模式，努力建设粤东乃至海西地区电商强市，形成揭阳电子商务先发优势。

（二）抓电商典型，打造军埔样板村

全市各有关部门围绕共同目标，全力支持军埔村发展电子商务，号召三大电信运营商对军埔网络基础设施进行升级改造，新建一批光纤线路、宽带节点和端口，实现了光纤到户和无线网络全覆盖，军埔村已成为潮汕地区网速最快、全省资费最低的地方。开展上门服务，为经营户提供现场办理工商登记和商标注册手续等。建设了电商培训中心，开展了覆盖全市、辐射周边的"全渗入式"免费培训，现已培训电商人才3.5万人次。与华南师范大学和揭阳职业技术学院进行合作，在军埔村举办电商人才精英班。促成北京大学光华管理学院15名学生、揭阳市市直优秀青年干部和军埔村青年网商结成对子，为电商发展注入智慧与活力。组织媒体采访报道，拍摄了宣传短片《十万马云在军埔》，军埔村专题报道多次在央视、央广网、《南方日报》等媒体上呈现，央视经济频道"经济半小时"对军埔村进行了深入报道，

甚至英国著名杂志《经济学人》和美国记者访问团等国外媒体也对军埔村进行了采访报道。同时，出台一系列扶持措施，针对电商企业融资难问题，金融部门给电商提供了贴息贷款，首期已争取到中国人民银行1000万元支农贷款。揭阳市先后出台了《军埔村电子商务企业贷款风险补偿暂行办法》《军埔村电子商务企业贷款贴息暂行办法》等政策措施，以金融杠杆助力中小企业发展。

（三）抓人才培训，培育专业人才队伍

将人才培训作为电商发展的基础性工程来抓，组织召开十万电商人才培训工作会议、全市加快十万电商人才培训工作会议，会同市人社局指导开展"十万电商人才培训工程"，在全市组织开展"四型"培训，即开展普及型培训、精英型培训、涉外型培训、实战型培训，有效破解当前电商发展中遇到的培训力度不足、培训层次单一、培训资源不全等难题，进一步推进揭阳市在电商发展中抢占高地、赢得先机，形成完善的电商培训体系，着力推动揭阳市电商培训机构抱团发展，打造具有全国影响力的电商培训基地。

（四）聚平台，建设六大集聚区

榕城区沿榕江黄金水道，以金属、鞋和陶瓷等特色产业为支撑，结合城区绿化和街区经济，建设21世纪海上丝绸之路电商港榕江国际电子商务产业园，形成"大树底下"的电子商务园区。空港经济区发挥潮汕机场、高铁等优势，结合粤东区域电子商务快递物流中心、潮汕传统产业批发会展中心规划建设，以玩具、动漫为主题，打造21世纪海上丝绸之路电商港国际玩具电商产业园。揭东区围绕"中国淘宝村"的提升发展和品牌溢出，做强做大21世纪海上丝绸之路电商港军埔村，辐射带动周边地区电商产业发展。普宁市依托服装城，推进发展21世纪海上丝绸之路电商港国际服装电商产业园，引导传统企业向电子商务转型发展，努力将内衣、家居服装等产品的市场优势转变为电商发展的先发优势。蓝城区依托广垦和京东两大集

团，加快建设21世纪海上丝绸之路电商港蓝城仓储物流一体化基地，规划实施电商与快递物流整合发展战略，把发展电子商务与发展仓储物流业相结合，规划设立快递物流集聚区，打造现代化电子商务经济圈，建设大型电子商务快件处理中心。中德电子商务集聚区以发展跨境电子商务为方向，加快与德国的产业对接。揭阳与德国有关方面合作共建的中德金属生态城已经成为广东对德合作的重要平台，通过一线办事机构与德国各大行业协会建立的良好合作关系，为搭建中德跨境电商平台打下坚实基础。

（五）抓服务体系，优化电商生态链

揭阳市电子商务协会、揭阳市军埔电子商务协会，各地电商协会和行业协会不断完善，形成了"政府推动、协会主导"的组织力量，为揭阳市电子商务规范发展提供智力支撑。积极招引广东一库电商供应链、云梯电商、邦想电商、电商港、博大、天猫科技等落户揭阳。移动、联通、电信三大运营商，全力加快完善网络基础设施建设，推动揭阳市与中国移动广东分公司成功签订电商港建设与4G产业化发展战略合作协议，双方将在基础网络设施建设、电商示范培训基地、21世纪海上丝绸之路电商港、传统产业升级改造、中德合作4G基地、4G产业生产基地六大领域开展深入合作，携手推进电商港建设与4G产业化发展，将揭阳打造成根植当地、辐射周边的"粤东电子商务中心城市"。另外，揭阳市人民政府与中国联通广东分公司"智慧揭阳发展与电子商务示范城市创建"战略合作协议的签订工作正在进一步推进。积极与阿里巴巴、京东等平台开展对接合作，揭阳市已与中国最大的自营式电商企业京东成功签订战略合作协议，在推动传统产业上，双方将在跨境电商示范区、仓储物流示范园区建设和电商人才培训等方面展开全方位合作，这必将为共建21世纪海上丝绸之路电商港起到重要促进作用。揭阳市加强与省内外城市开展电商交流合作，与内蒙古包头市达成初步合作意向，相关合作协议正在细化。推动出台军埔电商贷款贴息优惠政策，建立军埔诚信基金，缓解电商户融资难题。制定《关于推进我市电子商务发展的若干意见》，切实降低电商企业经营成本，打造电商发展高地。

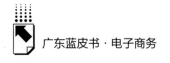

五　揭阳市电子商务发展存在的问题

在推进电子商务发展的过程中，揭阳市也清楚地看到了自身存在的一些问题，具体如下。

（1）电子商务发展总体层次不高。虽然揭阳市已经获批创建国家电子商务示范城市，但电子商务行业主要集中在揭东、榕城和普宁，其他县（市、区）整体发展水平还较低，处于起步阶段。

（2）服务支撑体系建设仍待加强。揭阳市互联网信息化发展不平衡，整体水平落后，服务配套基础建设程度偏低，信息化技术设施相对薄弱，网络通信设施及网络技术、资费水平、通信速度、安全和保障条件等有待进一步改善。

（3）电子商务人才短缺。一是高层次人才匮乏，能起到指导性作用、掌握电商知识的高层次人才明显缺乏；二是实用型人才匮乏，专业美工、网络技术人才、客服的数量还远远不够；三是创业人才匮乏，富有创业精神与创业智慧的网络经济人才和团队还有待挖掘和培育。

（4）统计制度和体系有待完善。目前，揭阳市的电子商务统计主要采用常规贸易统计和全面经济普查两种形式。在常规贸易统计的流转报表中，电子商务仅作为一项单独指标进行统计，未进行商品分类，也未区分零售额和批发额，且由于统计部门仅对经营地在揭阳市的电商法人进行统计，其得出的数据与实际数据存在差距。在经济普查时，统计部门往往采取调查个体的方式，通过向已知企业发放调查问卷了解情况，该方式随机性大，时间跨度长，数据存在遗漏，不全面、不系统，无法逐月形成系统分析报告。

（5）物流体系不完善。物流覆盖程度不够，没有形成系统物流网络，物流体系不够成熟，电子商务、仓储、物流配送、快递服务等产业链环节质量不高，导致运送成本高，电子商务发展困难。

（6）电子商务自有平台建设不规范。揭阳市虽然有一些商家对电子商务的探索很早就开始了，也自主开发了电子商务平台，但在研发、技术、安全方面存在瓶颈，也存在点击率不高、效果不太明显等状况。

（7）跨境电子商务建设尚未完善。目前，发展跨境电子商务平台所需要的"出口监管区（仓）和保税区（仓）"正在申报和建设，正式启用还需要一定的时间。

六　揭阳市下一步发展电子商务的工作安排

（一）在广东省人社厅支持下，创建电商培训大联盟

成立揭阳市电商培训大联盟，将其打造成凝聚电商人才的重要平台、服务电商青年的重要枢纽及发展电商经济的重要力量。在原来为初期创业者和务工人员培训的基础上，一是加强对各级领导干部的培训，实行差异化培训，让各级领导干部重视电商、支持电商，懂得如何抓电商产业。二是加强对企业家的培训，改变企业家的传统理念，使企业家真正懂得做大做强电子商务的意义。三是引进专业培训机构，创新培训方式，不局限于"淘宝系"的全方位培训，积极引进各种类型的专业电商培训机构，有针对性地开展培训活动，打造具有全国影响力的电商培训基地。

（二）在广东省经信委支持下，推动揭阳六大优势产业集群上网

大力推动优势产业发展电子商务，充分发挥电子商务拓市场、促消费、带创业的三重效应，形成电子商务发展多重优势。通过打造产业发展平台、推动产业转型升级，使玉器、服装、药材、鞋、不锈钢制品、模具六大优势产业在全国形成较强的影响力。另外，加速形成石化、金属、纺织服装、医药、玉器和战略性新兴产业6个千亿产业集群，为揭阳电子商务发展提供源源不断的产品支撑。

（三）联合广东省商务厅，创建中德跨境电子商务产业园和军埔跨境电子商务产业园

（1）以德国工商大会、德国雇主协会、德国家族企业基金会为纽带，把揭阳建设成德国精品网络销售专区。一是由揭阳中德金属生态城与德国工商大会、德国雇主协会、德国家族企业基金会、德国金属及电子企业联合会、德国机械设备制造协会、德国巴伐利亚州工业联合会、德国巴登－符腾堡州工业联合会等进行直接合作，组织德国各大行业协会企业形成合力，联合京东共同建设中德金属生态城·中德跨境电商平台。二是揭阳市金属企业联合会根据京东的大数据和消费者的需求，组织德国产品进入揭阳，在中德金属生态城建立保税物流中心和仓储物流平台。三是在京东的大平台下，创立精品网络专区，实现仓储物流与网络营销的结合；同时，整合揭阳市外贸企业和揭阳市依托军埔村大力推进的十万电商计划，面向全国市场打造电子商务销售网络平台。

（2）加强军埔跨境电子商务产业园的建设，争取揭阳申报成为国家电子商务示范城市及跨境贸易电子商务服务试点城市。利用军埔村"四点金""下山虎""牌坊"等传统潮汕民居，建设具有"中国气派"的跨境电子商务产业集聚区。加快海关特殊监管区的申报，探索建立跨境电子商务监管新模式，实现海关、检验检疫、国税、外管、第三方平台、电商企业之间的标准化信息共享和出口货物申报、监管流通的全流程动态跟踪。

（四）联合广东省农业厅，以揭阳"一镇一品"为重点，建设电商下乡工程

各级有关部门围绕"八个一"，即结对一个农业科技院所、确定一种拳头产品、培育一个龙头企业、扶持一个专业合作社、建设一个示范基地、打造一种营销模式、形成一个农业品牌、实施一项农产品上网工程，形成农业"一镇一品"发展格局。突出抓好农产品上网工程；组织好农产品电商考察学习活动，提高"一镇一品"发展的思想认识；30个重点镇形成各自电商发展实施方案；在京东平台上创立揭阳"一镇一品"营销平台；精心打造以军埔为旗舰、10个先导镇为引领的"1＋10"农产品电商示范体系；有针对性地培养一批农村电商人才；策划推广一批农产品电商品牌；创建一批省市共建及市、县、镇自建的电商农产品供应示范基地；每年举办一次"一镇一品"电商大会和表彰会，以扎扎实实的措施推动电子商务下乡和"一镇一品"上网，促进揭阳农业产业化、现代化。

（五）在国家邮政局指导下，创建国家级快递物流产业园，建设中小微电商企业集聚区，完善电商产业链

面对电子商务迅猛发展的态势，借鉴先进地区经验，结合区域特点，布局打造国家级快递物流产业园。推动区域快递行业发展，设立快递物流集聚区，整合全市快递物流资源，引导各大知名快递企业在区内设立分拨中心。规划实施电商与快递物流整合发展战略，把发展电子商务与发展仓储物流业相结合，加大电子商务与仓储物流业同高校、科研院所合作力度，在揭阳打造一个集产学研、仓储物流、人才培养、电商总部经济等于一体的现代化电子商务经济圈。探索建立适应电子商务等新型业态发展的快递配送体系，构建网络覆盖广泛、具有一定知名度和影响力的电子商务快递服务联合体，建设一个大型电子商务快件处理中心。为规范行业发展，推动出台《揭阳市快递行业服务标准》和《揭阳市快递产业园管理实施办法》，建立区域一体化服务质量评价体系和统一的行业管理信息平台，完善电商产业链。

（六）联合北京外国语大学，建立电商创新学院，推进电商征信体系建设，出台电商管理条例，建设电商文化体系，形成电商发展的良好生态环境

与北京外国语大学共建跨境电子商务创新基地工作正在抓紧推进，国家有关部委明确将军埔村作为21世纪海上丝绸之路沿线国家电商培训基地，揭阳市将以此为契机，联合北京外国语大学，建立电商创新学院。同时，推进电商征信体系建设，建立诚信保证基金和投诉先行赔付制度；积极引导电商企业加强组织化建设，促进行业自律，建设电商文化体系，努力营造"诚信、创新、开放、共享"的电商生态环境。

"星星之火，可以燎原"，揭阳电商创业的热潮，正在续写新的"阿里神话"，揭阳的电商"快车"正在加速前进，未来揭阳将被打造成互联网时代的"云端城市"。

B.23
云浮：营造电商发展氛围，促进电商平衡发展

摘　要：　云浮市属于山区，电子商务起步较晚，正处于起步阶段。目前，基本的电子商务形态和应用已经在云浮市形成，但电子商务企业的数量较少，电子商务的成长空间巨大。2014年，云浮市大力推动"淘宝·特色中国·广东馆"——广东（云浮）农村青年电子商务创业就业项目开展，电子商务得到了快速发展。

关键词：　云浮　电子商务　云计算

2014年，云浮市将电子商务作为重点培育产业来抓，大力营造浓厚的电子商务发展氛围，积极扶持企业发展电商业务，着力提升电子商务对云浮市商贸流通经济的引领作用，推动云浮市经济又快又好发展。

一　云浮市电子商务的基本情况

云浮市的电信网络覆盖率已经超过90%，并且拥有成熟的通信网络。大部分企业采用宽带上网，可以满足电子商务交易平台数据交换的要求，这为云浮市电子商务的发展创造了良好的发展环境。但云浮市电子商务起步较晚，发展较好的电子商务企业不多，目前只有云浮宅里活电子商务有限公司、云浮市阿门网络科技有限公司和云浮市阿拉丁信息科技有限公司。

二 云浮市电子商务发展的主要措施

（1）2014年上半年，云浮市组织外经贸局、经信局、公安局、国资委、工商局、中国人民银行云浮市支行、银监分局和各县（市、区）人民政府、工业园区管委会等单位统一行动，集中清理以电子商务名义开展标准化合约交易的行为。发动企业利用"广货网上行"和"广东易发网"电子商务平台促销。

（2）2014年下半年，云浮市组织团市委、经信局、外经贸局、农业局、旅游局及供销社等单位，大力推动"淘宝·特色中国·广东馆"——广东（云浮）农村青年电子商务创业就业项目开展。在活动中，云浮市充分盘活本地资源，指导和培训创业青年依托电商平台，积极参与本地符合条件的各类农业、食品、旅游、家居工艺、园艺等项目。

（3）以云浮石材博览中心和云浮石材产业城为依托，做大云浮石材网、石汇网等电商平台。在第十一届中国（云浮）石材科技展览会期间，开设的石材网上交易会交易平台"中国石材第一网·云浮石材"累计访问量超过50万人次，共有1176家企业近3万种产品参展，通过交易平台达成意向的交易额为2.8亿元。开发环球定制网，以O2O模式整合线上、线下两大市场，打造建材、家居一站式采购电商平台，帮助传统石材产业转型升级。另外，以佛山、云浮对口扶持为契机，大力开展对接交流活动，借助佛山在电子商务发展上的优势，加快云浮石材电子商务建设。2014年5月，云浮市代表团专程考察佛山云制造体验培训中心，详细了解云制造公共服务平台的主要特征和核心功能等，并与云制造专家进行了深入交流。代表们还到佛山新媒体产业园参观了多家电商企业。云浮市阿门网络科技有限公司与佛山市恩惟云制造科技有限公司签订了框架合作协议。

（4）大力支持新兴县建设以国家级云计算为核心的信息产业基地，大力发展电子商务。2014年8月，云浮市邀请中国国际电子商务中心研究院副院长李鸣涛前来做专题辅导；12月，云浮市在新兴县召开电子商务工作座谈会，并邀请中国国际电子商务中心研究院专业研究团队到场指导，会上研讨了如何推广应用电子商务、促进商贸流通业发展、加快推进传统产业转型升级等议题。

三　云浮市电子商务发展存在的问题

在大力开拓电子商务业务的过程中，云浮市也遇到了发展瓶颈，如石材行业电子商务面临重重困难。一是物流配送存在瓶颈。石材产品过于笨重，容易破碎，使得产品不能走快递通道，物流成本较高。二是售后服务难以完善。石材作为装饰建材，讲究花色、纹路的统一，由于装修铺设周期较长，一旦遇到补货或缺货，容易造成前后批次不统一，很难让消费者满意。三是线上渠道很难与线下渠道相媲美。消费者对石材品牌的认知度较低，云浮市石企品牌影响力不够，导致石材质量无法从线上考证。目前，石材电商多展示新产品或特价产品，甚少明码标价出售。

今后，云浮市将按照广东省商务厅的部署安排，进一步做好电子商务发展规划的研究编制和贯彻落实，加大政策支持力度，促进电子商务平衡发展；进一步开展国际交流合作，有效对接国际电子商务市场，通过电子商务实现国际化；进一步加强电子商务理论研究、宣传和人才培养等措施，为云浮市发展电子商务创造有利条件。

案 例 篇

Reports on Case Studies

B.24

创新突破，乘势而上

——佛山市飞鱼电子商务有限公司

一 企业基本情况

佛山市飞鱼电子商务有限公司是国内最大的家电电子商务运营商，华南地区较大的电子商务公司之一。2010 年，飞鱼电商专注电子商务，致力于提供优质卓越的电商一站式服务，包括前端视觉营销、品牌包装，中端运营推广、渠道拓展，以及后端订单处理、仓储物流和粉丝培养等各个模块，业务遍及天猫、淘宝、京东、唯品会、亚马逊、1 号店、苏宁易购等十多个知名电商平台。

飞鱼电商现已覆盖生活家电、数码产品、创意家居、精品家具、净化电器等产品领域的线上销售。除了自主品牌——德尔玛电器和奇克摩克数码外，飞鱼电商还在各大电商平台携手华帝、格兰仕、万和等国内知名一线品牌，以及荷兰飞利浦，德国凯驰、汉斯希尔，以及日本东丽等国际知名品牌；同时，成立了国内首家电商视觉工厂——"顺德家电馆"。

二 飞鱼电商电子商务发展情况

（一）销售情况

飞鱼电商创建了电商自主品牌德尔玛电器和奇克摩克数码，还提供网络品牌孵化创建、电子商务代运营、电子商务视觉设计和电子商务咨询等电子商务综合服务，和各大电商平台建立稳定的战略合作关系，形成品牌电商视觉设计包装、策划推广运营、客服销售及仓储物流等一体化的供应链配套服务。2010年以来，飞鱼电商自主品牌及代运营品牌互联网销售总额逐年迅猛增长，优异的业绩令业内瞩目，被称为"奇迹飞鱼"，2014年更一举成为国内最大家电电商运营商。

（二）模式特点

飞鱼电商现行最主要的合作模式有三种：一是由品牌商和飞鱼电商共同出资，组建独立的品牌电子商务公司，实现利益捆绑，共同运作。这种模式属于全盘战略深度合作，前提基于合作双方的深度了解与信任，对品牌和产品有充分的战略认同和完善的市场营销策略。二是现时业内更为通行的电商全网代运营模式，电商代运营商与品牌商签署代理合约，负责该品牌的全网渠道销售业务。这种模式的优势在于运营商依靠成熟的电商人才储备及电商操作流程，帮助品牌商实现网络推广、客服售后、仓储物流等。三是电商视觉设计创意服务模式，单纯的品牌"网络搬运工"服务模式将被淘汰，而基于视觉系统的全流程服务将是电商运营创新的核心业务。

（三）所获奖项

2010年以来，飞鱼电商被评为顺德区优质成长工程星光企业，成为广东省电子商务协会和顺德区电子商务协会副会长单位，以及顺德企业家协会和企业家联合会电子商务全面战略合作伙伴。飞鱼电商先后获得顺德区电子

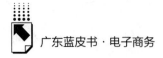

商务协会人才培养贡献奖，顺德区电子商务杰出贡献奖，广东省电子商务百强企业，顺德区电商服务类、网店类示范企业，以及顺德区电子商务诚信企业等荣誉称号。

三　飞鱼电商创新发展特色

飞鱼电商的成功转型和快速发展，除了归因于时下国内电子商务和信息技术发展的"天时"优势之外，还归因于地区政府对电子商务行业高度重视与地区制造产业多元化迅猛发展的"地利"优势，以及飞鱼电商集聚互联网创新型人才，以创业心境不断探索。另外，独具一格的电商互联网营运思维和创新模式也让飞鱼电商在互联网发展之路上大步跃进。

（1）资源整合打造区域品牌。飞鱼电商率先成立京东"顺德家电馆"，为顺德中小家电制造企业提供全链条电商配套服务，帮助其搭上"电商快车"，助推顺德家电产业的电商化发展，充分发挥顺德家电馆平台优势，为地区家电生产企业和知名电子商务平台企业牵线搭桥。

（2）充分发挥电商视觉设计营销力。飞鱼电商成立电商视觉工厂，专注打造品牌价值，提供包括视觉诊断、营销策划、视觉设计、产品线规划、产品摄影、影视传播等服务。飞鱼电商以多年的电商实战经验，创造了完整的视觉建设方式和视觉服务流程，帮助品牌在电子商务领域的视觉系统建设中发挥至关重要的作用，为网络品牌创造可持续盈利的视觉营销系统。

（3）创业型升级事业型团队建设。飞鱼电商人力资源规划采取由职业经理人向事业合伙人的人才战略转移，从源头灌输给员工"事业合伙人"的就业价值观，让员工把企业经营治理工作作为长期的事业，把追求价值对等的职业需求改变成对事业的忠诚和奉献。同时，飞鱼电商不断激励员工，使其追求更高的目标和具有更广阔的眼界。

（4）品牌与销量两手抓、两手硬。飞鱼电商注重网络品牌的塑造和提升，以品牌产品的质量为基点，在包装、服务等环节做到有效的品牌传播与传递，有效提升消费者对网络品牌的认知度与忠诚度；围绕产品销量着力通过消费者偏好调研、产品定位、爆款打造、销售结构调整、流量引入和关联销售等环节，构建和完善粉丝营销体系，增加消费者关注深度，并快速引爆销量。

四　飞鱼电商未来发展规划与方向

"家消费"是飞鱼电商的全新商业蓝图。未来，飞鱼电商将为消费者构建以家为中心的消费服务平台，坚持以集中适合年轻消费群体的大家电、生活小家电、数码产品、家居产品等产品为定位，联合全球多元化产业实现企业发展，完善全链条互联网电商服务体系，筑建一个电商经济生态圈。

B.25

中国首选的跨境电商一站式服务平台

——递四方信息科技集团

递四方信息科技集团（4PX Group）是中国跨境电商企业首选的一站式服务平台，主营业务分为软件、电商和物流三大板块。集团以物流为基础，以信息技术为核心，以 ECOSS（电商一站式解决方案）为战略发展方向，为全球跨境电商企业、品牌商、制造商提供包含软件、网站设计与优化、货源供应、在线分销、市场拓展与推广、全球仓储、跨境物流及供应链金融等服务，实现"全球品牌、跨国直销"。

递四方集聚了优势产业资源，致力于为中国优质制造商提供快速转型跨境电商的服务。递四方具有丰富的跨国运营、管理经验及强大的创新能力，目前已在全球市场建立了广泛及完善的供应链服务网络和运营体系。递四方的主要股东有深圳创新投资集团、新加坡邮政集团等。2014 年，集团营业收入约 30 亿元，员工超过 2500 人，在中国内地有 45 个分支机构，在海外有 7 个分支机构。递四方的主要业务如图 1 所示。

1. 物流

递四方的物流产品分为自主品牌、代理商业快递及邮政类服务三大类，共计 30 余种，主要服务对象为跨境电商企业和中小快件代理商。递四方速递是 eBay、PayPal、Amazon、Newegg 和阿里巴巴速卖通的全球物流合作伙伴，现有注册跨境卖家客户超过 30 万家。代表客户有兰亭集势、DX、大龙、爱淘城、环球易购、炽昂科技、德国傲基、三态电商等。递四方速递是新加坡邮政集团在中国内地唯一的合法代理，每天包裹出货量为 40 万~50万件。其中，自有品牌产品联邮通（Postlink），覆盖美国、大洋洲及欧洲的主要国家；在英国、德国、澳大利亚、美国和中国香港地区设有海外仓，每

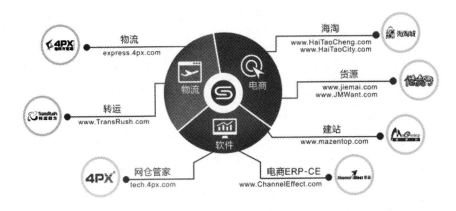

图1 递四方的主要业务

天处理海外仓订单履约 60000 票。

2.转运

递四方旗下的转运四方致力于为海淘用户提供高效便捷的全球转运服务，提供面向新加坡、马来西亚、澳大利亚、中国香港等多地的出口转运服务，以及面向美国、日本、德国等多个国家的海淘进口转运服务。转运四方的进口服务根据用户的不同服务需求，可以提供 7 种转运服务，用户可根据海淘商品的产地、价值、品类等自主选择适合的线路。转运四方是淘宝指定的国际转运商，为淘宝海外买家在淘宝购物提供高效的跨境转运服务。

3.网仓管家

网仓管家管理系统解决方案面向电商企业、品牌电商企业，提供电子商务平台信息化和电商物流信息化整合服务。通过整合国内外电商平台，网仓管家将电商在各种直营、分销渠道的订单、客户、库存等信息进行集成同步和统一管理，实现国内电商与跨境电商业务的高效协同运营。

网仓管家已与超过 20 家 C2C 或 B2C 第三方销售平台（如天猫、京东、新蛋、速卖通、拍拍、亚马逊、1 号店、eBay、唯品会、阿里巴巴、好乐买等）完成了 API 对接，实现了订单自动采集、数据回传等多平台交互功能。

网仓管家已与 15 家第三方仓储或物流公司（如递四方速递、顺丰、百

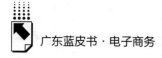

世汇通、网仓、发网、汉维、伊藤忠、EMS 等）成为战略合作伙伴，并实现了双方系统联通、单据互传、全国联网、多仓发货。

网仓管家已与 20 个线下 ERP 系统或财务系统（如金蝶、SAP、用友等）实现线上线下的系统对接，为传统行业客户或电商行业客户提供营销、财务、会员一体化整合的 O2O 解决方案。

4. 电商 ERP－CE

电商 ERP－CE 提供专业的多渠道线上电子商务管理平台解决方案，为广大零售商户提供一站式的创新零售模式 IT 系统建设服务。电商 ERP－CE 在功能上囊括了品类管理、供应链管理、订单管理、售后管理、账务中心、会员管理、平台监控、报表中心等主要功能。成功案例目前已经涵盖了连锁门店领域、电子商务领域、线上与线下融合领域、商品寄售领域和多销售渠道整合领域。

5. 建站

递四方旗下的美赞拓（Mazentop）拥有 ZenCart、Magento、PPCart 三大购物车系统，致力于为中国企业提供电子商务 B2C 购物车建设、企业网站建设等服务。基于强大的智能化网站建设系统、完善的功能模块、方便灵活的后台操作系统，其还可提供除英语外的多语言服务，为中国企业打造专业的外贸网店平台。

6. 货源

递四方旗下的借卖网（www.jiemai.com）是一个聚集众多供应商产品的资源整合型 B2B2C 网上交易平台。其结合自身物流优势，为外贸卖家提供外贸货源采购、仓储库存管理、产品刊登、订单处理、配货包装、全球配送等一站式服务。目前，借卖网提供的"优品中国"服务，让中国优质 OEM/ODM 制造商及品牌商以更低的人力成本、更少的资金投入、更短的启动周期、更全的营销布局快速走上了转型跨境电商之路。

7. 海淘

海淘城（www.haitaocheng.com）是递四方旗下提供全球品牌直播、直购、直送和专属导购的一站式服务平台。其精挑细选 70 多家海外优质商家，集聚全球 300 多个品牌的 40000 多种商品，将母婴、护肤保健、服饰、户外、家居、厨电等多种品类一网打尽。

递四方获得的荣誉主要有：2009 年，"CCTV 新锐企业奖"；2010 年，"福布斯中国潜力企业""PayPal 大中华区最佳合作伙伴"；2011 年，"APEC 中小企业峰会中国最具成长性新锐企业"；2012 年，"年度货代民营企业 50 强""货代企业空运 50 强""中国跨国电子商务物流最具竞争力十大领导品牌"；2013 年，广东省网商协会"年度极具价值跨境电商服务机构"，以及"深圳市重点物流企业""中国网上零售年会最佳跨境电商服务商""中国电子商务运营模式创新奖""年度跨境电商供应链示范企业"；2014 年，"最具潜力商业模式奖""最佳跨境电商仓储物流服务商"。

B.26

《女神的新衣》创新娱乐营销
——茵曼

继《爸爸去哪儿》爆红之后，真人秀节目发展呈现了井喷之势。伴随着商业化的大潮，娱乐与营销的捆绑不断强化升级，2014 年东方卫视播出的《女神的新衣》首次将综艺混搭电商，使电视连接网购，明星携手时尚设计师，实现了商业与娱乐营销相结合的多种突破与创新。借助《女神的新衣》舞台大放异彩的品牌买手茵曼，随着节目的持续热播而备受关注，在娱乐营销领域卓然不群。作为四大买手中唯一的互联网原创品牌，茵曼与《女神的新衣》的"原创精神"不谋而合，通过持续的整合传播，成为引领文艺时尚潮流的一匹黑马。

《女神的新衣》与电商碰出的火花正是对娱乐商业化模式的创新，为其提供了新的想象空间。与《女神的新衣》联姻是茵曼继牵手《同桌的你》之后，深化娱乐营销的又一个成功项目，从节节攀升的收视率和茵曼淘宝搜索与成交指数中可以清晰地看到这一点。

一 以最佳"原点"撬动品牌升级

对茵曼而言，《女神的新衣》是一个等待已久的机会。一直以来，茵曼的营销与公关传播侧重线上渠道，注重与顾客的互动交流，以优质的产品和服务，实现口碑传播效应。同时，茵曼在社交媒体平台重点布局，倾力推动内容传播和口碑传播。经过多年对"棉麻艺术家"文艺风的经营和市场培育，此时的茵曼需要一个能迅速打开市场、进一步扩大品牌影响力、撬动品牌升级的机会。

在茵曼看来，按照常规玩法，就是砸硬广、"高空轰炸"，或许在一段时间内，这能够引起一些关注，但这并不是茵曼想要做的。市场已经今非昔比：第一，顾客行为发生了改变。生活节奏越来越快，大家接受信息的渠道发生了巨变，以往的硬广与受众的沟通不再充分。第二，顾客构成发生了改变，"80后""90后""00后"，这一群主力消费大军更有想法，更有个性，关注的点也不一样。旧玩法已经跟不上时代了，必须创新一套符合茵曼发展现状的营销模式。对茵曼而言，重要的是找到一个高关注的"原点"，借此推动品牌的传播、沟通和渗透。

在《女神的新衣》节目中，明星们在镜头前大秀"时尚精"，这种接近生活的呈现方式更受粉丝和观众喜爱（见图1）。节目在包装方面也令人耳目一新，播放期间及前后带来集中爆发的话题和关注度，极大地带动了对茵曼形象的高度认知。同时，节目融合国内外优秀设计师团队，给茵曼产品带来了更多时尚设计元素，完成了品牌定位的巩固和突破。

图1 《女神的新衣》节目现场

二 娱乐即商业

《女神的新衣》在对综艺节目的创新与融合中，酝酿了出巨大的商业价值。"新衣原生出来的时候，品牌就生长在里面，成为节目内容、环节不可或缺的一部分"，茵曼相关负责人表示，"这是茵曼娱乐营销一直想做到的。过去节目、影视等先产生，品牌只能生硬地嫁接或植入，影响观众的体验，效果适得其反。茵曼借助《女神的新衣》在娱乐营销布局上，实现了商业即娱乐、娱乐即商业的自然整合，达到浑然一体，观众在观看娱乐节目的同时，茵曼品牌的植入与输出已经不知不觉深入人心"。

三 供应链的深度考验

《女神的新衣》"边看边买"的模式设计，对买手品牌带来的最直接的硬性考验便是快速供应链。节目录制约提前 1 个月,每期仅留给商家 2～3 周时间以完成成衣的批量生产,这不仅是对茵曼,也是对当前服装行业供应链的巨大挑战。据悉,快时尚代表品牌 ZARA 拥有全球最快捷的供应链体系,其平均响应速度也要 20 多天。天猫透露,想要加入买手团的品牌商家难以计量,许多品牌败在了供应链的要求上。经过多次筛选,综合品牌影响力、企业实力、品牌定位和供应链等多方面因素,天猫最终敲定了茵曼等品牌买手,而通过全程 10 期的历练,茵曼原本强大的供应链系统进一步得到了完善和升级。

四 粉丝效应引爆"双十一"预热战

"双十一"被认为是电商年度最为盛大的购物节,备战"双十一"成为众多品牌 2014 年下半年的重大命题。《女神的新衣》从 2014 年 8 月 23 日首播至 10 月 25 收官,长达两个多月的热播为茵曼带来了极高的曝光量、关注度和最直接的流量导入。而节目推出的"边看边买"模式,则大大提升了观众的互动参与感,成为互动营销的终极体验。同时,每期节目买手所拍"新衣",均可获得对应明星舞台照、定妆照,如此引发的粉丝效应及撬动的商业价值,更是广告或其他营销预热无法相比的。

B.27

"互联网＋"模式，助力广东实现
"大产业、大广货、大电商、全球化"

——广贸天下网

一　企业基本情况

广贸天下网（Mr‒Guangdong），是广州市人文网络科技有限公司（简称"人文公司"）旗下的电子商务平台。广贸天下网立足广东，依托广东专业镇、专业市场等优质广货基地资源，不断整合广交会、国际国内庞大的采购商资源，实现线下与线上资源整合，打造外贸与内贸并举的O2O电商平台。

广贸天下网于2010年3月上线，通过提供O2O和GPM（global precision marketing，全球精准营销）等差异化服务，已取得良好成效：现已有88个行业类别的7万多家会员企业；拥有149.3万家全球优质采购商，每年采购需求金额达5000亿美元；每天80多万次IP访问量，每月接收1400万条询盘邮件。

广贸天下网广货基地内贸平台，于2013年10月15日上线试运营。广货基地内贸平台将广东专业镇产业集群与专业市场大商流高度融合，采取专业镇厂家提供货源、专业市场商铺网上开店、广货基地内贸平台专业化运营的商业模式，取得了明显成效。目前该平台已涉及服装服饰、箱包鞋类、家用电器、居家用品、建材灯饰、文化礼品六大类产品，入驻2000多家生产企业、4000多家电商商户。

广贸天下网已与瑞士SGS全球权威认证机构达成合作意向，健全认证与诚信体系；与中远集团达成合作意向，完善供应链管理与物流服务；与第三方支付平台合作，完善在线支付功能，旨在建立集交易、标准、认证、在线支付、物流和信用体系等服务于一体的O2O跨境电子商务综合服务平台。通过"G＋"模式形成庞大的电子商务集群，通过品牌孵化、全球精准营销、网络广告、搜索引擎、在线交易等服务，获取持续的业务收入。

二 运营特色

（一）市场定位

广贸天下网专注于服务广东省专业镇产业集群和众多专业市场，帮助广东企业开展B2B跨境电子商务和内贸批发电子商务等，帮助广东企业面向全球采购商进行精准营销，是广东省内目前唯一专注于为广东产业集群提供全球贸易电子商务服务及全球精准营销服务的电子商务平台。目前，广贸天下网已经与广东省内30个专业镇、广州5个专业市场展开合作。2012年间接或直接促进会员企业外贸出口达180亿元，2013年超过200亿元，2014年超过280亿元。

（二）平台差异化

与国内众多的B2B电商平台相比，广贸天下网的业务及盈利模式有很大的差异化，具体表现为以下两方面。

（1）专注于促进广东专业镇、专业市场产业集群的转型升级。广贸天下网只专注于服务广东本土的产业，打造专业镇（生产）＋专业市场（流通）＋广贸天下网（平台）＋全供应链管理（物流）的新业态，改变"三现"交易模式，推动专业市场向现代化展贸市场转型升级，推动广东专业镇产业集群从制造向智造转型升级，塑造广东省专业镇区域国际品牌。

（2）注重深度服务型运营。广贸天下网拥有资深的外贸服务团队，企业只需提供产品和相关企业信息在广贸天下网的平台建立店铺即可，其他的

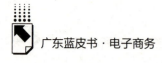

服务如全球精准营销、采购商引进和贸易洽谈等均由广贸天下网专业团队来具体操作，促成交易达成，广贸天下网只向赢得订单的企业收取少量佣金。这样的服务模式更受广大中小企业的欢迎，服务效果也非常好。

三 在行业中的地位和竞争力

（一）大数据优势资源

截至 2015 年 2 月，人文公司旗下外贸平台 Mr – Guangdong 有 149.3 万家来自全球 200 多个国家和地区的优质采购商资源，每年采购需求金额在 5000 亿美元以上，其中每年采购额在 2000 万美元以上的大客户采购商有 3200 多家。

Mr – Guangdong 凭借采购商资源优势和成熟的产品电子杂志，提供全球采购商、线上揽客现场线下贸易撮合、广交会期间采购商与广东企业家对接洽谈、采购商广东产业集群考察和重点企业采购对接、企业电子杂志全球精准营销等差异化服务，快速跃居全国 B2B 电子商务领域前三位，成为广东本土独具特色的电子商务平台。

（二）"互联网＋"模式

"互联网＋"模式就是在广贸天下网大平台、大数据的基础上，为各产业集群量身定制，能够独立展示、独立运营的电子商务平台模式。该模式既可满足全球采购巨头的纵向买方市场和制造商联盟的横向卖方市场的贸易需求，又能实现集贸易流、资金流、信息流、物流等于一体的跨境电子商务产业集聚。

（三）建立可靠的诚信体系

广东产业集群电子商务平台入驻的企业，都是真实存在的企业，能够有效保障产品的质量和售后服务，使用户放心购买。此外，人文公司与瑞士

SGS 公司达成合作，为专业镇培育和认证"广货（全球采购）基地"，为制造业企业培育和认证符合全球所有国家和地区产品质量检测标准的"全球优质供应商"，建设诚信体系。

四 战略目标

广贸天下网的目标是：实现广州 50 个专业市场、3 万家商铺与广东 150 个专业镇产业集群对接，打造专业镇（生产）＋专业市场（流通）＋广贸天下网（平台）＋全供应链管理（物流）的新业态，改变"三现"交易模式，推动广州专业市场向现代化展贸市场转型升级。

广贸天下网通过信用体系、全供应链管理物流服务、在线支付系统、客户管理系统等，建立一站式的 O2O 交易平台；通过"G＋"模式，形成庞大的电子商务集群；通过会员服务、O2O 服务、网络广告、搜索引擎、在线交易服务等，获取持续的业务收入；通过合作、共建等模式，在国内外商贸中心城市建立广货 O2O 展示体验交易中心；以大产业、大广货、大电商为路径，最终实现全球化的总体目标。

B.28
自建平台迎突破，线上线下创销售
—— 华帝股份有限公司

华帝股份有限公司成立于 2001 年 11 月 28 日，其前身中山华帝燃具有限公司成立于 1992 年 4 月。华帝主要从事生产和销售厨房用具、家用电器，同时还拥有企业自有资产投资、进出口经营业务。华帝燃气灶具已成为中国灶具领导品牌，燃气热水器、抽油烟机分别进入全国行业三强。2006 年 4 月 28 日，华帝获批成为北京奥运会燃气具独家供应商；2008 年 3 月，华帝成为北京奥运会祥云火炬制造商。

华帝作为厨卫电器行业的领军企业，早在 2010 年便洞悉行业发展趋势，开始涉足电子商务领域。2011 年，公司特别成立新兴渠道部，将电子商务作为重点业务进行推进；2013 年，新兴渠道部升级为电子商务中心。华帝电商坚持"创意营销""速度营销"的理念，销售额从 2010 年的几百万元迅速增至 2014 年的近 6 亿元。但是，一连串喜人的销售数据饱含着华帝人在电商探索道路上探索的无限曲折。

一 跃跃欲试的新渠道

对于大家电这种标品，无论是品牌竞争还是渠道竞争，都异常激烈，大家都在寻求突破，在品牌集中度较高的前提下，渠道变革自然成为一种重要手段。起初，华帝上线了自建 B2C 网站，网上下订单，线下的配送和安装交给了经销商，但是经销商的"软抵制"让这个网站基本上名存实亡。而且自建 B2C 引流成本高，随着消费者的教育成本逐年提高，在网站运作将近两年的时间里，华帝投入了大量的财力和人力，收到的效果却不明显。华帝决定将第三方平台作为主要发力点，2011 年，华帝收回了之前的代运营业务，寻找愿意参与电商变革的经销商，北京、重庆和广州三地的经销商自愿参与进来，他们多年代理华帝的产品，了解华帝，具有一定忠诚度，自身对电商的兴趣促使他们在做线下业务之外，也进行电商运营的尝试，全网分销模式在华帝被确定下来。同时，华帝又迅速与京东、苏宁易购、国美等签约合作。至此，华帝的电商销售渠道基本搭建完毕，这也为接下来几年其销售额高速增长提供了有力的保障。

二 "电商成长红利计划"

确定了电子商务要用全网分销模式发展后，华帝发展电子商务还要面临另一个阻力——线下经销商。首先，线下经销商接电商的订单配送安装，这部分业绩不划归经销商。其次，B2C 阶段的华帝电商没有自建供应链，线上线下货品无区隔，造成网上价格按照企业的零售标准制定，经销商的定价原则则是通过渠道的层层加价获取利润，网络的透明化，让经销商的利润无秘密可言，也在一定程度上侵蚀了他们的利润。

电商侵害了经销商的利益，华帝便将利益进行了再分配，对于线上，华帝专门开通了一条供应链，将线上线下产品进行区隔。同时，华帝在经销商中推行了一次"电商成长红利计划"，以利润吸引经销商加入华帝电商的变革。以配送安装为例，正常的一套烟灶的配送安装费用为 60 元，第三方合作可以使经销商得到 80 元，而自己的经销商接手就可以得到总部给的 360 元的费用。这个利润刺激了经销商，对他们而言，可以多赚取电商的配送安装费用。

三 创意呈现好产品

好的产品还要有好的展现，因为网上没有导购。从 2012 年起，华帝便投入重资对所有产品进行网络视觉的重新创建和优化，每个产品的网络视觉

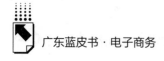

创建都经过了多次测试和改进。恰到好处的烟灶套餐搭配、立体的产品呈现、良好的灶具火焰效果、极具美感的产品设计、极高的性价比，无不体现了华帝品牌的国际化风范。

2015年，华帝电商首次将极客"多10%精神"的互联网思维引入烟机行业，专为追求极致产品体验的消费者打造特定产品，"18m³/min大风量""全机身304不锈钢""蒸汽热水洗"在行业同等价位段的烟机产品中占据绝对优势。

四 速度体现好服务

服务体验也一直是影响厨卫电器产品销售的重要因素。华帝主动要求京东开通线上客服功能，这让整个家电行业另眼相看并且纷纷效仿。华帝电商对在线客服人员进行严格、专业的岗前培训，要求必须在5秒内响应消费者的在线咨询。快速的响应和标准、专业的答复使得华帝电商在线客服的咨询转化率一度接近30%。在货物配送方面，在使用阿里菜鸟、京东、苏宁易购等销售平台自有仓储体系的同时，华帝电商启动"电商宅配项目"，以补充销售平台尚未涵盖的配送区域，据反馈，华帝电商的宅配服务在配送速度、服务态度、安全送达率等方面都得到了广大网购消费者、销售平台的认可和好评。

五 布局O2O，赢在新时代

在借助淘宝、天猫、京东、苏宁易购、国美等发展电商业务的同时，华帝也在积极整合资源构建华帝自己的O2O，店商和电商将会融为一体，不分彼此。届时，华帝门店将变身为消费者厨卫电器甚至更多产品的一站式购物中心。消费者可以看到、体验自己心仪的产品，也可以通过网络选购更多、更全的华帝产品，同时还可实现门店自提或送装一体服务。O2O的成功建立，必将进一步加快华帝电商的发展步伐。

B.29
创新企业优秀示范展示

—— 友利电商园

一 企业发展历程

广州友利电子商务产业园有限公司（简称"友利电商园"或"园区"）的前身是番禺友利玩具厂，创建于1959年，以来料加工生产玩具为主。2011年，友利电商园通过产业结构调整升级改造，搭建了一个以电子商务为主题，集商务交流、展示发布、时尚休闲、风情美食等多功能于一体的产业园区。园区占地2万平方米，总建筑面积6万平方米，重点打造广东省电子商务示范基地。

二 园区配套

园区的配套设施包括：电商服务中心，容纳1200人的会务展示中心，24小时值班的安防中心，全新的日立电梯，电信100 MB光纤网络，200个停车位，南粤银行番禺支行，蓝雀艺术酒店，友利公寓。

三 区位优势

园区位于广州市番禺区市桥街光明南路199号，毗邻易发商业街、友谊商店、番禺宾馆、华润万家、新大新百货、英东体育馆、东方电脑城等具有影响力的商业单位。园区邻近105国道、京珠高速广珠北段、广深高速、新光快速、华南快线、南沙港快速；距番禺区政府2公里，距莲花山客运码头

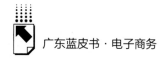

15 公里,距南沙客运码头约 35 公里,距广州南站 7 公里,距白云国际机场约 40 公里,距广州市中心 12 公里,距东莞市 40 公里,距深圳市 60 公里,距佛山市 15 公里。

四 园区定位

园区入驻单位主要以移动电商及跨境电商企业为主,目前已有 200 家,其中电商企业 120 家,包括阿里巴巴番顺分公司、广州启橙电子商务有限公司、广州邦诚科技有限公司、广东华聚粤文化传播有限公司、广州爱婴怡贸易有限公司、广州茗思个人形象设计有限公司、广州蓝雀情怀艺术有限公司等知名电商企业。

五 品牌推广

2014 年,园区为入园企业多次组织了招聘会、校企见面会、跨境电商培训、跨境电商高峰论坛等活动,同时冠名"美在番禺""食在广州"摄影大赛等大型活动,受到了各界及相关领导的好评与重视。

六 园区荣誉

2012 年,园区获得中国建设银行"最具潜力合作伙伴"称号。2013 年,园区获得广州市工商局"重合同守信用企业"称号。2014 年,园区成为广州市番禺区电子商务协会常务副会长单位;获得"食在广州"摄影总冠名权、"美在番禺"电商模特摄影大赛总冠名权;被番禺区评为"优秀电子商务园区"。2015 年,园区成为广东省电子商务协会常务副会长单位。

开启跨境电商企业高速发展的新纪元

——广东卓志供应链服务集团有限公司

广东卓志供应链服务集团有限公司（简称"卓志"）成立于 1997 年，是从港口物流业务成长起来的民营外贸综合服务企业，主营业务是为中小企业提供贸易代理、融资、通关、退税、物流、保险等一站式外贸供应链服务。卓志旗下拥有一个全资国家二类开放口岸及多个专项场站，集团拥有国家 5A 级综合服务型物流企业、广州市跨境电子商务试点企业、全国优秀报关单位、海关 A 类管理企业等多项荣誉。2013 年，卓志平台规模流量达 130 亿美元，拥有用户 12000 余家，实现供应链营业收入 42 亿元，居 2013 年广州民营外贸进出口企业第一位。2014 年，卓志实现总体营业收入约 140 亿元，并已在服装、化工、粮油、水果、烟花等多个行业及多个供应链领域取得了优势地位。

卓志具备雄厚的信息化设计和研发能力。2010 年，其"综合物流信息平台"成为广州市电子商务发展"十一五"规划重点建设项目。2012 年，为广东出入境检验检疫局建设完成市场采购出口商品公共服务平台。2013 年，成为广东出入境检验检疫局跨境电子商务公共服务平台的建设运营方；2013 年 8 月，公司与广州市对外贸易经济合作局签署了关于推进广州跨境贸易电子商务服务试点城市申报及建设工作的合作备忘录；2013 年 9 月 24 日，由卓志主笔起草的《广州市跨境电子商务服务试点工作方案》获海关总署批准；此外，卓志与广东出入境检验检疫局签订了"跨境电子商务公共服务平台与质量安全监管模式的研究及运用"项目研究协议，并已通过项目评审，进入推广阶段；同年，卓志成为广东出入境检验检疫局跨境电子商务公共服务平台。

与传统贸易方式相比,跨境电商正以市场全球化、交易便捷和成本低廉等优点受到越来越多客户的青睐。2013 年,中国跨境外贸电商交易额突破 3 万亿元,实现约 30% 的增长。在跨境电商的急速扩张中,一些制约其发展的因素也逐步显现,如何进一步提高通关效率,降低贸易成本,解决结汇、退税难等问题,都是跨境电商面临的课题。而卓志在这方面做了有益的尝试。

2014 年 3 月,广州市卓志供应链服务(集团)有限公司推出"贸通天下"跨境电子商务服务平台(见图 1),实现了与电商企业、物流企业,以及海关、检验检疫等监管部门的通关申报全信息化对接,并已同阿里菜鸟、唯品会、敦煌网、京东、1 号店、广电商、广贸天下、绿瘦等国内知名跨境电商企业建立了战略合作伙伴关系。

图 1　"贸通天下"平台界面

在出口方面,该平台通过"清单核放、汇总申报"的方式,解决了电商企业原来商品以邮件、快件渠道出境无法办理退税的问题。在进口方面,该平台借助保税区等特殊监管园区的政策优势，采取"整批入区、B2C 邮快件缴纳行邮税出区"的方式，降低了电商企业进口货品的价格，比境内终端售价低 30% 以上。跨境电商企业只需在贸通天下服务平台（www.e111.com.cn）上进行简单的企业备案和商品备案等数据交换，就可完成复杂的报关、物流、信保、融资、收汇、退税等操作。对消费者来说，只需要在家点点鼠标，通过跨境电子商务网站下单，就可以由国外直接发货，省去了烦琐的购买过程，带来了购物成本的降低。此外，由于有海关、国检等监管部门作为保障，商品质量也有保证。

B.31

打造 P2P 网贷标杆企业，将安全进行到底

——民贷天下

一 基本介绍

（一）民贷天下的背景

民贷天下互联网金融平台（www.mindai.com，简称"民贷天下"），是在广州市人民政府的支持下，由广州产业投资基金管理有限公司旗下广州科技风险投资有限公司及民生加银资产管理有限公司联合投资。实缴资本 1 亿元，是国内屈指可数的亿元级互联网金融平台。

该平台为广大合格投资者和有融资需求的企业、个人提供专业高效、安全可信的投融资服务，为资金需求方与供应方提供包括信用咨询评估、融资方案制订、信息登记、交易撮合等中介服务。民贷天下通过持续不断的产品创新和风控模式创新，致力于打造国内领先并具有重要国际影响力的综合性互联网金融平台。

（二）投资方介绍

广州产业投资基金管理有限公司是广州市人民政府为推进产业转型升级、放大财政资金引导效应、激活社会投资、强化区域金融中心地位而专门成立的产业投融资平台。

民生加银资产管理有限公司为中国民生银行附属机构，是中国证监会批准设立的专门从事特定客户资产管理及中国证监会许可的其他业务的专业化资产管理公司。

二　运营情况

民贷天下于 2014 年 12 月 31 日正式上线，上线首日成交量就突破 1680 万元。自 2014 年 12 月 16 日试运营起，至 2015 年 3 月 31 日，平台已发布民保理、民银票、民担保、民资信、民融租五个产品类型，累计撮合交易总额约为 1.96 亿元（见图 1），为投资者获得了 608.38 万元收益。

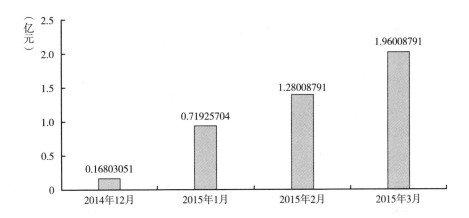

图 1　民贷天下月累计撮合交易总额

三　安全保障

为更好地保障投资者的利益，民贷天下对风控制度和风控水平做了进一步优化和提升。平台实行"四重安全保障措施"：第一，银行级风控审核标准。民贷天下对合作机构及具体借款项目参照银行风控体系，进行严格的准入和评审工作，重点选择与有国资背景、股东实力雄厚、经营规范、运行良好的机构合作，严格审核具体项目的借款人资质。第二，合作机构本息担保。若项目实际借款人未能及时偿还本息，将由合作机构履行全额本息担保。第三，风险保证金先行垫付。若合作机构暂不能及时履行全部本息担保责任,将使用合作机构置于平台的风险保证金进行先行垫付,投资人所持有的借款人权益将自动转让给民贷天下合作伙伴。民贷天下要求部分合作机构按一定比例缴纳风险保证金,平台将每月公布一次风险保证金余额。第四,若上述保障措施均不能及时、全面地保证投资者的本息安全,平台将先行为投资人垫付全部本息,投资人所持有的借款人权益将自动转让给民贷天下,再由平台向实际借款人追偿(见图2)。

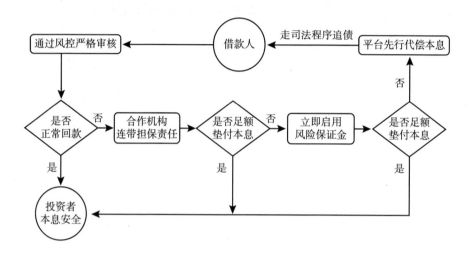

图2 民贷天下的安全保障措施

民贷天下将会严格履行企业责任,帮助理财人实现财富梦想,保障所有投资人的利益。上述安全保障措施适用于民贷天下的所有投资者,当然国家政策、法规要求的特殊情况除外。

四 社会责任

2015年3月26日,由著名导演高希希和民贷天下联合主办的"高希希-民贷天下筹备公益基金会启动仪式暨战略合作签约仪式"在北京举行。双方联合发起并且筹备组建公益基金会,同时启动首个公益项目"关注中国水安全"(见图3)。

图3　高希希－民贷天下筹备公益基金会启动仪式暨战略合作签约仪式

五　企业荣誉

2014 年 12 月 10 日，民贷天下加入中国小额信贷机构联席会，成为华南首家加入联席会的 P2P 平台。2015 年 1 月 23 日，民贷天下入选"2014 羊城地铁族金融口碑榜"，并当选"年度新锐互联网平台"。2015 年 3 月 10 日，公司加入广州互联网协会，成为常务理事单位。2015 年 3 月 11 日，公司加入广东省电子商务协会，成为副会长单位。2015 年 3 月 27 日，广州互联网金融协会成立，公司成为其理事长单位。2015 年 3 月 28 日，公司荣获第五届中国小额信贷机构联席会年会"中国小微金融最具发展潜力奖"。

B.32
打造专业互联网平台，提供优质金财税服务

——广州普金计算机科技股份有限公司

一 基本情况

广州普金计算机科技股份有限公司致力于建设中国最优秀、最专业的金财税服务行业平台。公司作为"双软"认证和系统集成三级资质的高新技术企业，获得了 ISO 9001：2000 质量管理体系认证与 CMMI 3 认证，拥有数十个自主知识产权的技术和产品，获得多个国家级、地市级荣誉称号。2006～2011 年，公司连续 6 年获得广东省"守合同重信用企业"荣誉称号；2011 年，公司入选"广东青年领军企业上市孵化工程 100 家重点企业"；2012 年，公司荣获中国软件行业协会颁发的企业信用评级 AAA 等级证书，并被广东省国家税务局、广东省地方税务局评定为"2010～2011 年度纳税信用等级 A 级纳税人"；2013 年，公司成功入围广东"亿元级"高成长性青年领军企业提升计划；2014 年 1 月，公司经全国中小企业股份转让系统审核同意，成为广东省首批在"新三板"挂牌的企业（股票代码为 430486）；2014 年 5 月，公司被评选为"互联网与工业融合创新试点企业"与"广东省两化融合管理体系贯标试点企业"。公司旗下主要的平台与产品如下所示。

1. 普金网——金财税电商平台（www.ego366.com）

普金网是普金科技旗下全国首家金财税行业 O2O 平台。依托普金科技在金财税领域多年的积累和形成的优势，其努力推动商业模式创新及新业态变革发展，优化整合普金科技多年积累的软件、应用、服务、渠道、品牌、网站、公信力、核心技术等线上及线下资源，通过 O2O 商业运营，开创了

集综合企业投融资服务平台，财税软件服务平台，财税人员远程培训中心，企业资质测评、验收平台，以及财税中介服务平台于一体的一站式专业金财税企业服务平台。2014年，普金网成为广州市中小企业局认定的公共服务示范平台。

2. "税融宝"服务——创新企业融资方式

"税融宝"服务是指金融机构根据企业纳税信用以及缴纳税款情况，向诚信纳税的中小企业提供相关的融资产品及金融服务。

普金税融服务平台将为中小企业提供一站式数据提交服务、预授信服务、资信服务、贷款申请服务，帮助企业凭以纳税信用为主的评估模型取得信贷额度，通过互联网平台解决资金需求问题。目前，这种税银合作、"以信养信"的金融服务方式在全国属较新尝试，国家政策大力支持，基于税收信用的电子商务平台将成为发展趋势。

3. "税利方"——普金财税健康体检工具

普金财税健康体检工具能及时发现企业涉税问题，帮助企业根据现行税收法规进行合理、合法修正或补缴所欠税款，避免风险的集中爆发，进而提高企业纳税遵从度，共建和谐税企关系。

二 公司核心竞争力

（一）纯熟的财税数据采集和挖掘技术——公司财税软件业务技术壁垒所在

财税领域是典型的数据密集型领域。公司建立了财税数据采集平台并掌握了自主核心技术——财税数据智能化应用技术，可实现对企业海量财税数据与行业数据的采集、智能分析及综合比对。目前，平台支持的数据库类型有12种，采集兼容的软件接口400余个，支持行业数量超过300个。

凭借智能、精准的数据采集及挖掘技术，公司曾为国家税务总局稽查局

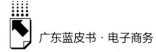
对中国工商银行税收专项检查提供专业技术支持，为广东省地方税务局稽查局对中国建设银行、中国农业银行电子数据处理提供技术服务。

（二）产品（服务）用户基数大——业务协同效应强

公司财税信息化服务领域内的活跃会员用户达 35 万家，公司产品（服务）对象集中于纳税企业或企业财税人员。每个企业都有财务部门，都需要财税产品及服务，财税是企业的命脉，基于用户习惯容易产生较强黏性，有助于公司培养忠实的客户群体。

（三）优良的行业口碑和品牌公信力

公司与国家税务总局、各省市税务机关、广东省财政厅、各大科研机构、广东财经大学、广东金融学院等建立了稳定的合作关系，与中国注册理财规划师协会、广东省税务学会、广州市注册税务师协会、广东省民营科技企业协会、广州市科技金融促进会、广州市财政会计学会等保持了密切的合作。

（四）公司具备强大的资源整合能力

公司作为获得"双软"认证和系统集成三级等多项资质荣誉的高新技术企业，获得了 ISO 9001:2008 质量管理体系认证与 CMMI 3 认证，目前拥有计算机软件著作权 25 项、产品登记证 16 项、商标 6 个，获得过多个国家级、地市级荣誉称号（见图1）。

图1　公司所获荣誉

三　公司发展前景

2014 年 1 月 24 日，在新三板扩容时，公司为全国首批挂牌企业，成为广州市首批在新三板挂牌的 8 家企业之一。

（一）成为"新三板"中的明星股

随着全国中小企业股份转让系统各项制度及配套政策的加速出台，以及做市商制度、竞价交易机制、注册制、新三板指数等的陆续推出，新三板的活跃度提高，优质的企业将在机构及投资者的驱动下被市场发掘，普金科技目前已在新三板崭露头角，股价稳健增长。

（二）未来可能转至创业板

全国中小企业股份转让系统明确支持尚未盈利的互联网和高新技术企业在新三板挂牌一年后到创业板上市。公司以 35 万活跃会员用户为基础，正在打造"金财税电商服务平台"，全面满足中小企业在金融、财务、税务领域的业务需求，且预计 2015 年、2016 年收入及利润规模将呈快速增长的趋势，属于全国股转系统明确支持可转板的互联网企业。

（三）专业化行业电商平台将成为投资热点

目前，以实体产品和线下娱乐服务资源为支撑的电子商务市场已经较为成熟和火爆，市场的竞争也较为激烈，部分专业程度较高、市场较为细分的电子商务平台则正处于市场开拓的阶段。基于金财税服务的电商处于空白状态，市场上尚未出现基于电子商务，整合金融、财务、税务服务等业务，为企业打造金财税一站式服务的平台。公司全力打造的"金财税电商服务平台"将把握市场先机，成为国内首个聚拢金财税线下资源、通过 O2O 形式向企业提供以金财税服务为核心的企业服务的专业化电商平台。

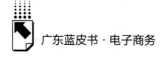

（四）紧跟大数据＋云服务的潮流

公司将基于多年积累的数据分析及挖掘能力，在原有数据引擎和应用范式基础上，为相关行业的"泛数据"和"全数据"应用创造条件，并在数据、应用、管理、维护等方面实现云端化。为适应行业生态演化和互联网化环境下不同的应用场景，公司积累面向财税、金融服务的行业解决方案，形成面向未来的行业核心能力，以及类似 OSRIS、BVD、标普可比企业库的行业税融数据库，并促进形成两化融合等高端业务的行业标准。

深圳市电子商务公共交易服务平台

——"深商 e 天下"

"深商 e 天下"是国内领先的集商品交易、宣传推广和诚信品牌商品于一体的一站式网购平台。平台具备完整的展示功能与完善的交易功能，凭借国内领先的技术开发能力和独具特色的产品供应能力，占据深圳乃至珠三角地区的电商平台领导地位，在国内具有较高知名度，并逐步趋向国际化，成为"诚信优质、永不落幕"的深圳商品网上交易市场。

一 公共交易服务平台

由深圳市人民政府支持，深圳市经济贸易和信息化委员会组织，深圳多个局委、各区政府等参与的，深圳报业集团主办的"深商 e 天下"深圳商品网上交易市场（见图 1），通过打造覆盖深圳电子商务全产业链的公共展示平台和交易平台，推动深圳商品走向国内外市场，扩大内销与外销规模，将深圳打造成具有全球竞争力的电子商务城市。

（一）为深圳电商企业提供电商服务

利用平台的整合能力与自身资源，"深商 e 天下"为深圳电商企业提供包括认证、建店、推广、优化、销售、App 开发等免费公共服务，同时，整合深圳具有电子商务应用开发、运营维护及服务能力的企业，组建涵盖电子商务产业链的电商服务队伍，为广大电商企业转型提供最超值的电商应用、运营维护、其他配套服务，提高深圳电子商务竞争力。

图1　2012年11月15日"深商e天下"启动仪式

（二）扶持传统企业发展电子商务

对于还未开展电子商务业务的企业，尤其是传统的制造企业，"深商e天下"通过为其提供专业化、个性化的定制方案，帮助企业"触电"，提高企业的电子商务运营效率。

（三）提高电子商务企业的运营效率

对于已经开展电子商务业务的企业，"深商e天下"通过设计符合企业形象定位、品牌定位和销售定位等个性化需求的电子商务解决方案，借助深圳报业集团的品牌公信力和传播影响力，帮助企业改进电子商务运营模式，提高企业品牌形象，提高企业产品的市场占有率。

（四）提升深圳商品市场占有率

对于符合深圳市民需求的产品以及深圳企业生产的各类产品、服务，"深商 e 天下"通过搭建高效、准确、覆盖面广、传播力强、转化率高的电子商务平台，提高深圳产品和服务在全国乃至全球的知名度及市场占有率。

"深商 e 天下"上线以来，获得了多个奖项和荣誉：①2013 年、2014年，连续两年获得深圳市重大项目称号；②2013 年，被商务部授予"最佳服务园区"称号；③2015 年 1 月，获得深圳互联网年会组委会"深圳市互联网品牌 100 强"称号。

二 平台构成

"深商 e 天下"是深圳电子商务的官网，运营平台包括三大业务板块：B2B 平台——深商网、B2B2C 平台——超级猫和自创健康品牌"桃源壹号"。

（1）深商网，该网是"深商 e 天下"核心平台，旨在为深圳企业、深圳品牌、深圳产品和深圳服务提供一站式、专业化和定制化的电子商务解决方案。

（2）超级猫，该平台使品牌商、运营商和渠道商"三商一体"，以店中店的形式打造"专、诚、省、信"的品牌网购商城。通过单独渠道招商和满足深商网平台入驻企业的产品销售需求，为深圳知名品牌打造"品牌产品直营商城"，经营销售商品涵盖食品、母婴、手机数码、生活日用等 12个品类 30000 余款。

（3）自创健康品牌"桃源壹号"，"深商 e 天下"充分发挥自身公信力优势和品牌传播优势，自创健康生活品牌——"桃源壹号"，以负责任的态度在全国主要农产区建立农副产品直供基地，涵盖生鲜、果蔬、地方特产等品类的几十款产品，建立生鲜产品直供直营体系，实现健康、安全、口感三者结合，致力于创建一个从农田到餐桌天然安全、农户与家庭互惠互利的绿色可持续循环生态系统，以原产地直供和严格第三方检测保证食品和食材安全、美味、营养、健康，提高深圳市民生活品质。

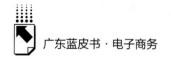

三 平台发展

截至 2014 年底，入驻"深商 e 天下"平台的深圳企业涵盖了电子商务的六大类市场主体，总数已超过 6500 家，其中传统企业超过 60%；"深商 e 天下"英文频道上线；深圳企业在"深商 e 天下"上开设网店 450 家，销售商品 35000 多种，交易额突破 4 亿元；深圳企业生产或代销的纳入平台自营采购体系的商品 3200 种；全年为平台和入驻企业及产品投入宣传推广经费超 1.2 亿元；销售额突破 5500 万元；会员累计达 32 万人；日均订单数为 300 单；平台会员二次购买率为 47%，流量平均转化率为 4.8%，页面访问深度为 5.0。

力争通过四年的努力，"深商 e 天下"将建设成一个立足深圳、覆盖珠三角，技术领先、功能完善、用户体验顺畅的一站式交易服务平台。根据自身发展需要和市场需求，"深商 e 天下"将建设成深圳最大的融合 B2B、B2B2C、B2C 等于一体，同时打通线上平台和线下实体店两个渠道、以新型 O2O 为特色的电子商务平台，年交易额突破 12 亿元，营业额 6 亿元。

附

"深商 e 天下"是在深圳市人民政府支持下，由深圳市经济贸易和信息化委员会组织、深圳报业集团主办、深圳报业集团电子商务有限公司承办的一站式电子商务推广交易服务平台。平台立足深圳，专注于为深圳企业提供信息交谊展示、产品推广、商品网上交易等定制化电子商务服务。此外，"深商 e 天下"作为深圳市建设"全国电子商务示范城市"的重要实践，具有深圳商品线上交易的官网性质。依托深圳报业集团的品牌影响力和优势传播资源，"深商 e 天下"将聚合深圳本地已有的电子商务平台，共同推动深圳企业电子商务模式的创新，打造符合深圳形象和特色的电子商务品牌。

附 录

Appendixes

B.34

关于大力发展电子商务加快培育
经济新动力的意见

各省、自治区、直辖市人民政府，国务院各部委、各直属机构：

近年来我国电子商务发展迅猛，不仅创造了新的消费需求，引发了新的投资热潮，开辟了就业增收新渠道，为大众创业、万众创新提供了新空间，而且电子商务正加速与制造业融合，推动服务业转型升级，催生新兴业态，成为提供公共产品、公共服务的新力量，成为经济发展新的原动力。与此同时，电子商务发展面临管理方式不适应、诚信体系不健全、市场秩序不规范等问题，亟需采取措施予以解决。当前，我国已进入全面建成小康社会的决定性阶段，为减少束缚电子商务发展的机制体制障碍，进一步发挥电子商务在培育经济新动力，打造"双引擎"、实现"双目标"等方面的重要作用，现提出以下意见：

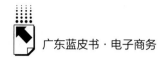

一 指导思想、基本原则和主要目标

（一）指导思想

全面贯彻党的十八大和十八届二中、三中、四中全会精神，按照党中央、国务院决策部署，坚持依靠改革推动科学发展，主动适应和引领经济发展新常态，着力解决电子商务发展中的深层次矛盾和重大问题，大力推进政策创新、管理创新和服务创新，加快建立开放、规范、诚信、安全的电子商务发展环境，进一步激发电子商务创新动力、创造潜力、创业活力，加速推动经济结构战略性调整，实现经济提质增效升级。

（二）基本原则

一是积极推动。主动作为、支持发展。积极协调解决电子商务发展中的各种矛盾与问题。在政府资源开放、网络安全保障、投融资支持、基础设施和诚信体系建设等方面加大服务力度。推进电子商务企业税费合理化，减轻企业负担。进一步释放电子商务发展潜力，提升电子商务创新发展水平。二是逐步规范。简政放权、放管结合。法无禁止的市场主体即可为，法未授权的政府部门不能为，最大限度减少对电子商务市场的行政干预。在放宽市场准入的同时，要在发展中逐步规范市场秩序，营造公平竞争的创业发展环境，进一步激发社会创业活力，拓宽电子商务创新发展领域。三是加强引导。把握趋势、因势利导。加强对电子商务发展中前瞻性、苗头性、倾向性问题的研究，及时在商业模式创新、关键技术研发、国际市场开拓等方面加大对企业的支持引导力度，引领电子商务向打造"双引擎"、实现"双目标"发展，进一步增强企业的创新动力，加速电子商务创新发展步伐。

（三）主要目标

到 2020 年，统一开放、竞争有序、诚信守法、安全可靠的电子商务大市场基本建成。电子商务与其他产业深度融合，成为促进创业、稳定就业、改善民生服务的重要平台，对工业化、信息化、城镇化、农业现代化同步发展起到关键性作用。

二 营造宽松发展环境

（四）降低准入门槛

全面清理电子商务领域现有前置审批事项，无法律法规依据的一律取消，严禁违法设定行政许可、增加行政许可条件和程序。（国务院审改办，有关部门按职责分工分别负责）进一步简化注册资本登记，深入推进电子商务领域由"先证后照"改为"先照后证"改革。（工商总局、中央编办）落实《注册资本登记制度改革方案》，放宽电子商务市场主体住所（经营场所）登记条件，完善相关管理措施。（省级人民政府）推进对快递企业设立非法人快递末端网点实施备案制管理。（邮政局）简化境内电子商务企业海外上市审批流程，鼓励电子商务领域的跨境人民币直接投资。（发展改革委、商务部、外汇局、证监会、人民银行）放开外商投资电子商务业务的外方持股比例限制。（工业和信息化部、发展改革委、商务部）探索建立能源、铁路、公共事业等行业电子商务服务的市场化机制。（有关部门按职责分工分别负责）

（五）合理降税减负

从事电子商务活动的企业，经认定为高新技术企业的，依法享受高新技术企业相关优惠政策，小微企业依法享受税收优惠政策。（科技部、财政部、税务总局）加快推进"营改增"，逐步将旅游电子商务、生活服务类电子商务等相关行业纳入"营改增"范围。（财政部、税务总局）

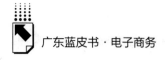

（六）加大金融服务支持

建立健全适应电子商务发展的多元化、多渠道投融资机制。（有关部门按职责分工分别负责）研究鼓励符合条件的互联网企业在境内上市等相关政策。（证监会）支持商业银行、担保存货管理机构及电子商务企业开展无形资产、动产质押等多种形式的融资服务。鼓励商业银行、商业保理机构、电子商务企业开展供应链金融、商业保理服务，进一步拓展电子商务企业融资渠道。（人民银行、商务部）引导和推动创业投资基金，加大对电子商务初创企业的支持。（发展改革委）

（七）维护公平竞争

规范电子商务市场竞争行为，促进建立开放、公平、健康的电子商务市场竞争秩序。研究制定电子商务产品质量监督管理办法，探索建立风险监测、网上抽查、源头追溯、属地查处的电子商务产品质量监督机制，完善部门间、区域间监管信息共享和职能衔接机制。依法打击网络虚假宣传、生产销售假冒伪劣产品、违反国家出口管制法规政策跨境销售两用品和技术、不正当竞争等违法行为，组织开展电子商务产品质量提升行动，促进合法、诚信经营。（工商总局、质检总局、公安部、商务部按职责分工分别负责）重点查处达成垄断协议和滥用市场支配地位的问题，通过经营者集中反垄断审查，防止排除、限制市场竞争的行为。（发展改革委、工商总局、商务部）加强电子商务领域知识产权保护，研究进一步加大网络商业方法领域发明专利保护力度。（工业和信息化部、商务部、海关总署、工商总局、新闻出版广电总局、知识产权局等部门按职责分工分别负责）进一步加大政府利用电子商务平台进行采购的力度。（财政部）各级政府部门不得通过行政命令指定为电子商务提供公共服务的供应商，不得滥用行政权力排除、限制电子商务的竞争。（有关部门按职责分工分别负责）

三　促进就业创业

（八）鼓励电子商务领域就业创业

把发展电子商务促进就业纳入各地就业发展规划和电子商务发展整体规划。建立电子商务就业和社会保障指标统计制度。经工商登记注册的网络商户从业人员，同等享受各项就业创业扶持政策。未进行工商登记注册的网络商户从业人员，可认定为灵活就业人员，享受灵活就业人员扶持政策，其中在网络平台实名注册、稳定经营且信誉良好的网络商户创业者，可按规定享受小额担保贷款及贴息政策。支持中小微企业应用电子商务、拓展业务领域，鼓励有条件的地区建设电子商务创业园区，指导各类创业孵化基地为电子商务创业人员提供场地支持和创业孵化服务。加强电子商务企业用工服务，完善电子商务人才供求信息对接机制。（人力资源社会保障部、工业和信息化部、商务部、统计局，地方各级人民政府）

（九）加强人才培养培训

支持学校、企业及社会组织合作办学，探索实训式电子商务人才培养与培训机制。推进国家电子商务专业技术人才知识更新工程，指导各类培训机构增加电子商务技能培训项目，支持电子商务企业开展岗前培训、技能提升培训和高技能人才培训，加快培养电子商务领域的高素质专门人才和技术技能人才。参加职业培训和职业技能鉴定的人员，以及组织职工培训的电子商务企业，可按规定享受职业培训补贴和职业技能鉴定补贴政策。鼓励有条件的职业院校、社会培训机构和电子商务企业开展网络创业培训。（人力资源社会保障部、商务部、教育部、财政部）

（十）保障从业人员劳动权益

规范电子商务企业特别是网络商户劳动用工，经工商登记注册取得营业执照的，应与招用的劳动者依法签订劳动合同；未进行工商登记注册的，也可参照劳动合同法相关规定与劳动者签订民事协议，明确双方的权利、责任和义务。按规定将网络从业人员纳入各项社会保险，对未进行工商登记注册的网络商户，其从业人员可按灵活就业人员参保缴费办法参加社会保险。符合条件的就业困难人员和高校毕业生，可享受灵活就业人员社会保险补贴政策。长期雇用5人及以上的网络商户，可在工商注册地进行社会保险登记，参加企业职工的各项社会保险。满足统筹地区社会保险优惠政策条件的网络商户，可享受社会保险优惠政策。（人力资源社会保障部）

四　推动转型升级

（十一）创新服务民生方式

积极拓展信息消费新渠道，创新移动电子商务应用，支持面向城乡居民社区提供日常消费、家政服务、远程缴费、健康医疗等商业和综合服务的电子商务平台发展。加快推动传统媒体与新兴媒体深度融合，提升文化企业网络服务能力，支持文化产品电子商务平台发展，规范网络文化市场。支持教育、会展、咨询、广告、餐饮、娱乐等服务企业深化电子商务应用。（有关部门按职责分工分别负责）鼓励支持旅游景点、酒店等开展线上营销，规范发展在线旅游预订市场，推动旅游在线服务模式创新。（旅游局、工商总局）加快建立全国12315互联网平台，完善网上交易在线投诉及售后维权机制，研究制定7天无理由退货实施细则，促进网络购物消费健康快速发展。（工商总局）

（十二）推动传统商贸流通企业发展电子商务

鼓励有条件的大型零售企业开办网上商城，积极利用移动互联网、地理位置服务、大数据等信息技术提升流通效率和服务质量。支持中小零售企业与电子商务平台优势互补，加强服务资源整合，促进线上交易与线下交易融合互动。（商务部）推动各类专业市场建设网上市场，通过线上线下融合，加速向网络化市场转型，研究完善能源、化工、钢铁、林业等行业电子商务平台规范发展的相关措施。（有关部门按职责分工分别负责）制定完善互联网食品药品经营监督管理办法，规范食品、保健食品、药品、化妆品、医疗器械网络经营行为，加强互联网食品药品市场监测监管体系建设，推动医药电子商务发展。（食品药品监管总局、卫生计生委、商务部）

（十三）积极发展农村电子商务

加强互联网与农业农村融合发展，引入产业链、价值链、供应链等现代管理理念和方式，研究制定促进农村电子商务发展的意见，出台支持政策措施。（商务部、农业部）加强鲜活农产品标准体系、动植物检疫体系、安全追溯体系、质量保障与安全监管体系建设，大力发展农产品冷链基础设施。（质检总局、发展改革委、商务部、农业部、食品药品监管总局）开展电子商务进农村综合示范，推动信息进村入户，利用"万村千乡"市场网络改善农村地区电子商务服务环境。（商务部、农业部）建设地理标志产品技术标准体系和产品质量保证体系，支持利用电子商务平台宣传和销售地理标志产品，鼓励电子商务平台服务"一村一品"，促进品牌农产品走出去。鼓励农业生产资料企业发展电子商务。（农业部、质检总局、工商总局）支持林业电子商务发展，逐步建立林产品交易诚信体系、林产品和林权交易服务体系。（林业局）

（十四）创新工业生产组织方式

支持生产制造企业深化物联网、云计算、大数据、三维（3D）设计及打印等信息技术在生产制造各环节的应用，建立与客户电子商务系统对接的网络制造管理系统，提高加工订单的响应速度及柔性制造能力；面向网络消费者个性化需求，建立网络化经营管理模式，发展"以销定产"及"个性化定制"生产方式。（工业和信息化部、科技部、商务部）鼓励电子商务企业大力开展品牌经营，优化配置研发、设计、生产、物流等优势资源，满足

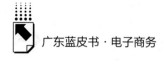

网络消费者需求。（商务部、工商总局、质检总局）鼓励创意服务，探索建立生产性创新服务平台，面向初创企业及创意群体提供设计、测试、生产、融资、运营等创新创业服务。（工业和信息化部、科技部）

（十五）推广金融服务新工具

建设完善移动金融安全可信公共服务平台，制定相关应用服务的政策措施，推动金融机构、电信运营商、银行卡清算机构、支付机构、电子商务企业等加强合作，实现移动金融在电子商务领域的规模化应用；推广应用具有硬件数字证书、采用国家密码行政主管部门规定算法的移动智能终端，保障移动电子商务交易的安全性和真实性；制定在线支付标准规范和制度，提升电子商务在线支付的安全性，满足电子商务交易及公共服务领域金融服务需求；鼓励商业银行与电子商务企业开展多元化金融服务合作，提升电子商务服务质量和效率。（人民银行、密码局、国家标准委）

（十六）规范网络化金融服务新产品

鼓励证券、保险、公募基金等企业和机构依法进行网络化创新，完善互联网保险产品审核和信息披露制度，探索建立适应互联网证券、保险、公募基金产品销售等互联网金融活动的新型监管方式。（人民银行、证监会、保监会）规范保险业电子商务平台建设，研究制定电子商务涉及的信用保证保险的相关扶持政策，鼓励发展小微企业信贷信用保险、个人消费履约保证保险等新业务，扩大信用保险保单融资范围。完善在线旅游服务企业投保办法。（保监会、银监会、旅游局按职责分工分别负责）

五　完善物流基础设施

（十七）支持物流配送终端及智慧物流平台建设

推动跨地区跨行业的智慧物流信息平台建设，鼓励在法律规定范围内发展共同配送等物流配送组织新模式。（交通运输部、商务部、邮政局、发展改革委）支持物流（快递）配送站、智能快件箱等物流设施建设，鼓励社区物业、村级信息服务站（点）、便利店等提供快件派送服务。支持快递服务网络向农村地区延伸。（地方各级人民政府，商务部、邮政局、农业部按职责分工分别负责）推进电子商务与物流快递协同发展。（财政部、商务部、邮政局）鼓励学校、快递企业、第三方主体因地制宜加强合作，通过设置智能快件箱或快件收发室、委托校园邮政局所代为投递、建立共同配送站点等方式，促进快递进校园。（地方各级人民政府，邮政局、商务部、教育部）根据执法需求，研究推动被监管人员生活物资电子商务和智能配送。（司法部）有条件的城市应将配套建设物流（快递）配送站、智能终端设施纳入城市社区发展规划，鼓励电子商务企业和物流（快递）企业对网络购物商品包装物进行回收和循环利用。（有关部门按职责分工分别负责）

（十八）规范物流配送车辆管理

各地区要按照有关规定，推动城市配送车辆的标准化、专业化发展；制定并实施城市配送用汽车、电动三轮车等车辆管理办法，强化城市配送运力需求管理，保障配送车辆的便利通行；鼓励采用清洁能源车辆开展物流（快递）配送业务，支持充电、加气等设施建设；合理规划物流（快递）配送车辆通行路线和货物装卸搬运地点。对物流（快递）配送车辆采取通行证管理的城市，应明确管理部门、公开准入条件、引入社会监督。（地方各级人民政府）

（十九）合理布局物流仓储设施

完善仓储建设标准体系，鼓励现代化仓储设施建设，加强偏远地区仓储设施建设。（住房城乡建设部、公安部、发展改革委、商务部、林业局）各地区要在城乡规划中合理规划布局物流仓储用地，在土地利用总体规划和年度供地计划中合理安排仓储建设用地，引导社会资本进行仓储设施投资建设

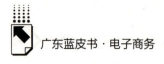

或再利用，严禁擅自改变物流仓储用地性质。（地方各级人民政府）鼓励物流（快递）企业发展"仓配一体化"服务。（商务部、邮政局）

六 提升对外开放水平

（二十）加强电子商务国际合作

积极发起或参与多双边或区域关于电子商务规则的谈判和交流合作，研究建立我国与国际认可组织的互认机制，依托我国认证认可制度和体系，完善电子商务企业和商品的合格评定机制，提升国际组织和机构对我国电子商务企业和商品认证结果的认可程度，力争国际电子商务规制制定的主动权和跨境电子商务发展的话语权。（商务部、质检总局）

（二十一）提升跨境电子商务通关效率

积极推进跨境电子商务通关、检验检疫、结汇、缴进口税等关键环节"单一窗口"综合服务体系建设，简化与完善跨境电子商务货物返修与退运通关流程，提高通关效率。（海关总署、财政部、税务总局、质检总局、外汇局）探索建立跨境电子商务货物负面清单、风险监测制度，完善跨境电子商务货物通关与检验检疫监管模式，建立跨境电子商务及相关物流企业诚信分类管理制度，防止疫病疫情传入、外来有害生物入侵和物种资源流失。（海关总署、质检总局按职责分工分别负责）大力支持中国（杭州）跨境电子商务综合试验区先行先试，尽快形成可复制、可推广的经验，加快在全国范围推广。（商务部、发展改革委）

（二十二）推动电子商务走出去

抓紧研究制定促进跨境电子商务发展的指导意见。（商务部、发展改革委、海关总署、工业和信息化部、财政部、人民银行、税务总局、工商总局、质检总局、外汇局）鼓励国家政策性银行在业务范围内加大对电子商务企业境外投资并购的贷款支持，研究制定针对电子商务企业境外上市的规范管理政策。（人民银行、证监会、商务部、发展改革委、工业和信息化部）简化电子商务企业境外直接投资外汇登记手续，拓宽其境外直接投资外汇登记及变更登记业务办理渠道。（外汇局）支持电子商务企业建立海外营销渠道，创立自有品牌。各驻外机构应加大对电子商务企业走出去的服务力度。进一步开放面向港澳台地区的电子商务市场，推动设立海峡两岸电子商务经济合作实验区。鼓励发展面向"一带一路"沿线国家的电子商务合作，扩大跨境电子商务综合试点，建立政府、企业、专家等各个层面的对话机制，发起和主导电子商务多边合作。（有关部门按职责分工分别负责）

七　构筑安全保障防线

（二十三）保障电子商务网络安全

电子商务企业要按照国家信息安全等级保护管理规范和技术标准相关要求，采用安全可控的信息设备和网络安全产品，建设完善网络安全防护体系、数据资源安全管理体系和网络安全应急处置体系，鼓励电子商务企业获得信息安全管理体系认证，提高自身信息安全管理水平。鼓励电子商务企业加强与网络安全专业服务机构、相关管理部门的合作，共享网络安全威胁预警信息，消除网络安全隐患，共同防范网络攻击破坏、窃取公民个人信息等违法犯罪活动。（公安部、国家认监委、工业和信息化部、密码局）

（二十四）确保电子商务交易安全

研究制定电子商务交易安全管理制度，明确电子商务交易各方的安全责任和义务。（工商总局、工业和信息化部、公安部）建立电子认证信任体系，促进电子认证机构数字证书交叉互认和数字证书应用的互联互通，推广数字证书在电子商务交易领域的应用。建立电子合同等电子交易凭证的规范管理机制，确保网络交易各方的合法权益。加强电子商务交易各方信息保

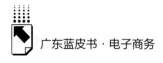

护，保障电子商务消费者个人信息安全。（工业和信息化部、工商总局、密码局等有关部门按职责分工分别负责）

（二十五）预防和打击电子商务领域违法犯罪

电子商务企业要切实履行违禁品信息巡查清理、交易记录及日志留存、违法犯罪线索报告等责任和义务，加强对销售管制商品网络商户的资格审查和对异常交易、非法交易的监控，防范电子商务在线支付给违法犯罪活动提供洗钱等便利，并为打击网络违法犯罪提供技术支持。加强电子商务企业与相关管理部门的协作配合，建立跨机构合作机制，加大对制售假冒伪劣商品、网络盗窃、网络诈骗、网上非法交易等违法犯罪活动的打击力度。（公安部、工商总局、人民银行、银监会、工业和信息化部、商务部等有关部门按职责分工分别负责）

八　健全支撑体系

（二十六）健全法规标准体系

加快推进电子商务法立法进程，研究制定或适时修订相关法规，明确电子票据、电子合同、电子检验检疫报告和证书、各类电子交易凭证等的法律效力，作为处理相关业务的合法凭证。（有关部门按职责分工分别负责）制定适合电子商务特点的投诉管理制度，制定基于统一产品编码的电子商务交易产品质量信息发布规范，建立电子商务纠纷解决和产品质量担保责任机制。（工商总局、质检总局等部门按职责分工分别负责）逐步推行电子发票和电子会计档案，完善相关技术标准和规章制度。（税务总局、财政部、档案局、国家标准委）建立完善电子商务统计制度，扩大电子商务统计的覆盖面，增强统计的及时性、真实性。（统计局、商务部）统一线上线下的商品编码标识，完善电子商务标准规范体系，研究电子商务基础性关键标准，积极主导和参与制定电子商务国际标准。（国家标准委、商务部）

（二十七）加强信用体系建设

建立健全电子商务信用信息管理制度，推动电子商务企业信用信息公开。推进人口、法人、商标和产品质量等信息资源向电子商务企业和信用服务机构开放，逐步降低查询及利用成本。（工商总局、商务部、公安部、质检总局等部门按职责分工分别负责）促进电子商务信用信息与社会其他领域相关信息的交换共享，推动电子商务信用评价，建立健全电子商务领域失信行为联合惩戒机制。（发展改革委、人民银行、工商总局、质检总局、商务部）推动电子商务领域应用网络身份证，完善网店实名制，鼓励发展社会化的电子商务网站可信认证服务。（公安部、工商总局、质检总局）发展电子商务可信交易保障公共服务，完善电子商务信用服务保障制度，推动信用调查、信用评估、信用担保等第三方信用服务和产品在电子商务中的推广应用。（工商总局、质检总局）

（二十八）强化科技与教育支撑

开展电子商务基础理论、发展规律研究。加强电子商务领域云计算、大数据、物联网、智能交易等核心关键技术研究开发。实施网络定制服务、网络平台服务、网络交易服务、网络贸易服务、网络交易保障服务技术研发与应用示范工程。强化产学研结合的企业技术中心、工程技术中心、重点实验室建设。鼓励企业组建产学研协同创新联盟。探索建立电子商务学科体系，引导高等院校加强电子商务学科建设和人才培养，为电子商务发展提供更多的高层次复合型专门人才。（科技部、教育部、发展改革委、商务部）建立预防网络诈骗、保障交易安全、保护个人信息等相关知识的宣传与服务机制。（公安部、工商总局、质检总局）

（二十九）协调推动区域电子商务发展

各地区要把电子商务列入经济与社会发展规划，按照国家有关区域发展规划和对外经贸合作战略，立足城市产业发展特点和优势，引导各类电子商

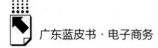

务业态和功能聚集，推动电子商务产业统筹协调、错位发展。推动国家电子商务示范城市、示范基地建设。（有关地方人民政府）依托国家电子商务示范城市，加快开展电子商务法规政策创新和试点示范工作，为国家制定电子商务相关法规和政策提供实践依据。加强对中西部和东北地区电子商务示范城市的支持与指导。（发展改革委、财政部、商务部、人民银行、海关总署、税务总局、工商总局、质检总局等部门按照职责分工分别负责）

各地区、各部门要认真落实本意见提出的各项任务，于 2015 年底前研究出台具体政策。发展改革委、中央网信办、商务部、工业和信息化部、财政部、人力资源社会保障部、人民银行、海关总署、税务总局、工商总局、质检总局等部门要完善电子商务跨部门协调工作机制，研究重大问题，加强指导和服务。有关社会机构要充分发挥自身监督作用，推动行业自律和服务创新。相关部门、社团组织及企业要解放思想，转变观念，密切协作，开拓创新，共同推动建立规范有序、社会共治、辐射全球的电子商务大市场，促进经济平稳健康发展。

国务院

2015 年 5 月 4 日

B.35
关于促进跨境电子商务健康快速发展的指导意见

各省、自治区、直辖市人民政府，国务院各部委、各直属机构：

近年来，我国跨境电子商务快速发展，已经形成了一定的产业集群和交易规模。支持跨境电子商务发展，有利于用"互联网＋外贸"实现优进优出，发挥我国制造业大国优势，扩大海外营销渠道，合理增加进口，扩大国内消费，促进企业和外贸转型升级；有利于增加就业，推进大众创业、万众创新，打造新的经济增长点；有利于加快实施共建"一带一路"等国家战略，推动开放型经济发展升级。为促进我国跨境电子商务健康快速发展，经国务院批准，现提出以下意见：

一 支持国内企业更好地利用电子商务开展对外贸易

加快建立适应跨境电子商务特点的政策体系和监管体系，提高贸易各环节便利化水平。鼓励企业间贸易尽快实现全程在线交易，不断扩大可交易商品范围。支持跨境电子商务零售出口企业加强与境外企业合作，通过规范的"海外仓"、体验店和配送网店等模式，融入境外零售体系，逐步实现经营规范化、管理专业化、物流生产集约化和监管科学化。通过跨境电子商务，合理增加消费品进口。

二 鼓励有实力的企业做大做强

培育一批影响力较大的公共平台，为更多国内外企业沟通、洽谈提供优

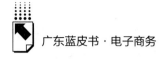

质服务；培育一批竞争力较强的外贸综合服务企业，为跨境电子商务企业提供全面配套支持；培育一批知名度较高的自建平台，鼓励企业利用自建平台加快品牌培育，拓展营销渠道。鼓励国内企业与境外电子商务企业强强联合。

三 优化配套的海关监管措施

在总结前期试点工作基础上，进一步完善跨境电子商务进出境货物、物品管理模式，优化跨境电子商务海关进出口通关作业流程。研究跨境电子商务出口商品简化归类的可行性，完善跨境电子商务统计制度。

四 完善检验检疫监管政策措施

对跨境电子商务进出口商品实施集中申报、集中查验、集中放行等便利措施。加强跨境电子商务质量安全监管，对跨境电子商务经营主体及商品实施备案管理制度，突出经营企业质量安全主体责任，开展商品质量安全风险监管。进境商品应当符合我国法律法规和标准要求，对违反生物安全和其他相关规定的行为要依法查处。

五 明确规范进出口税收政策

继续落实现行跨境电子商务零售出口货物增值税、消费税退税或免税政策。关于跨境电子商务零售进口税收政策，由财政部按照有利于拉动国内消费、公平竞争、促进发展和加强进口税收管理的原则，会同海关总署、税务总局另行制订。

六 完善电子商务支付结算管理

稳妥推进支付机构跨境外汇支付业务试点。鼓励境内银行、支付机构依法合规开展跨境电子支付业务，满足境内外企业及个人跨境电子支付需要。

推动跨境电子商务活动中使用人民币计价结算。支持境内银行卡清算机构拓展境外业务。加强对电子商务大额在线交易的监测，防范金融风险。加强跨境支付国内与国际监管合作，推动建立合作监管机制和信息共享机制。

七　提供积极财政金融支持

鼓励传统制造和商贸流通企业利用跨境电子商务平台开拓国际市场。利用现有财政政策，对符合条件的跨境电子商务企业走出去重点项目给予必要的资金支持。为跨境电子商务提供适合的信用保险服务。向跨境电子商务外贸综合服务企业提供有效的融资、保险支持。

八　建设综合服务体系

支持各地创新发展跨境电子商务，引导本地跨境电子商务产业向规模化、标准化、集群化、规范化方向发展。鼓励外贸综合服务企业为跨境电子商务企业提供通关、物流、仓储、融资等全方位服务。支持企业建立全球物流供应链和境外物流服务体系。充分发挥各驻外经商机构作用，为企业开展跨境电子商务提供信息服务和必要的协助。

九　规范跨境电子商务经营行为

加强诚信体系建设，完善信用评估机制，实现各监管部门信息互换、监管互认、执法互助，构建跨境电子商务交易保障体系。推动建立针对跨境电子商务交易的风险防范和预警机制，健全消费者权益保护和售后服务制度。引导跨境电子商务主体规范经营行为，承担质量安全主体责任，营造公平竞争的市场环境。加强执法监管，加大知识产权保护力度，坚决打击跨境电子商务中出现的各种违法侵权行为。通过有效措施，努力实现跨境电子商务在发展中逐步规范、在规范中健康发展。

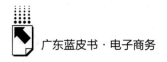

十　充分发挥行业组织作用

推动建立全国性跨境电子商务行业组织，指导各地行业组织有效开展相关工作。发挥行业组织在政府与企业间的桥梁作用，引导企业公平竞争、守法经营。加强与国内外相关行业组织交流合作，支持跨境电子商务企业与相关产业集群、专业商会在境外举办实体展会，建立营销网络。联合高校和职业教育机构开展跨境电子商务人才培养培训。

十一　加强多双边国际合作

加强与"一带一路"沿线国家和地区的电子商务合作，提升合作水平，共同打造若干畅通安全高效的电子商务大通道。通过多双边对话，与各经济体建立互利共赢的合作机制，及时化解跨境电子商务进出口引发的贸易摩擦和纠纷。

长期总体发展规划，定期开展总结评估，支持和推动各地监管部门出台相关措施。同时，对有条件、有发展意愿的地区，就本意见的组织实施做好协调和服务等相关工作。依托现有工作机制，加强部门间沟通协作和相关政策衔接，全力推动中国（杭州）跨境电子商务综合试验区和海峡两岸电子商务经济合作实验区建设，及时总结经验，适时扩大试点。在此基础上，逐步建立适应跨境电子商务发展特点的政策体系和监管体系。

地方各级人民政府要按照本意见要求，结合实际情况，制订完善发展跨境电子商务的工作方案，切实履行指导、督查和监管责任。组建高效、便利、统一的公共服务平台，构建可追溯、可比对的数据链条，既符合监管要求，又简化企业申报办理流程。加大对重点企业的支持力度，主动与相关部门沟通，及时协调解决组织实施工作中遇到的困难和问题。

国务院办公厅

2015 年 6 月 16 日

关于跨境贸易电子商务进出境货物、物品有关监管事宜的公告

为做好跨境贸易电子商务（以下简称电子商务）进出境货物、物品监管工作，促进电子商务健康发展，现就电子商务进出境货物、物品监管问题公告如下：

一 监管要求

（一）电子商务企业或个人通过经海关认可并且与海关联网的电子商务交易平台实现跨境交易进出境货物、物品的，按照本公告接受海关监管。

（二）电子商务企业应提交《中华人民共和国海关跨境贸易电子商务进出境货物申报清单》（以下简称《货物清单》），采取"清单核放、汇总申报"方式办理电子商务进出境货物报关手续；个人应提交《中华人民共和国海关跨境贸易电子商务进出境物品申报清单》（以下简称《物品清单》），采取"清单核放"方式办理电子商务进出境物品报关手续。

《货物清单》、《物品清单》与《进出口货物报关单》等具有同等法律效力。

（三）存放电子商务进出境货物、物品的海关监管场所的经营人，应向海关办理开展电子商务业务的备案手续，并接受海关监管。未办理备案手续的，不得开展电子商务业务。

（四）电子商务企业或个人、支付企业、海关监管场所经营人、物流企业等，应按照规定通过电子商务通关服务平台适时向电子商务通关管理平台传送交易、支付、仓储和物流等数据。

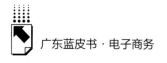

二 企业注册登记及备案管理

（五）开展电子商务业务的企业，如需向海关办理报关业务，应按照海关对报关单位注册登记管理的相关规定，在海关办理注册登记。

上述企业需要变更注册登记信息、注销的，应按照注册登记管理的相关规定办理。

（六）开展电子商务业务的海关监管场所经营人应建立完善的电子仓储管理系统，将电子仓储管理系统的底账数据通过电子商务通关服务平台与海关联网对接；电子商务交易平台应将平台交易电子底账数据通过电子商务通关服务平台与海关联网对接；电子商务企业、支付企业、物流企业应将电子商务进出境货物、物品交易原始数据通过电子商务通关服务平台与海关联网对接。

（七）电子商务企业应将电子商务进出境货物、物品信息提前向海关备案，货物、物品信息应包括海关认可的货物 10 位海关商品编码及物品 8 位税号。

三 电子商务进出境货物、物品通关管理

（八）电子商务企业或个人、支付企业、物流企业应在电子商务进出境货物、物品申报前，分别向海关提交订单、支付、物流等信息。

（九）电子商务企业或其代理人应在运载电子商务进境货物的运输工具申报进境之日起 14 日内，电子商务出境货物运抵海关监管场所后、装货 24 小时前，按照已向海关发送的订单、支付、物流等信息，如实填制《货物清单》，逐票办理货物通关手续。个人进出境物品，应由本人或其代理人如实填制《物品清单》，逐票办理物品通关手续。

除特殊情况外，《货物清单》、《物品清单》、《进出口货物报关单》应采取通关无纸化作业方式进行申报。

（十）电子商务企业或其代理人应于每月 10 日前（当月 10 日是法定节假日或者法定休息日的，顺延至其后的第一个工作日，第 12 月的清单汇总

应于当月最后一个工作日前完成。），将上月结关的《货物清单》依据清单表头同一经营单位、同一运输方式、同一启运国/运抵国、同一进出境口岸，以及清单表体同一10位海关商品编码、同一申报计量单位、同一法定计量单位、同一币制规则进行归并，按照进、出境分别汇总形成《进出口货物报关单》向海关申报。

电子商务企业或其代理人未能按规定将《货物清单》汇总形成《进出口货物报关单》向海关申报的，海关将不再接受相关企业以"清单核放、汇总申报"方式办理电子商务进出境货物报关手续，直至其完成相应汇总申报工作。

（十一）电子商务企业在以《货物清单》方式办理申报手续时，应按照一般进出口货物有关规定办理征免税手续，并提交相关许可证件；在汇总形成《进出口货物报关单》向海关申报时，无需再次办理相关征免税手续及提交许可证件。

个人在以《物品清单》方式办理申报手续时，应按照进出境个人邮递物品有关规定办理征免税手续，属于进出境管制的物品，需提交相关部门的批准文件。

（十二）电子商务企业或个人修改或者撤销《货物清单》、《物品清单》，应参照现行海关进出口货物报关单修改或者撤销等有关规定办理，其中《货物清单》修改或者撤销后，对应的《进出口货物报关单》也应做相应修改或者撤销。

（十三）《进出口货物报关单》上的"进出口日期"以海关接受《进出口货物报关单》申报的日期为准。

（十四）电子商务进出境货物、物品放行后，电子商务企业应按有关规定接受海关开展后续监管。

四 电子商务进出境货物、物品物流监控

（十五）电子商务进出境货物、物品的查验、放行均应在海关监管场所

内完成。

（十六）海关监管场所经营人应通过已建立的电子仓储管理系统，对电子商务进出境货物、物品进行管理，并于每月 10 日前（当月 10 日是法定节假日或者法定休息日的，顺延至其后的第一个工作日）向海关传送上月进出海关监管场所的电子商务货物、物品总单和明细单等数据。

（十七）海关按规定对电子商务进出境货物、物品进行风险布控和查验。海关实施查验时，电子商务企业、个人、海关监管场所经营人应按照现行海关进出口货物查验等有关规定提供便利，电子商务企业或个人应到场或委托他人到场配合海关查验。

电子商务企业、物流企业、海关监管场所经营人发现涉嫌违规或走私行为的，应主动报告海关。

（十八）电子商务进出境货物、物品需转至其它海关监管场所验放的，应按照现行海关关于转关货物有关管理规定办理手续。

五　其他事项

（十九）海关依据《进出口货物报关单》、《物品清单》对电子商务实施统计。

（二十）本公告有关用语的含义：

"电子商务企业"是指通过自建或者利用第三方电子商务交易平台开展跨境贸易电子商务业务的境内企业，以及提供交易服务的跨境贸易电子商务第三方平台提供企业。

"个人"是指境内居民。

"电子商务交易平台"是指跨境贸易电子商务进出境货物、物品实现交易、支付、配送并经海关认可且与海关联网的平台。

"电子商务通关服务平台"是指由电子口岸搭建，实现企业、海关以及相关管理部门之间数据交换与信息共享的平台。

"电子商务通关管理平台"是指由中国海关搭建，实现对跨境贸易电子商务交易、仓储、物流和通关环节电子监管执法的平台。

（二十一）海关特殊监管区域、保税监管场所跨境贸易电子商务进出境货物、物品的监管，除另有规定外，参照本公告规定办理。

本公告内容自 2014 年 8 月 1 日起施行，未尽事宜按海关现行规定办理。

特此公告。

海关总署

2014 年 7 月 23 日

B.37

关于协同推进农村物流健康发展加快
服务农业现代化的若干意见

各省、自治区、直辖市、新疆生产建设兵团交通运输厅（局、委）、农业（农牧、农村经济）厅（委、办、局）、供销合作社、邮政管理局：

为深入贯彻《中共中央国务院关于加大改革创新力度加快农业现代化建设的若干意见》（中发〔2015〕1号）有关创新农产品流通方式的总体要求，加快落实《物流业发展中长期规划》，全面提升我国农村物流发展水平，支撑农业现代化发展，现提出以下意见：

一 充分认识推进农村物流健康发展的重要意义

（一）农村物流健康发展是支撑农业现代化的重要基础。党中央、国务院高度重视"三农"问题，新时期进一步强调要加快农业现代化建设，推进农业发展方式转变，加强农产品市场体系建设，健全完善农村物流服务体系。农村物流是农业生产资料供应和农产品流通的重要保障。当前我国农村物流体系仍较为薄弱，流通渠道不畅，组织方式落后，服务水平较低，与农业现代化的要求存在较大差距。推进农村物流健康发展，有利于进一步健全农业服务体系，促进农业产业结构调整和农业产业化经营，为农业现代化提供重要支撑。

（二）农村物流健康发展是提升城乡居民生活水平的重要途径。农村物流关系到城乡居民的日常生产生活，一头连着市民的"米袋子"、"菜篮子"，一头连着农民的"钱袋子"，是重大的民生工程。当前，我国农产品"卖难"、"买贵"的现象较为突出，农民增收困难和城市居民基本生活成本支出上升并存，城乡差距进一步拉大。推进农村物流发展能够有效构筑农产品和日用消费品在城乡间的流通渠道，推动城乡生产生活物资的平等交换和公共资源均衡配置，进一步缩小城乡差距，提高城乡居民生活质量。

（三）农村物流健康发展是降低全社会物流成本的有效举措。农村物流是现代物流体系的末端环节，由于基础弱、链条长、环节多、涉及面广，对全社会物流成本影响较大。近年来，交通运输、农业、供销、邮政管理等部门立足各自职责，通过加快农村公路建设，推进"菜篮子工程"、"新网工程"、"快递下乡工程"、发展农村邮政物流等措施，对改善农村交通基础设施和农村流通体系发挥了积极作用。然而，由于各部门间政策缺乏协同，尚未形成推进农村物流发展的合力，导致资源整合利用不足，农村流通效率不高，物流成本居高不下。加强部门协同配合，促进资源优化配置和整合利用，是推进农村物流健康发展、有效降低全社会物流成本的重要举措。

二 推进农村物流健康发展的总体要求

（四）指导思想。深入贯彻党的十八大、十八届三中、四中全会和中发〔2015〕1号文件精神，以服务"三农"为宗旨，坚持部门协同和资源整合，进一步完善基础设施、优化组织模式、提升装备水平，加快构建覆盖县、乡、村三级农村物流网络体系，全面提升农村物流服务能力和水平，为实现"新四化"协调发展和全面建成小康社会目标提供有力支撑。

（五）基本原则。

——政府引导，市场主导。坚持市场配置资源的决定性作用，充分发挥企业的主观能动性，积极拓展农村物流市场，探索创新农村物流服务模式。强化政府的引导扶持，加大对农村物流公益性服务的政策支持力度，为农村物流发展营造良好的发展环境。

——资源整合，优势互补。探索建立交通运输、农业、供销、邮政管理多部门共同推进农村物流发展的新机制，加强部门间的协调配合。依托各部门和行业在农村物流发展中的基础条件和优势，加强资源整合共享与合作开发，形成"场站共享、服务同网、货源集中、信息互通"的农村物流发展新格局。

——试点先行，有序推进。根据不同的基础和条件，因地制宜选择推进路径和工作重点，探索差别化和多样化的农村物流发展模式。强化试点示范，探索积累相关经验，完善政策体系与制度规范，以点带面逐步扩大推进范围。

三　加快完善农村物流基础设施

（六）统筹规划农村物流基础设施网络。积极争取地方人民政府的支持，统筹农村物流发展，将农村物流基础设施纳入城乡建设规划。加强交通运输、农业、供销、邮政快递等农村物流基础设施的规划衔接，实现统筹布局、资源互补、共同开发，逐步完善以农村物流枢纽站场为基础，以县、乡、村三级物流节点为支撑的农村物流基础设施网络体系。强化物流园区（货运枢纽）与国家现代农业示范区、全国重点农产品、农资、农村消费品集散中心（基地）的有效对接，构建广泛覆盖、功能完善的农村物流枢纽站场体系。按照县、乡、村三级网络构架和"多站合一、资源共享"的模式，共同推进三级农村物流节点体系建设。

（七）推进农村物流枢纽站场建设。统筹规划建设具备农产品流通加工、仓储、运输、配送等综合服务功能的物流园区，加强与全国农产品市场体系发展相关规划的衔接。做好物流园区与重点农业生产基地和优势农产品产区产地市场、田头市场、新型生产经营主体（专业大户、家庭农场和农民合作社）、农资配送中心、邮政和快件处理中心的对接。以提升功能、拓展服务为重点，对已建成物流园区（货运枢纽）进行必要的升级改造，重点包括农产品、农资、农村消费品的流通加工和仓储配送、邮政和快件分拨、农产品冷藏及低温仓储配送等服务功能。

（八）加快县级农村物流中心建设。统筹县级农村商贸流通市场、农资配送中心、农产品收购和再生资源集散中心等各类资源，加强以公路货运站场为依托的县级农村物流中心建设，强化商贸流通与货运物流的业务对接，促进资源整合和信息共享，优化物流运输组织。健全县级农村物流中心与上、下游枢纽节点间的运输组织网络，扩大向农村地区的延伸和覆盖，实现区域农村物流服务网络与干线物流网络的有效衔接。

（九）完善乡镇农村物流服务站布局。充分利用现有的农村乡镇客运站场资源，按照客运站、交管站、农村物流点等"多站合一"的模式，加快对乡镇交通运输管理和服务设施的改造。结合本地区实际需求，因地制宜建设具有客运服务、交通管理、农资及农产品仓储、日用品分拨配送、再生资源回收、快递配送等功能的农村综合运输服务站；完善乡镇邮政局所、农资站的综合物流服务功能，打造上接县、下联村的农村物流中转节点，支撑农村物流各类物资的中转仓储和分拨配送。

（十）健全村级农村物流服务点。继续推进"新农村现代流通网络建设工程"以及邮政"三农"服务站、快递网点的建设。依托农家店、农村综合服务社、村邮站、快递网点、农产品购销代办站等，按照加强合作、多点融合、惠民共赢的原则，发展紧密型农村物流联系网点，健全农村物流的末端网络，实现农村物流各类物资"最后一公里"和"最初一公里"的有序集散和高效配送，以及各类物流信息的及时采集和发布。

四　推广先进的农村物流运作模式

（十一）创新跨业融合发展模式。按照资源互补、利益共享、风险共担的原则，积极探索跨部门共建共管，跨行业联营合作发展的新机制，大力推进"一点多能、一网多用、深度融合"的农村物流发展新模式。鼓励农村商贸流通企业、供销合作社整合分散的货源，外包物流服务业务，与农村物流经营主体开展深层次合作。引导物流运输企业与大型连锁超市、农产品批发市场、农资配送中心、专业大户、家庭农场、农民合作社等建立稳定的业务合作关系，逐步发展产、运、销一体化的物流供应链服务。推进合作社与超市、学校、企业、社区对接。支持邮政和快递企业将业务延伸至农村地区，打通农村物流"下乡与进城"的双向快捷通道。结合农产品现代流通体系建设的新要求，加快探索适应农批对接、农超对接、农社对接、直供直销等的物流服务新模式。

（十二）优化物流运输组织。在有条件的地区，加快推广定时、定点、定线的农村物流"货运班线"模式，开展县至乡镇、沿途行政村的双向货物运输配送服务，提高农村物资运输的时效性和便捷性。鼓励市到县和县到乡的客运班车代运邮件和快件，健全小件快运服务体系，降低物流成本。引导运输企业与农村商贸流通企业、供销合作社共同制定运输、配送计划，积极发展以城带乡、城乡一体的农村物流共同配送模式，提高农村物流集约化和组织化水平。

（十三）积极推广农村电子商务。支持电商、物流、商贸、金融等企业参与涉农电子商务平台建设。引导农村物流经营主体依托第三方电子商务服务平台开展业务，鼓励乡村站点与电商企业对接，推进农村地区公共取送点建设，积极培育农产品电子商务，鼓励网上购销对接等交易方式，提高电子商务在农村的普及推广应用水平，降低流通成本。

五 推广应用先进适用的农村物流装备

（十四）推广应用经济适用的农村物流车型。制定符合农村物流发展需求，适应农村公路技术特点的农村物流车辆选型技术标准。大力推广适用于农村物流的厢式、冷藏等专业化车型，规范使用适宜乡村地区配送的电动三轮车等经济适用车辆，探索建立农村物流专业运输车辆的标识化管理政策。鼓励各地根据实际需求使用电动车辆以及清洁燃料车型，加快淘汰安全隐患大、能耗排放高的老旧车辆，提升农村物流运输的安全性、经济性。

（十五）提高农村物流设施装备的专业化水平。推广农村物流运输的托盘、集装篮、笼车等标准化运载单元和专业化包装、分拣、装卸设备，提升农村物流作业效率、减少货损货差。鼓励企业配置先进适用的冷链检验检测设备，研制储藏保鲜、冷链运输的关键技术与装备。

六 提升农村物流信息化水平

（十六）加快县级农村物流信息平台建设。以县级交通运输运政信息管理系统为基础，整合农业、供销、邮政管理等相关部门信息资源，有效融合广大农资农产品经销企业、物流企业及中介机构的自有信息系统，搭建县级农村物流信息平台，提供农村物流供需信息的收集、整理、发布，实现各方信息的互联互通、集约共享和有效联动，及时高效组织调配各类物流资源。加强与乡、村物流信息点的有效对接，强化信息的采集与审核，形成上下联动、广泛覆盖、及时准确的农村物流信息网络。

（十七）完善乡村农村物流信息点服务功能。对乡村信息服务站、农村综合服务社、超市、邮政"三农"服务站、村邮站、快递网点等基层农村物流节点的信息系统进行整合和升级改造，推进农村物流信息终端和设备标准化，实现与县级农村物流信息平台的互联互通。培养和发展农村物流信息员，及时采集农村地区供需信息，并通过网络、电话、短信等多种形式，实现信息的交互和共享。

（十八）提升农村物流企业的信息化水平。加快农村物流企业与商贸流通企业、农资经营企业、邮政和快递企业信息资源的整合，鼓励相关企业加强信息化建设，推广利用条形码和射频识别等信息技术，逐步推进对货物交易、受理、运输、仓储、配送全过程的监控与追踪，并加快企业与农村物流公共信息平台的有效对接。鼓励农村物流企业积极对接电子商务，创新O2O服务模式。

七 培育农村物流经营主体

（十九）培育龙头骨干企业。鼓励、支持规模较大、基础较好的第三方物流企业，延伸农村经营服务网络，推动农产品物流企业向产供销一体化方向发展。引导大中型农村商贸流通企业、供销合作社将自营物流逐步融合到社会化物流系统，采用参股、兼并、联合等多种形式，实现企业的规模化、集约化发展，提升服务能力和市场竞争力。

（二十）引导支持中小企业联盟发展。鼓励中小商贸流通、物流企业采用联盟、合作等多种形式，实现资源整合与共享。支持农村物流骨干企业以品牌为纽带，采用特许加盟等多种方式，整合小微农村物流经营业户，改善农村物流市场主体过散、过弱的局面。规范农村物流市场中介组织经营行为，发挥专业化服务功能，实现农村物流货源和运力信息的及时汇集与匹配，降低交易成本，提升服务品质。

（二十一）推进诚信体系建设。建立农村物流经营服务规范和信用考核办法，健全信用评价工作体系。完善守信激励与失信惩戒相结合的政策措施，定期开展信用认证和考核评价。建立农村物流市场主体信用披露与服务制度，推进跨部门、跨行业诚信系统的有效对接和信息共享，支持建立统一的诚信监管信息平台。

八　强化政策措施保障

（二十二）健全体制机制。发挥县级人民政府在推进农村物流发展中的主体作用，建立由政府统一领导，交通运输、农业、供销、邮政管理等多部门共同参与的农村物流发展协调工作机制。各级交通运输、农业、供销、邮政管理等部门要加强农村物流的工作对接，开展多种形式的合作，及时协调解决有关重点和难点问题。

（二十三）加大资金支持。各地交通运输、农业、供销、邮政管理等部门要积极争取中央财政农村物流服务体系发展专项资金，对站场设施建设、邮政"三农"服务站和农村快递网点建设、设施装备改造、信息系统建设、组织模式创新等具有较强公益性的项目予以引导扶持。建立和稳定交通运输、农业、供销等对农村物流的支持资金渠道，加大政策倾斜和投入力度；

积极争取地方各级人民政府对农村物流的财政投入，推进各方扶持政策融合，提升政策叠加效益。

（二十四）深化政策落实。继续实施鲜活农产品"绿色通道"政策。落实和完善物流用地政策，加大对农村物流设施建设的倾斜，引导利用已有的客运站、交管站、收购站（点）、乡镇邮政局所等设施和已有存量用地，建设扩展农村物流设施和提供相关服务。积极协调税务部门，按照《关于小型微利企业所得税优惠政策有关问题的通知》（财税〔2014〕34号）要求，落实对符合条件的农村物流企业的税收优惠政策。强化金融创新，重视解决农村物流企业的融资贷款难题，加大融资租赁等金融产品在农村物流中的运用。支持企业通过多种途径加强农村物流专业人才培养和专业技能培训。

（二十五）加强市场监管。进一步加大简政放权力度，推进农村物流行政审批"权力清单"制度改革。进一步规范执法监督行为，建立交通运输、农业、供销、邮政管理等部门协同的市场监管机制。加强农村物流市场运行监测，在部分农产品产销大省，选择典型线路、典型农产品，将其产销价格、运输价格、运输成本纳入监测范围，及时了解农产品物流动态，建立健全预测和预警机制，做好应急预案，保障农产品供应链的稳定运行。

（二十六）开展试点示范。开展多种形式的农村物流试点和示范工程，选择一批农村物流需求及发展潜力大、基础条件好、特色鲜明的县（市），通过示范建设，在体制机制、设施装备、物流组织、信息平台、市场培育和规范等方面进一步创新，及时总结发展经验，加强宣传和交流推广。

交通运输部　农业部　供销合作总社　国家邮政局
2015年2月16日

B.38

华南电子商务联盟简介

一 联盟成立的背景

随着我国网络技术普及率的日益提高，通过网络进行购物、交易、支付等的电子商务新模式发展迅速。电子商务凭借其低成本、高效率的优势，受到了普通消费者的青睐，有效地促进了中小企业寻找商机、赢得市场，电子商务已成为我国转变发展方式、优化产业结构的重要动力。

发展电子商务不仅需要政府的政策支持和引导、企业的参与和努力，而且需要集合全社会的力量。华南地区作为改革开放较早的地区之一，需要在电子商务浪潮中起到引领发展的作用。因此，为了贯彻落实党和国家促进电子商务发展的相关政策，切实提升华南地区整体的电子商务发展水平，优化华南地区电子商务发展结构，提高华南地区经济整体竞争力，帮助企业解决电子商务应用与发展难题，推进华南电子商务示范区建设，促进政府与民间的良性互动，联合政府、企业、行业协会、媒体以及学术界的华南电子商务联盟应运而生。

二 联盟组成

华南电子商务联盟是致力于推进"创新华南、电商华南"的非法人、互动性、学术性的民间联盟。

联盟由广东省、广西壮族自治区、湖南省、福建省、海南省等省份的电子商务协会，以及广州、深圳、东莞、佛山、珠海、惠州、汕头、中山、佛山、顺德、梅州、揭阳、肇庆、湛江、茂名、清远、韶关、潮州、汕尾、江门、阳江 21 个市电子商务协会联合发起。

联盟拥有华南理工大学、中山大学、暨南大学、华南师范大学、广东财经大学、广东省电子商务市场应用技术重点实验室等科研机构，广东省现代服务业联合会、广东省制造业协会、广东省信用担保协会等兄弟行业协会，以及环球市场集团、广州梦芭莎、广州唯品会、深圳走秀网、广佛智城、海纳城等会员单位。"广货网上行"参与单位共同参与发起。

联盟于 2013 年 8 月 18 日在东莞松山湖高新区正式成立，广东省经济和信息化委员会党组副书记、巡视员戚真理为联盟主席，各省份、市电子商务协会会长为联盟副主席。

联盟秘书长由广东省电子商务协会副会长兼秘书长程晓担任；张强、罗志成、甘献妙、孙炜、刘明明、黄冲为常务副秘书长；彭长端、郑福新、戴耀武、李大攀、王丹等为副秘书长。

联盟秘书处设在广东省电子商务协会，负责联盟日常事务管理，联盟办公室由广东省电子商务协会和东莞市电子商务协会委派工作人员办公和开展活动。办公室主任为罗志成，副主任为王丹。

三　联盟宗旨

联盟的愿景是以"立足华南，放眼世界，创建华南电子商务交流平台"为主题，以"鼓励电商创新，增加行业交流，提升行业地位，推进融合发展"为宗旨，塑造华南电商"一家人"形象，构建华南电子商务平台的一体化发展格局。联盟致力于让华南电子商务平台实现品牌化发展，让华南电子商务品牌走向全国，走向世界。

联盟在"促进融合、示范引导、产业带动、规范发展"原则的指导下，致力于积极整合政府、企业、银行、媒体、协会、学界、资本等资源，将自身打造成华南电子商务行业圈的"宣传平台""交流平台""资格平台""提升平台""品牌平台"，发挥联盟"方向的力量""联合的力量""持续的力量"，为华南电子商务平台品牌化建设和推广提供服务。

四 联盟承诺

(1) 华南电子商务的发展需要全社会各方面的力量联合起来，既要注意学习、借鉴发达国家的电商发展理念与模式，又要结合中国国情进行不断地创新和实践，唯有如此，才能加快华南电子商务发展的步伐，将华南建成具有国际影响力的电子商务发展区域。

(2) 联盟将充分联合政府、企业、媒体、协会、专家资源，在全国范围内积极为区域内信用企业品牌做持续宣传和推广。

(3) 联盟将坚持"公开、公正、公平"的原则，积极发动人民群众以各种方式关注、监督、保护信用企业。对于未经本联盟批准，擅自将本联盟列为相关活动主办、承办、支持单位等的侵权行为，联盟将依法追究法律责任。

五 联盟开展的主要业务和活动

(1) 改善电商发展环境，优化电商发展结构，深化电商应用水平，促进电商行业融合，推动华南电子商务示范区建设。

(2) 组织研究适合华南电商企业发展的实施方案，为政府发展电子商务提供决策参考，并在联盟成员中试点后进行推广，起到引领行业发展的作用。

(3) 鼓励电子商务服务技术创新和模式创新，推动商业模式、商业业态创新。加强产学研合作，激发电商企业创新活力。

(4) 重点鼓励发展电子商务服务业，培育一批具有行业影响力，提供电子商务咨询、资讯、法律、信息技术、人力资源等专业服务的电子商务服务企业。

(5) 为华南地区的电商企业开展国际合作提供支持，向海内外推广"华南电商优势企业""华南电商优势品牌"。

（6）联盟其他活动

①每年 8 月 28 日举办"华南电商联盟峰会"。

②定期组织联盟成员开展相关业余交流活动，如羽毛球比赛、篮球比赛等。

③每年 3 月 28 日至 4 月 5 日举办"广东电商节"。

④建立"华南电子商务公共服务平台"。

⑤每年 3 月举办联盟年会暨梳理发布"华南电商金鼎奖"等。

六　华南电子商务联盟办公室联系方式

地　址：广州市越秀区越华路 116 号轻化集团副楼 301 ~ 306 室

电　话：020 - 83725071

传　真：020 - 83725073

网　址：www. gd-eca. org. cn

邮　箱：gddzswxh@ 126. com

联系人：王丹

B.39

后　记

当前，我国电子商务发展正在进入密集创新和快速扩张的新阶段，日益成为拉动我国消费需求、促进传统产业升级、发展现代服务业的重要引擎。随着应用的不断深入、新业务模式的不断涌现、业务需求的不断挖掘，电子商务市场向着更深层次、更广阔领域延伸，市场空间不断扩大。电子商务正在成为拉动国民经济保持快速可持续增长的重要动力。

从全国范围来看，广东已成为中国电商发展的桥头堡。电子商务作为广东省现代服务业的重要组成部分，广东省委、省政府高度重视电子商务的发展，将其作为推动广东经济转型升级的重要抓手。

《广东省电子商务发展报告（2014~2015）》聚焦广东省电子商务的整体发展情况，从宏观上研究分析了广东省电子商务产业的发展现状、影响因素以及电子商务未来的发展趋势；针对电子商务产业存在的问题提出了相应的对策和建议。此外，针对目前广东省电子商务市场的发展现状，报告分析了广东省各地市电子商务发展概况、区域特点、存在的问题等，提供了翔实的市场数据，为市场各方了解广东省电子商务提供了一定的支持和帮助，为各级领导和决策部门决策提供了参考。

本报告的出版得到了广东省商务厅党组成员蔡勇副厅长、广东商务厅电子商务处李雪飞处长、华南师范大学经济与管理学院院长彭璧玉教授、各地级市商务局有关领导、华南电子商务联盟各成员单位会长、秘书长以及相关企业的大力支持。在此，我们向所有支持、参与编写本书的领导、专家、企业家、学者和广东省电子商务协会的工作人员表示衷心的感谢。

每一年度的广东省电子商务发展报告都凝聚了编委会对于行业发展的观察和思考，希望报告能够对广东省电子商务科学发展以及电子商务行业的从业者提供有益帮助和支持。然而，电子商务行业正处于一个迅速变化的时代，报告的缺陷和不足在所难免，期待业界人士和广大读者指正，以便我们在下一步的研究中不断改进和提高。

《广东省电子商务发展报告（2014～2015）》编委会

2015 年 3 月 27 日

法 律 声 明

　　"皮书系列"（含蓝皮书、绿皮书、黄皮书）之品牌由社会科学文献出版社最早使用并持续至今，现已被中国图书市场所熟知。"皮书系列"的 LOGO (▓) 与"经济蓝皮书""社会蓝皮书"均已在中华人民共和国国家工商行政管理总局商标局登记注册。"皮书系列"图书的注册商标专用权及封面设计、版式设计的著作权均为社会科学文献出版社所有。未经社会科学文献出版社书面授权许可，任何使用与"皮书系列"图书注册商标、封面设计、版式设计相同或者近似的文字、图形或其组合的行为均系侵权行为。

　　经作者授权，本书的专有出版权及信息网络传播权为社会科学文献出版社享有。未经社会科学文献出版社书面授权许可，任何就本书内容的复制、发行或以数字形式进行网络传播的行为均系侵权行为。

　　社会科学文献出版社将通过法律途径追究上述侵权行为的法律责任，维护自身合法权益。

　　欢迎社会各界人士对侵犯社会科学文献出版社上述权利的侵权行为进行举报。电话：010－59367121，电子邮箱：fawubu@ssap.cn。

社会科学文献出版社

权威报告·热点资讯·特色资源

皮书数据库
ANNUAL REPORT(YEARBOOK)
DATABASE

当代中国与世界发展高端智库平台

S 子库介绍
ub-Database Introduction

中国经济发展数据库

涵盖宏观经济、农业经济、工业经济、产业经济、财政金融、交通旅游、商业贸易、劳动经济、企业经济、房地产经济、城市经济、区域经济等领域，为用户实时了解经济运行态势、把握经济发展规律、洞察经济形势、做出经济决策提供参考和依据。

中国社会发展数据库

全面整合国内外有关中国社会发展的统计数据、深度分析报告、专家解读和热点资讯构建而成的专业学术数据库。涉及宗教、社会、人口、政治、外交、法律、文化、教育、体育、文学艺术、医药卫生、资源环境等多个领域。

中国行业发展数据库

以中国国民经济行业分类为依据，跟踪分析国民经济各行业市场运行状况和政策导向，提供行业发展最前沿的资讯，为用户投资、从业及各种经济决策提供理论基础和实践指导。内容涵盖农业，能源与矿产业，交通运输业，制造业，金融业，房地产业，租赁和商务服务业，科学研究，环境和公共设施管理，居民服务业，教育，卫生和社会保障，文化、体育和娱乐业等100余个行业。

中国区域发展数据库

以特定区域内的经济、社会、文化、法治、资源环境等领域的现状与发展情况进行分析和预测。涵盖中部、西部、东北、西北等地区，长三角、珠三角、黄三角、京津冀、环渤海、合肥经济圈、长株潭城市群、关中—天水经济区、海峡经济区等区域经济体和城市圈，北京、上海、浙江、河南、陕西等34个省份及中国台湾地区。

中国文化传媒数据库

包括文化事业、文化产业、宗教、群众文化、图书馆事业、博物馆事业、档案事业、语言文字、文学、历史地理、新闻传播、广播电视、出版事业、艺术、电影、娱乐等多个子库。

世界经济与国际政治数据库

以皮书系列中涉及世界经济与国际政治的研究成果为基础，全面整合国内外有关世界经济与国际政治的统计数据、深度分析报告、专家解读和热点资讯构建而成的专业学术数据库。包括世界经济、世界政治、世界文化、国际社会、国际关系、国际组织、区域发展、国别发展等多个子库。

权威·前沿·原创

社会科学文献出版社

皮书系列

2015年

盘点年度资讯　预测时代前程

社会科学文献出版社 学术传播中心 编制

社会科学文献出版社
SOCIAL SCIENCES ACADEMIC PRESS (CHINA)

社会科学文献出版社成立于1985年，是直属于中国社会科学院的人文社会科学专业学术出版机构。

成立以来，特别是1998年实施第二次创业以来，依托于中国社会科学院丰厚的学术出版和专家学者两大资源，坚持"创社科经典，出传世文献"的出版理念和"权威、前沿、原创"的产品定位，社科文献立足内涵式发展道路，从战略层面推动学术出版五大能力建设，逐步走上了智库产品与专业学术成果系列化、规模化、数字化、国际化、市场化发展的经营道路。

先后策划出版了著名的图书品牌和学术品牌"皮书"系列、"列国志"、"社科文献精品译库"、"全球化译丛"、"全面深化改革研究书系"、"近世中国"、"甲骨文"、"中国史话"等一大批既有学术影响又有市场价值的系列图书，形成了较强的学术出版能力和资源整合能力。2014年社科文献出版社发稿5.5亿字，出版图书1500余种，承印发行中国社科院院属期刊71种，在多项指标上都实现了较大幅度的增长。

凭借着雄厚的出版资源整合能力，社科文献出版社长期以来一直致力于从内容资源和数字平台两个方面实现传统出版的再造，并先后推出了皮书数据库、列国志数据库、中国田野调查数据库等一系列数字产品。数字出版已经初步形成了产品设计、内容开发、编辑标引、产品运营、技术支持、营销推广等全流程体系。

在国内原创著作、国外名家经典著作大量出版，数字出版突飞猛进的同时，社科文献出版社从构建国际话语体系的角度推动学术出版国际化。先后与斯普林格、荷兰博睿、牛津、剑桥等十余家国际出版机构合作面向海外推出了"皮书系列""改革开放30年研究书系""中国梦与中国发展道路研究丛书""全面深化改革研究书系"等一系列在世界范围内引起强烈反响的作品；并持续致力于中国学术出版走出去，组织学者和编辑参加国际书展，筹办国际性学术研讨会，向世界展示中国学者的学术水平和研究成果。

此外，社科文献出版社充分利用网络媒体平台，积极与中央和地方各类媒体合作，并联合大型书店、学术书店、机场书店、网络书店、图书馆，逐步构建起了强大的学术图书内容传播平台。学术图书的媒体曝光率居全国之首，图书馆藏率居于全国出版机构前十位。

上述诸多成绩的取得，有赖于一支以年轻的博士、硕士为主体，一批从中国社科院刚退出科研一线的各学科专家为支撑的300多位高素质的编辑、出版和营销队伍，为我们实现学术立社，以学术品位、学术价值来实现经济效益和社会效益这样一个目标的共同努力。

作为已经开启第三次创业梦想的人文社会科学学术出版机构，2015年的社会科学文献出版社将迎来她30周岁的生日，"三十而立"再出发，我们将以改革发展为动力，以学术资源建设为中心，以构建智慧型出版社为主线，以社庆三十周年系列活动为重要载体，以"整合、专业、分类、协同、持续"为各项工作指导原则，全力推进出版社数字化转型，坚定不移地走专业化、数字化、国际化发展道路，全面提升出版社核心竞争力，为实现"社科文献梦"奠定坚实基础。

我们是图书出版者，更是人文社会科学内容资源供应商；

我们背靠中国社会科学院，面向中国与世界人文社会科学界，坚持为人文社会科学的繁荣与发展服务；

我们精心打造权威信息资源整合平台，坚持为中国经济与社会的繁荣与发展提供决策咨询服务；

我们以读者定位自身，立志让爱书人读到好书，让求知者获得知识；

我们精心编辑、设计每一本好书以形成品牌张力，以优秀的品牌形象服务读者，开拓市场；

我们始终坚持"创社科经典，出传世文献"的经营理念，坚持"权威、前沿、原创"的产品特色；

我们"以人为本"，提倡阳光下创业，员工与企业共享发展之成果；

我们立足于现实，认真对待我们的优势、劣势，我们更着眼于未来，以不断的学习与创新适应不断变化的世界，以不断的努力提升自己的实力；

我们愿与社会各界友好合作，共享人文社会科学发展之成果，共同推动中国学术出版乃至内容产业的繁荣与发展。

社会科学文献出版社社长
中国社会学会秘书长

2015 年 1 月

❖ 皮书起源 ❖

"皮书"起源于十七、十八世纪的英国，主要指官方或社会组织正式发表的重要文件或报告，多以"白皮书"命名。在中国，"皮书"这一概念被社会广泛接受，并被成功运作、发展成为一种全新的出版形态，则源于中国社会科学院社会科学文献出版社。

❖ 皮书定义 ❖

皮书是对中国与世界发展状况和热点问题进行年度监测，以专业的角度、专家的视野和实证研究方法，针对某一领域或区域现状与发展态势展开分析和预测，具备权威性、前沿性、原创性、实证性、时效性等特点的连续性公开出版物，由一系列权威研究报告组成。皮书系列是社会科学文献出版社编辑出版的蓝皮书、绿皮书、黄皮书等的统称。

❖ 皮书作者 ❖

皮书系列的作者以中国社会科学院、著名高校、地方社会科学院的研究人员为主，多为国内一流研究机构的权威专家学者，他们的看法和观点代表了学界对中国与世界的现实和未来最高水平的解读与分析。

❖ 皮书荣誉 ❖

皮书系列已成为社会科学文献出版社的著名图书品牌和中国社会科学院的知名学术品牌。2011 年，皮书系列正式列入"十二五"国家重点出版规划项目；2012~2014 年，重点皮书列入中国社会科学院承担的国家哲学社会科学创新工程项目；2015 年，41 种院外皮书使用"中国社会科学院创新工程学术出版项目"标识。

经 济 类

经济类皮书涵盖宏观经济、城市经济、大区域经济，
提供权威、前沿的分析与预测

经济蓝皮书

2015 年中国经济形势分析与预测

李 扬 / 主编　2014 年 12 月出版　定价 : 69.00 元

◆　本书为总理基金项目，由著名经济学家李扬领衔，联合
中国社会科学院、国务院发展中心等数十家科研机构、国家
部委和高等院校的专家共同撰写，系统分析了 2014 年的中国
经济形势并预测 2015 年我国经济运行情况，2015 年中国经济
仍将保持平稳较快增长，预计增速 7% 左右。

城市竞争力蓝皮书

中国城市竞争力报告 No.13

倪鹏飞 / 主编　2015 年 5 月出版　　定价 : 89.00 元

◆　本书由中国社会科学院城市与竞争力研究中心主任倪鹏
飞主持编写，以"巨手：托起城市中国新版图"为主题，分
别从市场、产业、要素、交通一体化角度论证了东中一体化
程度不断加深。建议：中国经济分区应该由四分区调整为二
分区；按照"一团五线"的发展格局对中国的城市体系做出
重大调整。

西部蓝皮书

中国西部发展报告（2015）

姚慧琴　徐璋勇 / 主编　2015 年 7 月出版　　估价 : 89.00 元

◆　本书由西北大学中国西部经济发展研究中心主编，汇集
了源自西部本土以及国内研究西部问题的权威专家的第一手
资料，对国家实施西部大开发战略进行年度动态跟踪，并对
2015 年西部经济、社会发展态势进行预测和展望。

中部蓝皮书

中国中部地区发展报告（2015）

喻新安 / 主编　　2015 年 7 月出版　　估价 :69.00 元

◆　本书敏锐地抓住当前中部地区经济发展中的热点、难点问题，紧密地结合国家和中部经济社会发展的重大战略转变，对中部地区经济发展的各个领域进行了深入、全面的分析研究，并提出了具有理论研究价值和可操作性强的政策建议。

世界经济黄皮书

2015 年世界经济形势分析与预测

王洛林　张宇燕 / 主编　　2015 年 1 月出版　　定价 :69.00 元

◆　本书为中国社会科学院创新工程学术出版资助项目，由中国社会科学院世界经济与政治研究所的研创团队撰写。该书认为，2014 年，世界经济维持了上年度的缓慢复苏，同时经济增长格局分化显著。预计 2015 年全球经济增速按购买力平价计算的增长率为 3.3%，按市场汇率计算的增长率为 2.8%。

中国省域竞争力蓝皮书

中国省域经济综合竞争力发展报告（2013~2014）

李建平　李闽榕　高燕京 / 主编　　2015 年 2 月出版　　定价 :198.00 元

◆　本书充分运用数理分析、空间分析、规范分析与实证分析相结合、定性分析与定量分析相结合的方法，建立起比较科学完善、符合中国国情的省域经济综合竞争力指标评价体系及数学模型，对 2012~2013 年中国内地 31 个省、市、区的经济综合竞争力进行全面、深入、科学的总体评价与比较分析。

城市蓝皮书

中国城市发展报告 No.8

潘家华　魏后凯 / 主编　　2015 年 9 月出版　　估价 :69.00 元

◆　本书由中国社会科学院城市发展与环境研究中心编著，从中国城市的科学发展、城市环境可持续发展、城市经济集约发展、城市社会协调发展、城市基础设施与用地管理、城市管理体制改革以及中国城市科学发展实践等多角度、全方位地立体展示了中国城市的发展状况，并对中国城市的未来发展提出了建议。

金融蓝皮书

中国金融发展报告（2015）

李　扬　王国刚/主编　2014年12月出版　定价:75.00元

◆　由中国社会科学院金融研究所组织编写的《中国金融发展报告（2015）》，概括和分析了2014年中国金融发展和运行中的各方面情况,研讨和评论了2014年发生的主要金融事件。本书由业内专家和青年精英联合编著,有利于读者了解掌握2014年中国的金融状况,把握2015年中国金融的走势。

低碳发展蓝皮书

中国低碳发展报告（2015）

齐　晔/主编　2015年7月出版　估价:89.00元

◆　本书对中国低碳发展的政策、行动和绩效进行科学、系统、全面的分析。重点是通过归纳中国低碳发展的绩效,评估与低碳发展相关的政策和措施,分析政策效应的制度背景和作用机制,为进一步的政策制定、优化和实施提供支持。

经济信息绿皮书

中国与世界经济发展报告（2015）

杜　平/主编　2014年12月出版　定价:79.00元

◆　本书是由国家信息中心组织专家队伍精心研究编撰的年度经济分析预测报告,书中指出,2014年,我国经济增速有所放慢,但仍处于合理运行区间。主要新兴国家经济总体仍显疲软。2015年应防止经济下行和财政金融风险相互强化,促进经济向新常态平稳过渡。

低碳经济蓝皮书

中国低碳经济发展报告（2015）

薛进军　赵忠秀/主编　2015年6月出版　定价:85.00元

◆　本书汇集来自世界各国的专家学者、政府官员,探讨世界金融危机后国际经济的现状,提出"绿色化"为经济转型期国家的可持续发展提供了重要范本,并将成为解决气候系统保护与经济发展矛盾的重要突破口,也将是中国引领"一带一路"沿线国家实现绿色发展的重要抓手。

社 会 政 法 类

社会政法类皮书聚焦社会发展领域的热点、难点问题，
提供权威、原创的资讯与视点

社会蓝皮书

2015 年中国社会形势分析与预测

李培林　陈光金　张　翼 / 主编　2014 年 12 月出版　定价 :69.00 元

◆　本书由中国社会科学院社会学研究所组织研究机构专家、高校学者和政府研究人员撰写，聚焦当下社会热点，指出 2014 年我国社会存在城乡居民人均收入增速放缓、大学生毕业就业压力加大、社会老龄化加速、住房价格继续飙升、环境群体性事件多发等问题。

法治蓝皮书

中国法治发展报告 No.13（2015）

李　林　田　禾 / 主编　　2015 年 3 月出版　　定价 :105.00 元

◆　本年度法治蓝皮书回顾总结了 2014 年度中国法治取得的成效及存在的问题，并对 2015 年中国法治发展形势进行预测、展望，还从立法、人权保障、行政审批制度改革、反价格垄断执法、教育法治、政府信息公开等方面研讨了中国法治发展的相关问题。

环境绿皮书

中国环境发展报告（2015）

刘鉴强 / 主编　　2015 年 7 月出版　　估价 :79.00 元

◆　本书由民间环保组织"自然之友"组织编写，由特别关注、生态保护、宜居城市、可持续消费以及政策与治理等版块构成，以公共利益的视角记录、审视和思考中国环境状况，呈现 2014 年中国环境与可持续发展领域的全局态势，用深刻的思考、科学的数据分析 2014 年的环境热点事件。

反腐倡廉蓝皮书

中国反腐倡廉建设报告 No.4

李秋芳　张英伟 / 主编　2014 年 12 月出版　　定价 :79.00 元

◆　本书继续坚持"建设"主题，既描摹出反腐败斗争的感性特点，又揭示出反腐政治格局深刻变化的根本动因。指出当前症结在于权力与资本"隐蔽勾连"、"官场积弊"消解"吏治改革"效力、部分公职人员基本价值观迷乱、封建主义与资本主义思想依然影响深重。提出应以科学思维把握反腐治标与治本问题，建构"不需腐"的合理合法薪酬保障机制。

女性生活蓝皮书

中国女性生活状况报告 No.9（2015）

韩湘景 / 主编　2015 年 4 月出版　定价 :79.00 元

◆　本书由中国妇女杂志社、华坤女性生活调查中心和华坤女性消费指导中心组织编写，通过调查获得的大量调查数据，真实展现当年中国城市女性的生活状况、消费状况及对今后的预期。

华侨华人蓝皮书

华侨华人研究报告 (2015)

贾益民 / 主编　2015 年 12 月出版　估价 :118.00 元

◆　本书为中国社会科学院创新工程学术出版资助项目，是华侨大学向世界提供最新涉侨动态、理论研究和政策建议的平台。主要介绍了相关国家华侨华人的规模、分布、结构、发展趋势，以及全球涉侨生存安全环境和华文教育情况等。

政治参与蓝皮书

中国政治参与报告（2015）

房　宁 / 主编　2015 年 7 月出版　估价 :105.00 元

◆　本书作者均来自中国社会科学院政治学研究所，聚焦中国基层群众自治的参与情况介绍了城镇居民的社区建设与居民自治参与和农村居民的村民自治与农村社区建设参与情况。其优势是其指标评估体系的建构和问卷调查的设计专业，数据量丰富，统计结论科学严谨。

行业报告类

行业报告类皮书立足重点行业、新兴行业领域，
提供及时、前瞻的数据与信息

房地产蓝皮书

中国房地产发展报告 No.12（2015）

魏后凯 李景国/主编 2015 年 5 月出版 定价:79.00 元

◆ 本年度房地产蓝皮书指出，2014 年中国房地产市场出现了较大幅度的回调，商品房销售明显遇冷，库存居高不下。展望2015 年，房价保持低速增长的可能性较大，但区域分化将十分明显，人口聚集能力强的一线城市和部分热点二线城市房价有回暖、房价上涨趋势，而人口聚集能力差、库存大的部分二线城市或三四线城市房价会延续下跌（回调）态势。

保险蓝皮书

中国保险业竞争力报告（2015）

姚庆海 王 力/主编 2015 年 12 出版 估价:98.00 元

◆ 本皮书主要为监管机构、保险行业和保险学界提供保险市场一年来发展的总体评价，外在因素对保险业竞争力发展的影响研究；国家监管政策、市场主体经营创新及职能发挥、理论界最新研究成果等综述和评论。

企业社会责任蓝皮书

中国企业社会责任研究报告（2015）

黄群慧 彭华岗 钟宏武 张 蕙/编著
2015 年 11 月出版 估价:69.00 元

◆ 本书系中国社会科学院经济学部企业社会责任研究中心组织编写的《企业社会责任蓝皮书》2015 年分册。该书在对企业社会责任进行宏观总体研究的基础上，根据 2014 年企业社会责任及相关背景进行了创新研究，在全国企业中观层面对企业健全社会责任管理体系提供了弥足珍贵的丰富信息。

投资蓝皮书

中国投资发展报告（2015）

谢 平／主编　　2015 年 4 月出版　　定价 :128.00 元

◆　2014 年，适应新常态发展的宏观经济政策逐步成型和出台，成为保持经济平稳增长、促进经济活力增强、结构不断优化升级的有力保障。2015 年，应重点关注先进制造业、TMT 产业、大健康产业、大文化产业及非金融全新产业的投资机会，适应新常态下的产业发展变化，在投资布局中争取主动。

住房绿皮书

中国住房发展报告（2014~2015）

倪鹏飞／主编　　2014 年 12 月出版　　定价 :79.00 元

◆　本年度住房绿皮书指出，中国住房市场从 2014 年第一季度开始进入调整状态，2014 年第三季度进入全面调整期。2015 年的住房市场走势 : 整体延续衰退，一、二线城市 2015 年下半年、三四线城市 2016 年下半年复苏。

人力资源蓝皮书

中国人力资源发展报告（2015）

余兴安／主编　　2015 年 9 月出版　　估价 :79.00 元

◆　本书是在人力资源和社会保障部部领导的支持下，由中国人事科学研究院汇集我国人力资源开发权威研究机构的诸多专家学者的研究成果编写而成。 作为关于人力资源的蓝皮书，本书通过充分利用有关研究成果，更广泛、更深入地展示近年来我国人力资源开发重点领域的研究成果。

汽车蓝皮书

中国汽车产业发展报告（2015）

国务院发展研究中心产业经济研究部 中国汽车工程学会

大众汽车集团（中国）／主编　　2015 年 8 月出版　　估价 :128.00 元

◆　本书由国务院发展研究中心产业经济研究部、中国汽车工程学会、大众汽车集团（中国）联合主编，是关于中国汽车产业发展的研究性年度报告，介绍并分析了本年度中国汽车产业发展的形势。

国别与地区类

国别与地区类皮书关注全球重点国家与地区，
提供全面、独特的解读与研究

亚太蓝皮书

亚太地区发展报告（2015）

李向阳/主编　　2015年1月出版　　定价:59.00元

◆　　本年度的专题是"一带一路"，书中对"一带一路"战略
的经济基础、"一带一路"与区域合作等进行了阐述。除对亚
太地区2014年的整体变动情况进行深入分析外，还在此基础
上提出了对于2015年亚太地区各个方面发展情况的预测。

日本蓝皮书

日本研究报告（2015）

李　薇/主编　　2015年4月出版　　定价:69.00元

◆　　本书由中华日本学会、中国社会科学院日本研究所合作推
出，是以中国社会科学院日本研究所的研究人员为主完成的研
究成果。对2014年日本的政治、外交、经济、社会文化作了回顾、
分析，并对2015年形势进行展望。

德国蓝皮书

德国发展报告（2015）

郑春荣　伍慧萍/主编　　2015年5月出版　　定价:69.00元

◆　　本报告由同济大学德国研究所组织编撰，由该领域的专家
学者对德国的政治、经济、社会文化、外交等方面的形势发展
情况，进行全面的阐述与分析。德国作为欧洲大陆第一强国，
与中国各方面日渐紧密的合作关系，值得国内各界深切关注。

国际形势黄皮书

全球政治与安全报告（2015）

李慎明　张宇燕/主编　2015年1月出版　定价:69.00元

◆　本书对中、俄、美三国之间的合作与冲突进行了深度分析，揭示了影响中美、俄美及中俄关系的主要因素及变化趋势。重点关注了乌克兰危机、克里米亚问题、苏格兰公投、西非埃博拉疫情以及西亚北非局势等国际焦点问题。

拉美黄皮书

拉丁美洲和加勒比发展报告（2014~2015）

吴白乙/主编　2015年5月出版　定价:89.00元

◆　本书是中国社会科学院拉丁美洲研究所的第14份关于拉丁美洲和加勒比地区发展形势状况的年度报告。本书对2014年拉丁美洲和加勒比地区诸国的政治、经济、社会、外交等方面的发展情况做了系统介绍，对该地区相关国家的热点及焦点问题进行了总结和分析，并在此基础上对该地区各国2015年的发展前景做出预测。

美国蓝皮书

美国研究报告（2015）

郑秉文　黄　平/主编　2015年6月出版　定价:89.00元

◆　本书是由中国社会科学院美国所主持完成的研究成果，重点讲述了美国的"再平衡"战略，另外回顾了美国2014年的经济、政治形势与外交战略，对2014年以来美国内政外交发生的重大事件以及重要政策进行了较为全面的回顾和梳理。

大湄公河次区域蓝皮书

大湄公河次区域合作发展报告（2015）

刘　稚/主编　2015年9月出版　估价:79.00元

◆　云南大学大湄公河次区域研究中心深入追踪分析该区域发展动向，以把握全面，突出重点为宗旨，系统介绍和研究大湄公河次区域合作的年度热点和重点问题，展望次区域合作的发展趋势，并对新形势下我国推进次区域合作深入发展提出相关对策建议。

地方发展类

地方发展类皮书关注大陆各省份、经济区域，
提供科学、多元的预判与咨政信息

北京蓝皮书
北京公共服务发展报告（2014~2015）

施昌奎/主编　2015年1月出版　定价：69.00元

◆ 本书是由北京市政府职能部门的领导、首都著名高校的教授、知名研究机构的专家共同完成的关于北京市公共服务发展与创新的研究成果。本年度主题为"北京公共服务均衡化发展和市场化改革"，内容涉及了北京市公共服务发展的方方面面，既有对北京各个城区的综合性描述，也有对局部、细部、具体问题的分析。

上海蓝皮书
上海经济发展报告（2015）

沈开艳/主编　2015年1月出版　定价:69.00元

◆ 本书系上海社会科学院系列之一，本年度将"建设具有全球影响力的科技创新中心"作为主题，对2015年上海经济增长与发展趋势的进行了预测，把握了上海经济发展的脉搏和学术研究的前沿。

广州蓝皮书
广州经济发展报告（2015）

李江涛　朱名宏/主编　2015年7月出版　估价:69.00元

◆ 本书是由广州市社会科学院主持编写的"广州蓝皮书"系列之一，本报告对广州2014年宏观经济运行情况作了深入分析，对2015年宏观经济走势进行了合理预测，并在此基础上提出了相应的政策建议。

文 化 传 媒 类

文化传媒类皮书透视文化领域、文化产业，
探索文化大繁荣、大发展的路径

新媒体蓝皮书

中国新媒体发展报告 No.6（2015）

唐绪军 / 主编　　2015 年 7 月出版　　定价 :79.00 元

◆　本书深入探讨了中国网络信息安全、媒体融合状况、微信谣言问题、微博发展态势、互联网金融、移动舆论场舆情、传统媒体转型、新媒体产业发展、网络助政、网络舆论监督、大数据、数据新闻、数字版权等热门问题，展望了中国新媒体的未来发展趋势。

舆情蓝皮书

中国社会舆情与危机管理报告（2015）

谢耘耕 / 主编　　2015 年 8 月出版　　估价 :98.00 元

◆　本书由上海交通大学舆情研究实验室和危机管理研究中心主编，已被列入教育部人文社会科学研究报告培育项目。本书以新媒体环境下的中国社会为立足点，对 2014 年中国社会舆情、分类舆情等进行了深入系统的研究，并预测了 2015 年社会舆情走势。

文化蓝皮书

中国文化产业发展报告（2015）

张晓明 王家新 章建刚 / 主编　　2015 年 7 月出版　　估价 :79.00 元

◆　本书由中国社会科学院文化研究中心编写。从 2012 年开始，中国社会科学院文化研究中心设立了国内首个文化产业的研究类专项资金——"文化产业重大课题研究计划"，开始在全国范围内组织多学科专家学者对我国文化产业发展重大战略问题进行联合攻关研究。本书集中反映了该计划的研究成果。

经济类

G20国家创新竞争力黄皮书
二十国集团（G20）国家创新竞争力发展报告（2015）
著(编)者：黄茂兴 李闽榕 李建平 赵新力
2015年9月出版 / 估价:128.00元

产业蓝皮书
中国产业竞争力报告（2015）
著(编)者：张其仔 2015年7月出版 / 估价:79.00元

长三角蓝皮书
2015年全面深化改革中的长三角
著(编)者：张伟斌 2015年10月出版 / 估价:69.00元

城乡一体化蓝皮书
中国城乡一体化发展报告（2015）
著(编)者：付崇兰 汝信 2015年12月出版 / 估价:79.00元

城市创新蓝皮书
中国城市创新报告（2015）
著(编)者：周天勇 旷建伟 2015年8月出版 / 估价:69.00元

城市竞争力蓝皮书
中国城市竞争力报告（2015）
著(编)者：倪鹏飞 2015年5月出版 / 定价:89.00元

城市蓝皮书
中国城市发展报告NO.8
著(编)者：潘家华 魏后凯 2015年9月出版 / 估价:69.00元

城市群蓝皮书
中国城市群发展指数报告（2015）
著(编)者：刘新静 刘士林 2015年10月出版 / 估价:59.00元

城乡统筹蓝皮书
中国城乡统筹发展报告（2015）
著(编)者：潘晨光 程志强 2015年7月出版 / 估价:59.00元

城镇化蓝皮书
中国新型城镇化健康发展报告（2015）
著(编)者：张占斌 2015年7月出版 / 估价:79.00元

低碳发展蓝皮书
中国低碳发展报告（2015）
著(编)者：齐晔 2015年7月出版 / 估价:89.00元

低碳经济蓝皮书
中国低碳经济发展报告（2015）
著(编)者：薛进军 赵忠秀 2015年6月出版 / 定价:85.00元

东北蓝皮书
中国东北地区发展报告（2015）
著(编)者：马克 黄文艺 2015年8月出版 / 估价:79.00元

发展和改革蓝皮书
中国经济发展和体制改革报告（2015）
著(编)者：邹东涛 2015年11月出版 / 估价:98.00元

工业化蓝皮书
中国工业化进程报告（2015）
著(编)者：黄群慧 吕铁 李晓华 2015年11月出版 / 估价:89.00元

国际城市蓝皮书
国际城市发展报告（2015）
著(编)者：屠启宇 2015年1月出版 / 定价:79.00元

国家创新蓝皮书
中国创新发展报告（2015）
著(编)者：陈劲 2015年7月出版 / 估价:59.00元

环境竞争力绿皮书
中国省域环境竞争力发展报告（2015）
著(编)者：李建平 李闽榕 王金南
2015年12月出版 / 估价:198.00元

金融蓝皮书
中国金融发展报告（2015）
著(编)者：李扬 王国刚 2014年12月出版 / 定价:75.00元

金融信息服务蓝皮书
金融信息服务发展报告（2015）
著(编)者：鲁广锦 殷剑峰 林义相
2015年7月出版 / 估价:89.00元

经济蓝皮书
2015年中国经济形势分析与预测
著(编)者：李扬 2014年12月出版 / 定价:69.00元

经济蓝皮书·春季号
2015年中国经济前景分析
著(编)者：李扬 2015年5月出版 / 估价:79.00元

经济蓝皮书·夏季号
中国经济增长报告（2015）
著(编)者：李扬 2015年7月出版 / 估价:69.00元

经济信息绿皮书
中国与世界经济发展报告（2015）
著(编)者：杜平 2014年12月出版 / 定价:79.00元

就业蓝皮书
2015年中国大学生就业报告
著(编)者：麦可思研究院 2015年7月出版 / 估价:98.00元

就业蓝皮书
2015年中国高职高专生就业报告
著(编)者：麦可思研究院 2015年6月出版 / 定价:98.00元

就业蓝皮书
2015年中国本科生就业报告
著(编)者：麦可思研究院 2015年6月出版 / 定价:98.00元

临空经济蓝皮书
中国临空经济发展报告（2015）
著(编)者：连玉明 2015年9月出版 / 估价:79.00元

民营经济蓝皮书
中国民营经济发展报告（2015）
著(编)者：王钦敏 2015年12月出版 / 估价:79.00元

农村绿皮书
中国农村经济形势分析与预测（2014~2015）
著(编)者：中国社会科学院农村发展研究所
国家统计局农村社会经济调查司
2015年4月出版 / 定价:69.00元

农业应对气候变化蓝皮书
气候变化对中国农业影响评估报告（2015）
著(编)者:矫梅燕　2015年8月出版 / 估价:98.00元

企业公民蓝皮书
中国企业公民报告（2015）
著(编)者:邹东涛　2015年12月出版 / 估价:79.00元

气候变化绿皮书
应对气候变化报告（2015）
著(编)者:王伟光　郑国光　2015年10月出版 / 估价:79.00元

区域蓝皮书
中国区域经济发展报告（2014~2015）
著(编)者:梁昊光　2015年5月出版 / 定价:79.00元

全球环境竞争力绿皮书
全球环境竞争力报告（2015）
著(编)者:李建建　李闽榕　李建平　王金南
2015年12月出版 / 估价:198.00元

人口与劳动绿皮书
中国人口与劳动问题报告No.15
著(编)者:蔡昉　2015年1月出版 / 定价:59.00元

商务中心区蓝皮书
中国商务中心区发展报告（2015）
著(编)者:中国商务区联盟
　　　　中国社会科学院城市发展与环境研究所
2015年10月出版 / 估价:69.00元

商务中心区蓝皮书
中国商务中心区发展报告No.1（2014）
著(编)者:魏后凯　李国红　2015年1月出版 / 定价:89.00元

世界经济黄皮书
2015年世界经济形势分析与预测
著(编)者:王洛林　张宇燕　2015年1月出版 / 定价:69.00元

世界旅游城市绿皮书
世界旅游城市发展报告（2015）
著(编)者:鲁勇　周正宇　宋宇　2015年7月出版 / 估价:88.00元

西北蓝皮书
中国西北发展报告（2015）
著(编)者:赵宗福　孙发平　苏海红　鲁顺元　段庆林
2014年12月出版 / 定价:79.00元

西部蓝皮书
中国西部发展报告（2015）
著(编)者:姚慧琴　徐璋勇　2015年7月出版 / 估价:89.00元

新型城镇化蓝皮书
新型城镇化发展报告（2015）
著(编)者:李伟　2015年10月出版 / 估价:89.00元

新兴经济体蓝皮书
金砖国家发展报告（2015）
著(编)者:林跃勤　周文　2015年7月出版 / 估价:79.00元

中部竞争力蓝皮书
中国中部经济社会竞争力报告（2015）
著(编)者:教育部人文社会科学重点研究基地
　　　　南昌大学中国中部经济社会发展研究中心
2015年9月出版 / 估价:79.00元

中部蓝皮书
中国中部地区发展报告（2015）
著(编)者:喻新安　2015年7月出版 / 估价:69.00元

中国省域竞争力蓝皮书
中国省域经济综合竞争力发展报告（2013~2014）
著(编)者:李建平　李闽榕　高燕京
2015年2月出版 / 定价:198.00元

中三角蓝皮书
长江中游城市群发展报告（2015）
著(编)者:秦尊文　2015年10月出版 / 估价:69.00元

中小城市绿皮书
中国中小城市发展报告（2015）
著(编)者:中国城市经济学会中小城市经济发展委员会
　　　　《中国中小城市发展报告》编纂委员会
　　　　中小城市发展战略研究院
2015年10月出版 / 估价:98.00元

中原蓝皮书
中原经济区发展报告（2015）
著(编)者:李英杰　2015年7月出版 / 估价:88.00元

社会政法类

北京蓝皮书
中国社区发展报告（2015）
著(编)者:于燕燕　2015年7月出版 / 估价:69.00元

殡葬绿皮书
中国殡葬事业发展报告（2014~2015）
著(编)者:李伯森　2015年4月出版 / 定价:158.00元

城市管理蓝皮书
中国城市管理报告（2015）
著(编)者:谭维克　刘林　2015年12月出版 / 估价:158.00元

城市生活质量蓝皮书
中国城市生活质量报告（2015）
著(编)者:中国经济实验研究院　2015年7月出版 / 估价:59.00元

城市政府能力蓝皮书
中国城市政府公共服务能力评估报告（2015）
著(编)者:何艳玲　2015年7月出版 / 估价:59.00元

创新蓝皮书
创新型国家建设报告（2015）
著(编)者:詹正茂　2015年7月出版 / 估价:69.00元

慈善蓝皮书
中国慈善发展报告（2015）
著(编)者:杨团　2015年6月出版 / 定价:79.00元

地方法治蓝皮书
中国地方法治发展报告No.1（2014）
著(编)者:李林 田禾　2015年1月出版 / 定价:98.00元

法治蓝皮书
中国法治发展报告No.13（2015）
著(编)者:李林 田禾　2015年3月出版 / 定价:105.00元

反腐倡廉蓝皮书
中国反腐倡廉建设报告No.4
著(编)者:李秋芳 张英伟　2014年12月出版 / 定价:79.00元

非传统安全蓝皮书
中国非传统安全研究报告（2014~2015）
著(编)者:余潇枫 魏志江　2015年5月出版 / 定价:79.00元

妇女发展蓝皮书
中国妇女发展报告（2015）
著(编)者:王金玲　2015年9月出版 / 估价:148.00元

妇女教育蓝皮书
中国妇女教育发展报告（2015）
著(编)者:张李玺　2015年7月出版 / 估价:78.00元

妇女绿皮书
中国性别平等与妇女发展报告（2015）
著(编)者:谭琳　2015年12月出版 / 估价:99.00元

公共服务蓝皮书
中国城市基本公共服务力评价（2015）
著(编)者:钟君 吴正杲　2015年12月出版 / 估价:79.00元

公共服务满意度蓝皮书
中国城市公共服务评价报告（2015）
著(编)者:胡伟　2015年12月出版 / 估价:69.00元

公共外交蓝皮书
中国公共外交发展报告（2015）
著(编)者:赵启正 雷蔚真　2015年4月出版 / 定价:89.00元

公民科学素质蓝皮书
中国公民科学素质报告（2015）
著(编)者:李群 许佳军　2015年7月出版 / 估价:79.00元

公益蓝皮书
中国公益发展报告（2015）
著(编)者:朱健刚　2015年7月出版 / 估价:78.00元

管理蓝皮书
中国管理发展报告（2015）
著(编)者:张晓东　2015年9月出版 / 估价:98.00元

国际人才蓝皮书
中国国际移民报告（2015）
著(编)者:王辉耀　2015年2月出版 / 定价:79.00元

国际人才蓝皮书
中国海归发展报告（2015）
著(编)者:王辉耀 苗绿　2015年7月出版 / 估价:69.00元

国际人才蓝皮书
中国留学发展报告（2015）
著(编)者:王辉耀 苗绿　2015年9月出版 / 估价:69.00元

国家安全蓝皮书
中国国家安全研究报告（2015）
著(编)者:刘慧　2015年7月出版 / 估价:98.00元

行政改革蓝皮书
中国行政体制改革报告（2014~2015）
著(编)者:魏礼群　2015年4月出版 / 定价:98.00元

华侨华人蓝皮书
华侨华人研究报告（2015）
著(编)者:贾益民　2015年12月出版 / 估价:118.00元

环境绿皮书
中国环境发展报告（2015）
著(编)者:刘鉴强　2015年7月出版 / 估价:79.00元

基金会蓝皮书
中国基金会发展报告（2015）
著(编)者:刘忠祥　2016年6月出版 / 估价:69.00元

基金会绿皮书
中国基金会发展独立研究报告（2015）
著(编)者:基金会中心网　2015年8月出版 / 估价:88.00元

基金会透明度蓝皮书
中国基金会透明度发展研究报告（2015）
著(编)者:基金会中心网 清华大学廉政与治理研究中心
2015年9月出版 / 估价:78.00元

教师蓝皮书
中国中小学教师发展报告（2014）
著(编)者:曾晓东 鱼霞　2015年6月出版 / 定价:69.00元

教育蓝皮书
中国教育发展报告（2015）
著(编)者:杨东平　2015年5月出版 / 定价:79.00元

科普蓝皮书
中国科普基础设施发展报告（2015）
著(编)者:任福君　2015年7月出版 / 估价:59.00元

劳动保障蓝皮书
中国劳动保障发展报告（2015）
著(编)者:刘燕斌　2015年7月出版 / 估价:89.00元

老龄蓝皮书
中国老年宜居环境发展报告(2015)
著(编)者:吴玉韶　2015年9月出版 / 估价:79.00元

连片特困区蓝皮书
中国连片特困区发展报告（2014~2015）
著(编)者:游俊 冷志明 丁建军　2015年3月出版 / 定价:98.00元

民间组织蓝皮书
中国民间组织报告（2015）
著(编)者:潘晨光 黄晓勇　2015年8月出版 / 估价:69.00元

民调蓝皮书
中国民生调查报告（2015）
著(编)者:谢耘耕　2015年7月出版 / 估价:128.00元

民族发展蓝皮书
中国民族发展报告（2015）
著(编)者:郝时远 王延中 王希恩
2015年4月出版 / 定价:98.00元

女性生活蓝皮书
中国女性生活状况报告No.9（2015）
著(编)者:韩湘景　2015年4月出版 / 定价:79.00元

企业公众透明度蓝皮书
中国企业公众透明度报告(2014~2015)No.1
著(编)者:黄速建　王晓光 肖红军
2015年1月出版 / 定价:98.00元

企业国际化蓝皮书
中国企业国际化报告(2015)
著(编)者:王辉耀　2015年10月出版 / 估价:79.00元

汽车社会蓝皮书
中国汽车社会发展报告（2015）
著(编)者:王俊秀　2015年7月出版 / 估价:59.00元

青年蓝皮书
中国青年发展报告No.3
著(编)者:廉思　2015年7月出版 / 估价:59.00元

区域人才蓝皮书
中国区域人才竞争力报告（2015）
著(编)者:桂昭明 王辉耀　2015年7月出版 / 估价:69.00元

群众体育蓝皮书
中国群众体育发展报告（2015）
著(编)者:刘国永 杨桦　2015年8月出版 / 估价:69.00元

人才蓝皮书
中国人才发展报告（2015）
著(编)者:潘晨光　2015年8月出版 / 估价:85.00元

人权蓝皮书
中国人权事业发展报告（2015）
著(编)者:中国人权研究会　2015年8月出版 / 估价:99.00元

森林碳汇绿皮书
中国森林碳汇评估发展报告（2015）
著(编)者:闫文德 胡文臻　2015年9月出版 / 估价:79.00元

社会保障绿皮书
中国社会保障发展报告（2015）No.7
著(编)者:王延中　2015年4月出版 / 定价:89.00元

社会工作蓝皮书
中国社会工作发展报告（2015）
著(编)者:民政部社会工作研究中心
2015年8月出版 / 估价:79.00元

社会管理蓝皮书
中国社会管理创新报告（2015）
著(编)者:连玉明　2015年9月出版 / 估价:89.00元

社会蓝皮书
2015年中国社会形势分析与预测
著(编)者:李培林 陈光金 张 翼
2014年12月出版 / 定价:69.00元

社会体制蓝皮书
中国社会体制改革报告No.3（2015）
著(编)者:龚维斌　2015年4月出版 / 定价:79.00元

社会心态蓝皮书
中国社会心态研究报告（2015）
著(编)者:王俊秀 杨宜音　2015年10月出版 / 估价:69.00元

社会组织蓝皮书
中国社会组织评估发展报告（2015）
著(编)者:徐家良 廖鸿　2015年12月出版 / 估价:69.00元

生态城市绿皮书
中国生态城市建设发展报告（2015）
著(编)者:刘举科 孙伟平 胡文臻　2015年7月出版 / 估价:98.00元

生态文明绿皮书
中国省域生态文明建设评价报告（ECI 2015）
著(编)者:严耕　2015年9月出版 / 估价:85.00元

世界社会主义黄皮书
世界社会主义跟踪研究报告（2014~2015）
著(编)者:李慎明　2015年4月出版 / 定价:258.00元

水与发展蓝皮书
中国水风险评估报告（2015）
著(编)者:王浩　2015年9月出版 / 估价:69.00元

土地整治蓝皮书
中国土地整治发展研究报告No.2
著(编)者:国土资源部土地整治中心　2015年5月出版 / 定价:89.00元

网络空间安全蓝皮书
中国网络空间安全发展报告（2015）
著(编)者:惠志斌 唐涛　2015年4月出版 / 定价:79.00元

危机管理蓝皮书
中国危机管理报告（2015）
著(编)者:文学国　2015年8月出版 / 估价:89.00元

协会商会蓝皮书
中国行业协会商会发展报告（2014）
著(编)者:景朝阳 李勇　2015年4月出版 / 定价:99.00元

形象危机应对蓝皮书
形象危机应对研究报告（2015）
著(编)者:唐钧　2015年7月出版 / 估价:149.00元

医改蓝皮书
中国医药卫生体制改革报告（2015~2016）
著(编)者:文学国 房志武　2015年12月出版 / 估价:79.00元

医疗卫生绿皮书
中国医疗卫生发展报告（2015）
著(编)者:申宝忠 韩玉珍　2015年7月出版 / 估价:75.00元

应急管理蓝皮书
中国应急管理报告（2015）
著(编)者:宋英华　2015年10月出版 / 估价:69.00元

政治参与蓝皮书
中国政治参与报告（2015）
著(编)者:房宁　2015年7月出版 / 估价:105.00元

政治发展蓝皮书
中国政治发展报告（2015）
著(编)者：房宁 杨海蛟　2015年7月出版 / 估价：88.00元

中国农村妇女发展蓝皮书
流动女性城市融入发展报告（2015）
著(编)者：谢丽华　2015年11月出版 / 估价：69.00元

宗教蓝皮书
中国宗教报告（2015）
著(编)者：金泽 邱永辉　2016年5月出版 / 估价：59.00元

行业报告类

保险蓝皮书
中国保险业竞争力报告（2015）
著(编)者：项俊波　2015年12月出版 / 估价：98.00元

彩票蓝皮书
中国彩票发展报告（2015）
著(编)者：益彩基金　2015年4月出版 / 定价：98.00元

餐饮产业蓝皮书
中国餐饮产业发展报告（2015）
著(编)者：邢颖　2015年4月出版 / 定价：69.00元

测绘地理信息蓝皮书
智慧中国地理空间智能体系研究报告（2015）
著(编)者：库热西·买合苏提　2015年12月出版 / 估价：98.00元

茶业蓝皮书
中国茶产业发展报告（2015）
著(编)者：杨江帆 李闽榕　2015年10月出版 / 估价：78.00元

产权市场蓝皮书
中国产权市场发展报告（2015）
著(编)者：曹和平　2015年12月出版 / 估价：79.00元

电子政务蓝皮书
中国电子政务发展报告（2015）
著(编)者：洪毅 杜平　2015年11月出版 / 估价：79.00元

杜仲产业绿皮书
中国杜仲橡胶资源与产业发展报告（2014~2015）
著(编)者：杜红岩 胡文臻 俞锐
2015年1月出版 / 定价：85.00元

房地产蓝皮书
中国房地产发展报告No.12（2015）
著(编)者：魏后凯 李景国　2015年5月出版 / 定价：79.00元

服务外包蓝皮书
中国服务外包产业发展报告（2015）
著(编)者：王晓红 刘德军　2015年7月出版 / 估价：89.00元

工业和信息化蓝皮书
移动互联网产业发展报告（2014~2015）
著(编)者：洪京一　2015年4月出版 / 定价：79.00元

工业和信息化蓝皮书
世界网络安全发展报告（2014~2015）
著(编)者：洪京一　2015年4月出版 / 定价：69.00元

工业和信息化蓝皮书
世界制造业发展报告（2014~2015）
著(编)者：洪京一　2015年4月出版 / 定价：69.00元

工业和信息化蓝皮书
世界信息化发展报告（2014~2015）
著(编)者：洪京一　2015年4月出版 / 定价：69.00元

工业和信息化蓝皮书
世界信息技术产业发展报告（2014~2015）
著(编)者：洪京一　2015年4月出版 / 定价：79.00元

工业设计蓝皮书
中国工业设计发展报告（2015）
著(编)者：王晓红 于炜 张立群　2015年9月出版 / 估价：138.00元

互联网金融蓝皮书
中国互联网金融发展报告（2015）
著(编)者：芮晓武 刘烈宏　2015年8月出版 / 估价：79.00元

会展蓝皮书
中外会展业动态评估年度报告（2015）
著(编)者：张敏　2015年1月出版 / 估价：78.00元

金融监管蓝皮书
中国金融监管报告（2015）
著(编)者：胡滨　2015年4月出版 / 定价：89.00元

金融蓝皮书
中国商业银行竞争力报告（2015）
著(编)者：王松奇　2015年12月出版 / 估价：69.00元

客车蓝皮书
中国客车产业发展报告（2014~2015）
著(编)者：姚蔚　2015年2月出版 / 定价：85.00元

老龄蓝皮书
中国老龄产业发展报告（2015）
著(编)者：吴玉韶 党俊武　2015年9月出版 / 估价：79.00元

流通蓝皮书
中国商业发展报告（2015）
著(编)者：荆林波　2015年7月出版 / 估价：89.00元

旅游安全蓝皮书
中国旅游安全报告（2015）
著(编)者：郑向敏 谢朝武　2015年5月出版 / 定价：128.00元

旅游景区蓝皮书
中国旅游景区发展报告（2015）
著(编)者:黄安民　2015年7月出版 / 估价:79.00元

旅游绿皮书
2014~2015年中国旅游发展分析与预测
著(编)者:宋瑞　2015年1月出版 / 定价:98.00元

煤炭蓝皮书
中国煤炭工业发展报告（2015）
著(编)者:岳福斌　2015年12月出版 / 估价:79.00元

民营医院蓝皮书
中国民营医院发展报告（2015）
著(编)者:庄一强　2015年10月出版 / 估价:75.00元

闽商蓝皮书
闽商发展报告（2015）
著(编)者:王日根 李闽榕　2015年12月出版 / 估价:69.00元

能源蓝皮书
中国能源发展报告（2015）
著(编)者:崔民选 王军生　2015年8月出版 / 估价:79.00元

农产品流通蓝皮书
中国农产品流通产业发展报告（2015）
著(编)者:贾敬敦 张东科 张玉玺 孔令羽 张鹏毅
2015年9月出版 / 估价:89.00元

企业蓝皮书
中国企业竞争力报告（2015）
著(编)者:金碚　2015年11月出版 / 估价:89.00元

企业社会责任蓝皮书
中国企业社会责任研究报告（2015）
著(编)者:黄群慧 彭华岗 钟宏武 张蒽
2015年11月出版 / 估价:69.00元

汽车安全蓝皮书
中国汽车安全发展报告（2015）
著(编)者:中国汽车技术研究中心
2015年7月出版 / 估价:79.00元

汽车工业蓝皮书
中国汽车工业发展年度报告（2015）
著(编)者:中国汽车工业协会 中国汽车技术研究中心
　　　　　丰田汽车（中国）投资有限公司
2015年4月出版 / 定价:128.00元

汽车蓝皮书
中国汽车产业发展报告（2015）
著(编)者:国务院发展研究中心产业经济研究部
　　　　　中国汽车工程学会 大众汽车集团（中国）
2015年7月出版 / 定价:128.00元

清洁能源蓝皮书
国际清洁能源发展报告（2015）
著(编)者:国际清洁能源论坛（澳门）
2015年9月出版 / 估价:89.00元

人力资源蓝皮书
中国人力资源发展报告（2015）
著(编)者:余兴安　2015年9月出版 / 估价:79.00元

融资租赁蓝皮书
中国融资租赁业发展报告（2014~2015）
著(编)者:李光荣 王力　2015年1月出版 / 定价:89.00元

软件和信息服务业蓝皮书
中国软件和信息服务业发展报告（2015）
著(编)者:陈新河 洪京一　2015年12月出版 / 估价:198.00元

上市公司蓝皮书
上市公司质量评价报告（2015）
著(编)者:张跃文 王力　2015年10月出版 / 估价:118.00元

设计产业蓝皮书
中国设计产业发展报告（2014~2015）
著(编)者:陈冬亮 梁昊光　2015年3月出版 / 估价:89.00元

食品药品蓝皮书
食品药品安全与监管政策研究报告（2015）
著(编)者:唐民皓　2015年7月出版 / 估价:69.00元

世界能源蓝皮书
世界能源发展报告（2015）
著(编)者:黄晓勇　2015年6月出版 / 定价:99.00元

碳市场蓝皮书
中国碳市场报告（2015）
著(编)者:低碳发展国际合作联盟
2015年11月出版 / 估价:69.00元

体育蓝皮书
中国体育产业发展报告（2015）
著(编)者:阮伟 钟秉枢　2015年7月出版 / 估价:69.00元

体育蓝皮书
长三角地区体育产业发展报告（2014~2015）
著(编)者:张林　2015年4月出版 / 定价:79.00元

投资蓝皮书
中国投资发展报告（2015）
著(编)者:谢平　2015年4月出版 / 定价:128.00元

物联网蓝皮书
中国物联网发展报告（2015）
著(编)者:黄桂田　2015年7月出版 / 估价:59.00元

西部工业蓝皮书
中国西部工业发展报告（2015）
著(编)者:方行明 甘犁 刘方健 姜凌 等
2015年9月出版 / 估价:79.00元

西部金融蓝皮书
中国西部金融发展报告（2015）
著(编)者:李忠民　2015年8月出版 / 估价:75.00元

新能源汽车蓝皮书
中国新能源汽车产业发展报告（2015）
著(编)者:中国汽车技术研究中心
　　　　　日产（中国）投资有限公司 东风汽车有限公司
2015年8月出版 / 估价:69.00元

信托市场蓝皮书
中国信托业市场报告（2014~2015）
著(编)者:用益信托工作室　2015年2月出版 / 定价:198.00元

信息产业蓝皮书
世界软件和信息技术产业发展报告（2015）
著(编)者:洪京一　2015年8月出版 / 估价:79.00元

信息化蓝皮书
中国信息化形势分析与预测（2015）
著(编)者:周宏仁　2015年8月出版 / 估价:98.00元

信用蓝皮书
中国信用发展报告（2014~2015）
著(编)者:章政 田侃　2015年4月出版 / 定价:99.00元

休闲绿皮书
2015年中国休闲发展报告
著(编)者:刘德谦　2015年7月出版 / 估价:59.00元

医药蓝皮书
中国中医药产业园战略发展报告（2015）
著(编)者:裴长洪 房书亭 吴籛心　2015年7月出版 / 估价:89.00元

邮轮绿皮书
中国邮轮产业发展报告（2015）
著(编)者:汪泓　2015年9月出版 / 估价:79.00元

中国上市公司蓝皮书
中国上市公司发展报告（2015）
著(编)者:许雄斌 张平 2015年9月出版 / 估价:98.00元

中国总部经济蓝皮书
中国总部经济发展报告（2015）
著(编)者:赵弘　2015年7月出版 / 估价:79.00元

住房绿皮书
中国住房发展报告（2014~2015）
著(编)者:倪鹏飞　2014年12月出版 / 定价:79.00元

资本市场蓝皮书
中国场外交易市场发展报告（2015）
著(编)者:高峦　2015年8月出版 / 估价:79.00元

资产管理蓝皮书
中国资产管理行业发展报告（2015）
著(编)者:智信资产管理研究院　2015年6月出版 / 定价:89.0

文化传媒类

传媒竞争力蓝皮书
中国传媒国际竞争力研究报告（2015）
著(编)者:李本乾　2015年9月出版 / 估价:88.00元

传媒蓝皮书
中国传媒产业发展报告（2015）
著(编)者:崔保国　2015年5月出版 / 定价:98.00元

传媒投资蓝皮书
中国传媒投资发展报告（2015）
著(编)者:张向东　2015年7月出版 / 估价:89.00元

动漫蓝皮书
中国动漫产业发展报告（2015）
著(编)者:卢斌 郑玉明 牛兴侦　2015年7月出版 / 估价:79.00元

非物质文化遗产蓝皮书
中国非物质文化遗产发展报告（2015）
著(编)者:陈平　2015年5月出版 / 定价:98.00元

广电蓝皮书
中国广播电影电视发展报告（2015）
著(编)者:杨明品　2015年7月出版 / 估价:98.00元

广告主蓝皮书
中国广告主营销传播趋势报告（2015）
著(编)者:黄升民　2015年7月出版 / 估价:148.00元

国际传播蓝皮书
中国国际传播发展报告（2015）
著(编)者:胡正荣 李继东 姬德强
2015年7月出版 / 估价:89.00元

国家形象蓝皮书
2015年国家形象研究报告
著(编)者:张昆　2015年7月出版 / 估价:79.00元

纪录片蓝皮书
中国纪录片发展报告（2015）
著(编)者:何苏六　2015年9月出版 / 估价:79.00元

科学传播蓝皮书
中国科学传播报告（2015）
著(编)者:詹正茂　2015年7月出版 / 估价:69.00元

两岸文化蓝皮书
两岸文化产业合作发展报告（2015）
著(编)者:胡惠林 李保宗　2015年7月出版 / 估价:79.00元

媒介与女性蓝皮书
中国媒介与女性发展报告（2015）
著(编)者:刘利群　2015年8月出版 / 估价:69.00元

全球传媒蓝皮书
全球传媒发展报告（2015）
著(编)者:胡正荣　2015年12月出版 / 估价:79.00元

少数民族非遗蓝皮书
中国少数民族非物质文化遗产发展报告（2015）
著(编)者:肖远平 柴立　2015年6月出版 / 定价:128.00元

世界文化发展蓝皮书
世界文化发展报告（2015）
著(编)者:张庆京 高乐田 郭熙煌
2015年7月出版 / 估价:89.00元

视听新媒体蓝皮书
中国视听新媒体发展报告（2015）
著(编)者:袁同楠　2015年7月出版 / 定价:98.00元

文化创新蓝皮书
中国文化创新报告（2015）
著(编)者:于平 傅才武　2015年7月出版 / 估价:79.00元

文化建设蓝皮书
中国文化发展报告（2015）
著(编)者:江畅 孙伟平 戴茂堂
2016年4月出版 / 估价:138.00元

文化科技蓝皮书
文化科技创新发展报告（2015）
著(编)者:于平 李凤亮　2015年10月出版 / 估价:89.00元

文化蓝皮书
中国文化产业供需协调检测报告（2015）
著(编)者:王亚南 2015年2月出版 / 定价:79.00元

文化蓝皮书
中国文化消费需求景气评价报告（2015）
著(编)者:王亚南 2015年2月出版 / 定价:79.00元

文化蓝皮书
中国文化产业发展报告（2015）
著(编)者:张晓明 王家新 章建刚
2015年7月出版 / 估价:79.00元

文化蓝皮书
中国公共文化投入增长测评报告(2015)
著(编)者:王亚南 2014年12月出版 / 定价:79.00元

文化蓝皮书
中国文化政策发展报告（2015）
著(编)者:傅才武 宋文玉 燕东升
2015年9月出版 / 估价:98.00元

文化品牌蓝皮书
中国文化品牌发展报告（2015）
著(编)者:欧阳友权　2015年4月出版 / 定价:89.00元

文化遗产蓝皮书
中国文化遗产事业发展报告（2015）
著(编)者:刘世锦　2015年12月出版 / 估价:89.00元

文学蓝皮书
中国文情报告（2014~2015）
著(编)者:白烨　2015年5月出版 / 定价:49.00元

新媒体蓝皮书
中国新媒体发展报告No.6（2015）
著(编)者:唐绪军　2015年7月出版 / 定价:79.00元

新媒体社会责任蓝皮书
中国新媒体社会责任研究报告（2015）
著(编)者:钟瑛　2015年10月出版 / 估价:79.00元

移动互联网蓝皮书
中国移动互联网发展报告（2015）
著(编)者:官建文　2015年6月出版 / 定价:79.00元

舆情蓝皮书
中国社会舆情与危机管理报告（2015）
著(编)者:谢耘耕　2015年8月出版 / 估价:98.00元

地方发展类

安徽经济蓝皮书
芜湖创新型城市发展报告（2015）
著(编)者:杨少华 王开玉　2015年7月出版 / 估价:69.00元

安徽蓝皮书
安徽社会发展报告（2015）
著(编)者:程桦　2015年4月出版 / 定价:89.00元

安徽社会建设蓝皮书
安徽社会建设分析报告（2015）
著(编)者:黄家海 王开玉 蔡宪　2015年7月出版 / 估价:69.00元

澳门蓝皮书
澳门经济社会发展报告（2014~2015）
著(编)者:吴志良 郝雨凡　2015年5月出版 / 定价:79.00元

北京蓝皮书
北京公共服务发展报告（2014~2015）
著(编)者:施昌奎　2015年1月出版 / 定价:69.00元

北京蓝皮书
北京经济发展报告（2014~2015）
著(编)者:杨松　2015年6月出版 / 定价:79.00元

北京蓝皮书
北京社会治理发展报告（2014~2015）
著(编)者:殷星辰　2015年6月出版 / 定价:79.00元

北京蓝皮书
北京文化发展报告（2014~2015）
著(编)者:李建盛　2015年5月出版 / 定价:79.00元

北京蓝皮书
北京社会发展报告（2015）
著(编)者:缪青　2015年7月出版 / 估价:79.00元

北京蓝皮书
北京社区发展报告（2015）
著(编)者:于燕燕　2015年1月出版 / 定价:79.00元

北京旅游绿皮书
北京旅游发展报告（2015）
著(编)者:北京旅游学会　2015年7月出版 / 估价:88.00元

北京律师蓝皮书
北京律师发展报告（2015）
著(编)者:王隽　2015年12月出版 / 估价:75.00元

北京人才蓝皮书
北京人才发展报告（2015）
著(编)者:于淼　2015年7月出版 / 估价:89.00元

北京社会心态蓝皮书
北京社会心态分析报告（2015）
著(编)者:北京社会心理研究所　2015年7月出版 / 估价:69.00元

北京社会组织管理蓝皮书
北京社会组织发展与管理（2015）
著(编)者:黄江松　2015年4月出版 / 定价:78.00元

北京养老产业蓝皮书
北京养老产业发展报告（2015）
著(编)者:周明明　冯喜良　2015年4月出版 / 定价:69.00元

滨海金融蓝皮书
滨海新区金融发展报告（2015）
著(编)者:王爱俭　张锐钢　2015年9月出版 / 估价:79.00元

城乡一体化蓝皮书
中国城乡一体化发展报告（北京卷）（2014~2015）
著(编)者:张宝秀　黄序　2015年5月出版 / 定价:79.00元

创意城市蓝皮书
北京文化创意产业发展报告（2015）
著(编)者:张京成　2015年11月出版 / 估价:65.00元

创意城市蓝皮书
无锡文化创意产业发展报告（2015）
著(编)者:谭军　张鸣年　2015年10月出版 / 估价:75.00元

创意城市蓝皮书
武汉市文化创意产业发展报告（2015）
著(编)者:袁堃　黄永林　2015年11月出版 / 估价:85.00元

创意城市蓝皮书
重庆创意产业发展报告（2015）
著(编)者:程宇宁　2015年7月出版 / 估价:89.00元

创意城市蓝皮书
青岛文化创意产业发展报告（2015）
著(编)者:马达　张丹妮　2015年7月出版 / 估价:79.00元

福建妇女发展蓝皮书
福建省妇女发展报告（2015）
著(编)者:刘群英　2015年10月出版 / 估价:58.00元

甘肃蓝皮书
甘肃舆情分析与预测（2015）
著(编)者:陈双梅　郝树声　2015年1月出版 / 定价:79.00元

甘肃蓝皮书
甘肃文化发展分析与预测（2015）
著(编)者:安文华　周小华　2015年1月出版 / 定价:79.00元

甘肃蓝皮书
甘肃社会发展分析与预测（2015）
著(编)者:安文华　包晓霞　2015年1月出版 / 定价:79.00元

甘肃蓝皮书
甘肃经济发展分析与预测（2015）
著(编)者:朱智文　罗哲　2015年1月出版 / 定价:79.00元

甘肃蓝皮书
甘肃县域经济综合竞争力评价（2015）
著(编)者:刘进军　2015年7月出版 / 估价:69.00元

甘肃蓝皮书
甘肃县域社会发展评价报告（2015）
著(编)者:刘进军　柳民　王建兵　2015年1月出版 / 定价:79.0

广东蓝皮书
广东省电子商务发展报告（2015）
著(编)者:程晓　2015年12月出版 / 估价:69.00元

广东蓝皮书
广东社会工作发展报告（2015）
著(编)者:罗观翠　2015年7月出版 / 估价:89.00元

广东社会建设蓝皮书
广东省社会建设发展报告（2015）
著(编)者:广东省社会工作委员会　2015年10月出版 / 估价:89.

广东外经贸蓝皮书
广东对外经济贸易发展研究报告（2014~2015）
著(编)者:陈万灵　2015年5月出版 / 估价:89.00元

广西北部湾经济区蓝皮书
广西北部湾经济区开放开发报告（2015）
著(编)者:广西北部湾经济区规划建设管理委员会办公室
　　　　广西社会科学院广西北部湾发展研究院
2015年8月出版 / 估价:79.00元

广州蓝皮书
广州社会保障发展报告（2015）
著(编)者:蔡国萱　2015年7月出版 / 估价:65.00元

广州蓝皮书
2015年中国广州社会形势分析与预测
著(编)者:张强　陈怡霓　杨秦　2015年6月出版 / 定价:79.00元

广州蓝皮书
广州经济发展报告（2015）
著(编)者:李江涛　朱名宏　2015年7月出版 / 估价:69.00元

广州蓝皮书
广州商业发展报告（2015）
著(编)者:李江涛　王旭东　荀振英　2015年7月出版 / 估价:69.0

广州蓝皮书
2015年中国广州经济形势分析与预测
著(编)者:庚建设　沈奎　谢博能
2015年6月出版 / 定价:79.00元

广州蓝皮书
中国广州文化发展报告（2015）
著(编)者:徐俊忠　陆志强　顾涧清
2015年7月出版 / 估价:69.00元

广州蓝皮书
广州农村发展报告（2015）
著(编)者:李江涛　汤锦华　2015年8月出版 / 估价:69.00元

广州蓝皮书
中国广州城市建设与管理发展报告（2015）
著(编)者:董皞　冼伟雄　2015年7月出版 / 估价:69.00元

广州蓝皮书
中国广州科技和信息化发展报告（2015）
著(编)者:邹采荣　马正勇　冯元
2015年7月出版 / 估价:79.00元

广州蓝皮书
广州创新型城市发展报告（2015）
著(编)者:李江涛　2015年7月出版 / 估价:69.00元

广州蓝皮书
广州文化创意产业发展报告（2015）
著(编)者:甘新　2015年8月出版 / 估价:79.00元

广州蓝皮书
广州志愿服务发展报告（2015）
著(编)者:魏国华　张强　2015年9月出版 / 估价:69.00元

广州蓝皮书
广州城市国际化发展报告（2015）
著(编)者:朱名宏　2015年9月出版 / 估价:59.00元

广州蓝皮书
广州汽车产业发展报告（2015）
著(编)者:李江涛　杨再高　2015年9月出版 / 估价:69.00元

贵州房地产蓝皮书
贵州房地产发展报告（2015）
著(编)者:武廷方　2015年6月出版 / 定价:89.00元

贵州蓝皮书
贵州人才发展报告（2015）
著(编)者:于杰　吴大华　2015年7月出版 / 估价:69.00元

贵州蓝皮书
贵安新区发展报告（2014）
著(编)者:马长青　吴大华　2015年4月出版 / 估价:69.00元

贵州蓝皮书
贵州社会发展报告（2015）
著(编)者:王兴骥　2015年5月出版 / 定价:79.00元

贵州蓝皮书
贵州法治发展报告（2015）
著(编)者:吴大华　2015年5月出版 / 定价:79.00元

贵州蓝皮书
贵州国有企业社会责任发展报告（2015）
著(编)者:郭丽　2015年10月出版 / 估价:79.00元

海淀蓝皮书
海淀区文化和科技融合发展报告（2015）
著(编)者:孟景伟　陈名杰　2015年7月出版 / 估价:75.00元

海峡西岸蓝皮书
海峡西岸经济区发展报告（2015）
著(编)者:黄端　2015年9月出版 / 估价:65.00元

杭州都市圈蓝皮书
杭州都市圈发展报告（2015）
著(编)者:董祖德　沈翔　2015年7月出版 / 估价:89.00元

杭州蓝皮书
杭州妇女发展报告（2015）
著(编)者:魏颖　2015年4月出版 / 估价:79.00元

河北经济蓝皮书
河北省经济发展报告（2015）
著(编)者:马树强　金浩　刘兵　张贵　2015年3月出版 / 定价:89.00元

河北蓝皮书
河北经济社会发展报告（2015）
著(编)者:周文夫　2015年1月出版 / 定价:79.00元

河北食品药品安全蓝皮书
河北食品药品安全研究报告（2015）
著(编)者:丁锦霞　2015年6月出版 / 定价:79.00元

河南经济蓝皮书
2015年河南经济形势分析与预测
著(编)者:胡五岳　2015年2月出版 / 定价:69.00元

河南蓝皮书
河南城市发展报告（2015）
著(编)者:谷建全　王建国　2015年3月出版 / 定价:79.00元

河南蓝皮书
2015年河南社会形势分析与预测
著(编)者:刘道兴　牛苏林　2015年4月出版 / 定价:69.00元

河南蓝皮书
河南工业发展报告（2015）
著(编)者:龚绍东　赵西三　2015年1月出版 / 定价:79.00元

河南蓝皮书
河南文化发展报告（2015）
著(编)者:卫绍生　2015年3月出版 / 定价:79.00元

河南蓝皮书
河南经济发展报告（2015）
著(编)者:喻新安　2014年12月出版 / 定价:79.00元

河南蓝皮书
河南法治发展报告（2015）
著(编)者:丁同民　闫德民　2015年7月出版 / 估价:69.00元

河南蓝皮书
河南金融发展报告（2015）
著(编)者:喻新安　谷建全　2015年6月出版 / 估价:69.00元

河南蓝皮书
河南农业农村发展报告（2015）
著(编)者:吴海峰　2015年4月出版 / 估价:69.00元

河南商务蓝皮书
河南商务发展报告（2015）
著(编)者:焦锦淼　穆荣国　2015年4月出版 / 定价:88.00元

黑龙江产业蓝皮书
黑龙江产业发展报告（2015）
著(编)者:于渤　2015年9月出版 / 估价:79.00元

黑龙江蓝皮书
黑龙江经济发展报告（2015）
著(编)者:曲伟　2015年1月出版 / 定价:79.00元

黑龙江蓝皮书
黑龙江社会发展报告（2015）
著(编)者:张新颖　2015年1月出版 / 定价:79.00元

湖北文化蓝皮书
湖北文化发展报告（2015）
著(编)者:江畅 吴成国　2015年7月出版 / 估价:89.00元

湖南城市蓝皮书
区域城市群整合
著(编)者:童中贤 韩未名　2015年12月出版 / 估价:79.00元

湖南蓝皮书
2015年湖南电子政务发展报告
著(编)者:梁志峰　2015年5月出版 / 定价:98.00元

湖南蓝皮书
2015年湖南社会发展报告
著(编)者:梁志峰　2015年5月出版 / 定价:98.00元

湖南蓝皮书
2015年湖南产业发展报告
著(编)者:梁志峰　2015年5月出版 / 定价:98.00元

湖南蓝皮书
2015年湖南经济展望
著(编)者:梁志峰　2015年5月出版 / 定价:128.00元

湖南蓝皮书
2015年湖南县域经济社会发展报告
著(编)者:梁志峰　2015年5月出版 / 定价:98.00元

湖南蓝皮书
2015年湖南两型社会与生态文明发展报告
著(编)者:梁志峰　2015年5月出版 / 定价:98.00元

湖南县域绿皮书
湖南县域发展报告No.2
著(编)者:朱有志　2015年7月出版 / 估价:69.00元

沪港蓝皮书
沪港发展报告（2014~2015）
著(编)者:尤安山　2015年4月出版 / 定价:89.00元

吉林蓝皮书
2015年吉林经济社会形势分析与预测
著(编)者:马克　2015年2月出版 / 定价:89.00元

济源蓝皮书
济源经济社会发展报告（2015）
著(编)者:喻新安　2015年4月出版 / 定价:69.00元

健康城市蓝皮书
北京健康城市建设研究报告（2015）
著(编)者:王鸿春　2015年4月出版 / 定价:79.00元

江苏法治蓝皮书
江苏法治发展报告（2015）
著(编)者:李力 龚廷泰　2015年9月出版 / 估价:98.00元

京津冀蓝皮书
京津冀发展报告（2015）
著(编)者:文魁 祝尔娟　2015年4月出版 / 定价:89.00元

经济特区蓝皮书
中国经济特区发展报告（2015）
著(编)者:陶一桃　2015年7月出版 / 估价:89.00元

辽宁蓝皮书
2015年辽宁经济社会形势分析与预测
著(编)者:曹晓峰 张晶 梁启东　2014年12月出版 / 定价:79.00元

南京蓝皮书
南京文化发展报告（2015）
著(编)者:南京文化产业研究中心　2015年12月出版 / 估价:79.00元

内蒙古蓝皮书
内蒙古反腐倡廉建设报告（2015）
著(编)者:张志华 无极　2015年12月出版 / 估价:69.00元

浦东新区蓝皮书
上海浦东经济发展报告（2015）
著(编)者:沈开艳 陆沪根　2015年1月出版 / 定价:69.00元

青海蓝皮书
2015年青海经济社会形势分析与预测
著(编)者:赵宗福　2014年12月出版 / 定价:69.00元

人口与健康蓝皮书
深圳人口与健康发展报告（2015）
著(编)者:曾序春　2015年12月出版 / 估价:89.00元

山东蓝皮书
山东社会形势分析与预测（2015）
著(编)者:张华 唐洲雁　2015年7月出版 / 估价:89.00元

山东蓝皮书
山东经济形势分析与预测（2015）
著(编)者:张华 唐洲雁　2015年7月出版 / 估价:89.00元

山东蓝皮书
山东文化发展报告（2015）
著(编)者:张华 唐洲雁　2015年7月出版 / 估价:98.00元

山西蓝皮书
山西资源型经济转型发展报告（2015）
著(编)者:李志强　2015年5月出版 / 估价:89.00元

陕西蓝皮书
陕西经济发展报告（2015）
著(编)者:任宗哲 白宽犁 裴成荣　2015年1月出版 / 定价:69.00元

陕西蓝皮书
陕西社会发展报告（2015）
著(编)者:任宗哲 白宽犁 牛昉　2015年1月出版 / 定价:69.00元

陕西蓝皮书
陕西文化发展报告（2015）
著(编)者:任宗哲 白宽犁 王长寿　2015年1月出版 / 定价:65.00元

陕西蓝皮书
丝绸之路经济带发展报告（2015）
著(编)者:任宗哲 石英 白宽犁
2015年8月出版 / 估价:79.00元

上海蓝皮书
上海文学发展报告（2015）
著(编)者:陈圣来　2015年1月出版 / 定价:69.00元

上海蓝皮书
上海文化发展报告（2015）
著(编)者:荣跃明　2015年1月出版 / 定价:74.00元

上海蓝皮书
上海资源环境发展报告（2015）
著(编)者:周冯琦 汤庆合 任文伟
2015年1月出版 / 定价:69.00元

上海蓝皮书
上海社会发展报告（2015）
著(编)者:杨雄 周海旺 2015年1月出版 / 定价:69.00元

上海蓝皮书
上海经济发展报告（2015）
著(编)者:沈开艳 2015年1月出版 / 定价:69.00元

上海蓝皮书
上海传媒发展报告（2015）
著(编)者:强荧 焦雨虹 2015年1月出版 / 定价:69.00元

上海蓝皮书
上海法治发展报告（2015）
著(编)者:叶青 2015年5月出版 / 定价:69.00元

上饶蓝皮书
上饶发展报告（2015）
著(编)者:朱寅健 2015年7月出版 / 估价:128.00元

社会建设蓝皮书
2015年北京社会建设分析报告
著(编)者:宋贵伦 冯虹 2015年7月出版 / 定价:79.00元

深圳蓝皮书
深圳劳动关系发展报告（2015）
著(编)者:汤庭芬 2015年7月出版 / 估价:75.00元

深圳蓝皮书
深圳经济发展报告（2015）
著(编)者:张骁儒 2015年7月出版 / 估价:79.00元

深圳蓝皮书
深圳社会发展报告（2015）
著(编)者:叶民辉 张骁儒 2015年7月出版 / 估价:89.00元

深圳蓝皮书
深圳法治发展报告（2015）
著(编)者:张骁儒 2015年5月出版 / 定价:69.00元

四川蓝皮书
四川文化产业发展报告（2015）
著(编)者:侯水平 2015年4月出版 / 定价:79.00元

四川蓝皮书
四川企业社会责任研究报告（2014~2015）
著(编)者:侯水平 盛毅 2015年4月出版 / 定价:79.00元

四川蓝皮书
四川法治发展报告（2015）
著(编)者:郑泰安 2015年1月出版 / 定价:69.00元

四川蓝皮书
四川生态建设报告（2015）
著(编)者:李晟之 2015年4月出版 / 定价:79.00元

四川蓝皮书
四川城镇化发展报告（2015）
著(编)者:侯水平 范秋美 2015年4月出版 / 定价:79.00元

四川蓝皮书
四川社会发展报告（2015）
著(编)者:郭晓鸣 2015年4月出版 / 定价:79.00元

四川蓝皮书
2015年四川经济发展形势分析与预测
著(编)者:杨钢 2015年1月出版 / 定价:89.00元

四川法治蓝皮书
四川依法治省年度报告No.1（2015）
著(编)者:李林 杨天宗 田禾 2015年3月出版 / 定价:108.00元

天津金融蓝皮书
天津金融发展报告（2015）
著(编)者:王爱俭 杜强 2015年9月出版 / 估价:89.00元

温州蓝皮书
2015年温州经济社会形势分析与预测
著(编)者:潘忠强 王春光 金浩 2015年4月出版 / 定价:69.00元

扬州蓝皮书
扬州经济社会发展报告（2015）
著(编)者:丁纯 2015年12月出版 / 估价:89.00元

长株潭城市群蓝皮书
长株潭城市群发展报告（2015）
著(编)者:张萍 2015年7月出版 / 估价:69.00元

郑州蓝皮书
2015年郑州文化发展报告
著(编)者:王哲 2015年9月出版 / 估价:65.00元

中医文化蓝皮书
北京中医药文化传播发展报告（2015）
著(编)者:毛嘉陵 2015年5月出版 / 定价:79.00元

珠三角流通蓝皮书
珠三角商圈发展研究报告（2015）
著(编)者:林至颖 王先庆 2015年7月出版 / 估价:98.00元

国别与地区类

阿拉伯黄皮书
阿拉伯发展报告（2015）
著(编)者:马晓霖 2015年7月出版 / 估价:79.00元

北部湾蓝皮书
泛北部湾合作发展报告（2015）
著(编)者:吕余生 2015年8月出版 / 估价:69.00元

大湄公河次区域蓝皮书
大湄公河次区域合作发展报告（2015）
著(编)者:刘稚　2015年9月出版 / 估价:79.00元

大洋洲蓝皮书
大洋洲发展报告（2015）
著(编)者:喻常森　2015年8月出版 / 估价:89.00元

德国蓝皮书
德国发展报告（2015）
著(编)者:郑春荣 伍慧萍　2015年5月出版 / 定价:69.00元

东北亚黄皮书
东北亚地区政治与安全（2015）
著(编)者:黄凤志 刘清才 张慧智
2015年7月出版 / 估价:69.00元

东盟蓝皮书
东盟发展报告（2015）
著(编)者:崔晓麟　2015年7月出版 / 估价:75.00元

东南亚蓝皮书
东南亚地区发展报告（2015）
著(编)者:王勤　2015年7月出版 / 估价:79.00元

俄罗斯黄皮书
俄罗斯发展报告（2015）
著(编)者:李永全　2015年7月出版 / 估价:79.00元

非洲黄皮书
非洲发展报告（2015）
著(编)者:张宏明　2015年7月出版 / 估价:79.00元

国际形势黄皮书
全球政治与安全报告（2015）
著(编)者:李慎明 张宇燕　2015年1月出版 / 定价:69.00元

韩国蓝皮书
韩国发展报告（2015）
著(编)者:刘宝全 牛林杰　2015年8月出版 / 估价:79.00元

加拿大蓝皮书
加拿大发展报告（2015）
著(编)者:仲伟合　2015年4月出版 / 定价:89.00元

拉美黄皮书
拉丁美洲和加勒比发展报告（2014~2015）
著(编)者:吴白乙　2015年5月出版 / 定价:89.00元

美国蓝皮书
美国研究报告（2015）
著(编)者:郑秉文 黄平　2015年6月出版 / 定价:89.00元

缅甸蓝皮书
缅甸国情报告（2015）
著(编)者:李晨阳　2015年8月出版 / 估价:79.00元

欧洲蓝皮书
欧洲发展报告（2015）
著(编)者:周弘　2015年7月出版 / 估价:89.00元

葡语国家蓝皮书
葡语国家发展报告（2015）
著(编)者:对外经济贸易大学区域国别研究所　葡语国家研究中心
2015年7月出版 / 估价:89.00元

葡语国家蓝皮书
中国与葡语国家关系发展报告·巴西（2014）
著(编)者:澳门科技大学　2015年7月出版 / 估价:89.00元

日本经济蓝皮书
日本经济与中日经贸关系研究报告（2015）
著(编)者:王洛林 张季风　2015年5月出版 / 定价:79.00元

日本蓝皮书
日本研究报告（2015）
著(编)者:李薇　2015年4月出版 / 定价:69.00元

上海合作组织黄皮书
上海合作组织发展报告（2015）
著(编)者:李进峰 吴宏伟 李伟
2015年9月出版 / 估价:89.00元

世界创新竞争力黄皮书
世界创新竞争力发展报告（2015）
著(编)者:李闽榕 李建平 赵新力
2015年12月出版 / 估价:148.00元

土耳其蓝皮书
土耳其发展报告（2015）
著(编)者:郭长刚 刘义　2015年7月出版 / 估价:89.00元

图们江区域合作蓝皮书
图们江区域合作发展报告（2015）
著(编)者:李铁　2015年4月出版 / 定价:98.00元

亚太蓝皮书
亚太地区发展报告（2015）
著(编)者:李向阳　2015年1月出版 / 定价:59.00元

印度蓝皮书
印度国情报告（2015）
著(编)者:吕昭义　2015年7月出版 / 估价:89.00元

印度洋地区蓝皮书
印度洋地区发展报告（2015）
著(编)者:汪戎　2015年5月出版 / 定价:89.00元

中东黄皮书
中东发展报告（2015）
著(编)者:杨光　2015年11月出版 / 估价:89.00元

中欧关系蓝皮书
中欧关系研究报告（2015）
著(编)者:周弘　2015年12月出版 / 估价:98.00元

中亚黄皮书
中亚国家发展报告（2015）
著(编)者:孙力 吴宏伟　2015年9月出版 / 估价:89.00元

中国皮书网

www.pishu.cn

发布皮书研创资讯，传播皮书精彩内容
引领皮书出版潮流，打造皮书服务平台

栏目设置：

☐ 资讯：皮书动态、皮书观点、皮书数据、
　　　　皮书报道、皮书发布、电子期刊
☐ 标准：皮书评价、皮书研究、皮书规范
☐ 服务：最新皮书、皮书书目、重点推荐、在线购书
☐ 链接：皮书数据库、皮书博客、皮书微博、在线书城
☐ 搜索：资讯、图书、研究动态、皮书专家、研创团队

　　中国皮书网依托皮书系列"权威、前沿、原创"的优质内容资源，通过文字、图片、音频、视频等多种元素，在皮书研创者、使用者之间搭建了一个成果展示、资源共享的互动平台。

　　自 2005 年 12 月正式上线以来，中国皮书网的 IP 访问量、PV 浏览量与日俱增，受到海内外研究者、公务人员、商务人士以及专业读者的广泛关注。

　　2008 年、2011 年，中国皮书网均在全国新闻出版业网站荣誉评选中获得"最具商业价值网站"称号;2012 年,获得"出版业网站百强"称号。

　　2014 年，中国皮书网与皮书数据库实现资源共享，端口合一，将提供更丰富的内容，更全面的服务。

皮书大事记
（2014）

☆　2014年10月，中国社会科学院2014年度皮书纳入创新工程学术出版资助名单正式公布，相关资助措施进一步落实。

☆　2014年8月，由中国社会科学院主办，贵州省社会科学院、社会科学文献出版社承办的"第十五次全国皮书年会（2014）"在贵州贵阳隆重召开。

☆　2014年8月，第二批淘汰的27种皮书名单公布。

☆　2014年7月，第五届优秀皮书奖评审会在京召开。本届优秀皮书奖首次同时评选优秀皮书和优秀皮书报告。

☆　2014年7月，第三届皮书学术评审委员会于北京成立。

☆　2014年6月，社会科学文献出版社与北京报刊发行局签订合同，将部分重点皮书纳入邮政发行系统。

☆　2014年6月，《中国社会科学院皮书管理办法》正式颁布实施。

☆　2014年4月，出台《社会科学文献出版社关于加强皮书编审工作的有关规定》《社会科学文献出版社皮书责任编辑管理规定》《社会科学文献出版社关于皮书准入与退出的若干规定》。

☆　2014年1月，首批淘汰的44种皮书名单公布。

☆　2014年1月，"2013(第七届)全国新闻出版业网站年会"在北京举办，中国皮书网被评为"最具商业价值网站"。

☆　2014年1月,社会科学文献出版社在原皮书评价研究中心的基础上成立了皮书研究院。

皮书数据库
www.pishu.com.cn